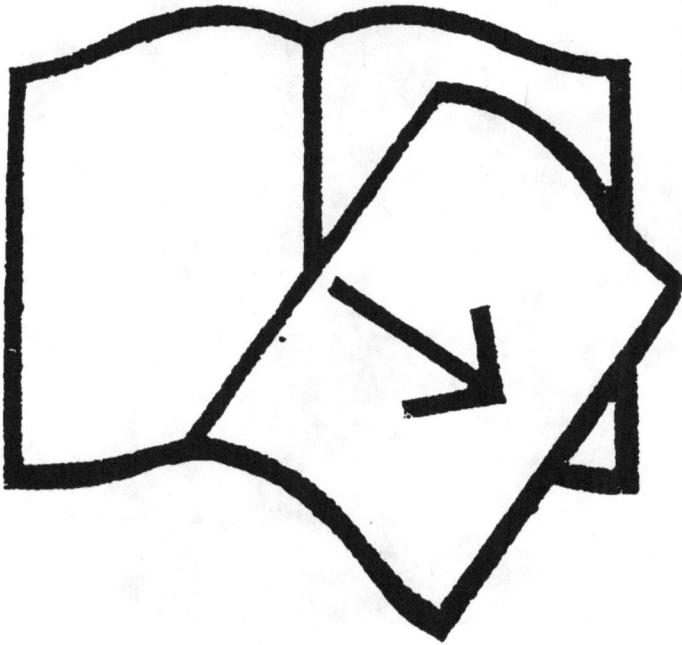

Couvertures supérieure et inférieure
manquantes

2080

R

L'ÉTUDE EXPÉRIMENTALE

DE

L'INTELLIGENCE

LISTE DES AUTRES TRAVAUX DE M. BINET

Une **centaine** d'articles de psychologie, publiés dans la *Revue philosophique*, la *Revue des Deux Mondes*, la *Revue générale des Sciences*, les *Archives de physiologie*, le *Mind*, le *Monist*, *Psychological Review*, *Fortnightly Review*, etc., etc.

La Psychologie du raisonnement, 1 vol. in-12 de la *Bibliothèque de philosophie contemporaine*. Paris, Alcan.
> Traductions russe, anglaise et espagnole.
> 13ᵉ édition en 1902.

La Perception extérieure. Mémoire inédit, couronné par l'Académie des Sciences Morales et Politiques.

Le Magnétisme animal (en collaboration avec M. Ch. Féré), 1 vol. in-8° de la *Bibliothèque scientifique internationale*. F. Alcan, éditeur, Paris.
> Traduction anglaise.
> 4ᵉ édition en 1894.

Études de Psychologie expérimentale, 1 vol. in-18, Doin, éditeur, Paris.
> Traduction partielle en anglais et en allemand.
> 2ᵉ édition en 1891.

Double Consciousness. Chicago.

Les Altérations de la personnalité, 1 vol. in-8°, de la *Bibliothèque scientifique internationale*, F. Alcan, éditeur, Paris.
> Ouvrage couronné par l'Académie des Sciences.
> Traduction anglaise.
> 2ᵉ édition en 1902.

Introduction à la Psychologie expérimentale, 1 vol. in-12, de la *Bibliothèque de philosophie contemporaine*, F. Alcan, éditeur, Paris.
> Traduction espagnole.
> (Épuisé)

Contribution à l'étude du système nerveux des Insectes. Thèse de doctorat ès-sciences.

Psychologie des grands calculateurs et joueurs d'échecs. 1 vol. in-18, Hachette, éditeur, Paris.
> Traduction de la 2ᵉ partie en allemand.

Bulletins du Laboratoire de Psychologie physiologique (1892 et 1893).

L'Année Psychologique, fondée par MM. Beaunis et Binet, dirigée depuis 1897 par M. Binet, avec la collaboration de MM. Ribot et Beaunis. Schleicher frères, éditeurs, Paris. Neuf volumes parus.
> Traductions anglaises, allemandes et russes de plusieurs articles de l'Année.

La Fatigue intellectuelle (en collaboration avec V. Henri), 1 vol. in-8, de la *Bibliothèque de Pédagogie et de Psychologie*. Schleicher frères, éditeurs, Paris.
> Traduction russe.

La Suggestibilité. 1 vol. in-8, de la *Bibliothèque de Pédagogie et de Psychologie*. Schleicher frères, éditeurs, Paris.

BIBLIOTHÈQUE DE PÉDAGOGIE ET DE PSYCHOLOGIE

L'ÉTUDE EXPÉRIMENTALE

DE

L'INTELLIGENCE

PAR

Alfred BINET

Docteur ès-sciences
Directeur du Laboratoire de Psychologie physiologique
de la Sorbonne (Hautes Études)

CE QU'ON PENSE
L'OBSERVATEUR ET L'IMAGINATIF
LA PENSÉE SANS IMAGES
LA PENSÉE ABSTRAITE
LA MESURE DE L'ATTENTION ET DE LA MÉMOIRE
LA VIE INTÉRIEURE
LA FACULTÉ MAITRESSE

PARIS

LIBRAIRIE C. REINWALD

SCHLEICHER FRÈRES & Cie, ÉDITEURS

15, RUE DES SAINTS-PÈRES, 15

—

1903

A

M. Gaston BONNIER

DE L'INSTITUT

L'ÉTUDE EXPÉRIMENTALE
DE L'INTELLIGENCE

CHAPITRE PREMIER

L'application de la méthode expérimentale aux fonctions supérieures de l'esprit

Il est incontestable, pour ceux qui suivent les progrès de la psychologie expérimentale, que cette science subit en ce moment même une évolution décisive (1). Elle a, pendant bien des années, parcouru une longue période très prospère, à laquelle il n'est que juste d'attacher le nom de ses deux représentants principaux, Fechner et Wundt.

C'est sous la direction de Wundt surtout que s'est formée l'immense majorité des professeurs de psychologie expérimentale et des directeurs de laboratoire en Allemagne et en Amérique. Le caractère principal des recherches psychologiques qui datent de cette époque a été d'emprunter à la physiologie ses appareils, ses excitants et ses méthodes : on a attaché la principale attention aux conditions

(1) J'ai, il y a longtemps déjà, présagé cette évolution (*Introduction à la psychologie expérimentale*. Paris, 1894, pp. 27 et seq.).

1

matérielles de l'expérience, et on s'est efforcé de réduire au minimum le rôle des personnes servant de sujets, et devant donner des renseignements sur leurs états de conscience.

Le mouvement nouveau, qui se dessine depuis plusieurs années, et auquel j'ai contribué de toutes mes forces, avec la collaboration de plusieurs de mes élèves, et en toute première ligne avec l'aide si précieuse de mon cher ami V. Henri, consiste à faire une plus large place à l'introspection, et à porter l'investigation vers les phénomènes supérieurs de l'esprit, tels que la mémoire, l'attention, l'imagination, l'orientation des idées. Deux ordres d'oppositions sont faites contre cette rénovation des études psychologiques : l'une vient de certains psychologues de l'époque Wundtienne, qui croient encore qu'en dehors des processus les plus simples de l'esprit aucune expérimentation sur le moral ne peut se faire scientifiquement ; l'autre opposition vient des représentants, toujours officiels, de l'ancienne psychologie introspective, qui nous demandent si par hasard nous n'allons pas, par un retour en arrière mal déguisé, emprunter aux vieux philosophes de l'école de Cousin ces méthodes d'auto-contemplation dont nous avons tant ri.

Je crois donc utile de montrer, dans cette introduction, comment l'étude expérimentale des formes supérieures de l'esprit peut être faite avec assez de précision et de contrôle pour avoir une valeur scientifique.

Une première objection vient de suite à l'esprit. Comment faire une étude expérimentale sur des phénomènes de conscience qui sont insaisissables ?

L'expérimentation, de quelque manière qu'on la définisse, et on sait combien de définitions elle a reçues, implique une intervention active de l'expérimentateur dans les phénomènes à étudier ; elle suppose l'existence d'une couple de faits, couple dont un des termes est placé hors de nous, hors de notre conscience, et devient par conséquent accessible à la prise de l'expérimentateur.

C'est dans cette sévère formule que Ribot enfermait autrefois la définition de la méthode expérimentale ; et il concluait qu'il n'y a que deux éléments qui soient modifiables et maniables par l'expérimentateur, *les excitations*, pour provoquer des sensations, et *les actes*, qui traduisent des états de conscience (1).

Cette définition m'a toujours paru un peu étroite, et comme trop matérielle ; elle convient surtout à une étude de sensations, comme celles qui consistent à poser des poids sur la main d'une personne à qui l'on demande de décider quel est le poids le plus lourd. Tout naturellement, ceux qui s'inspirent de la physiologie en sont venus à admettre que, pour qu'il y ait expérimentation, il faut la double condition suivante : que l'excitant soit un agent matériel, et que l'excitation soit un effet direct et presque immédiat de l'excitant. Je vais montrer comment on peut élargir cette conception.

Par excitation, nous devons entendre non seulement l'application d'un agent matériel sur nos organes des sens, mais encore tout changement que nous, expérimentateurs, nous provoquons à volonté dans la conscience de notre sujet; ainsi le langage est pour le psychologue un excitant bien plus précieux, et je dirai tout aussi précis que les excitants sensoriels; le langage permet de donner à l'expérimentation psychologique une amplitude considérable. D'autre part, nous devons cesser de nous borner à l'étude de l'effet immédiat que l'excitant produit; cet effet immédiat, c'est la sensation; du moins, on l'a pensé jusqu'ici; et on a fait de l'expérimentation psychologique en étudiant la sensation provoquée; en réalité, un excitant quelconque, sensoriel ou verbal, produit un ensemble de

(1) *Psychologie allemande contemporaine*, p. XX.

réactions complexes, dont la sensation fait sans doute
partie, mais qui comprend bien autre chose que la sensation ; c'est par suite d'une analyse, qui est bien souvent arti-
ficielle, qu'on limite à la sensation l'étude de cette réaction ; si on la prend dans son ensemble, on y trouve la
mise en jeu d'un grand nombre de fonctions diverses ; il
y a de la mémoire, du jugement, du raisonnement, de
l'imagination, du sentiment ; l'être entier, avec toutes ses
aptitudes, peut, selon les occasions, entrer en activité.

On arrive, par divers artifices, qui sont l'affaire des
expérimentateurs habiles, à faire jouer un rôle prépondé-
rant à la fonction qu'on cherche à étudier. Le plus souvent, on y arrive moins par un changement matériel de
technique que par la manière dont on interroge le sujet ;
beaucoup de procédés qui ont été employés jusqu'ici pour
l'étude de la sensation doivent être repris, pour l'étude
de fonctions plus élevées ; il suffit, pour les y rendre propres, d'orienter autrement l'attention des sujets, et de leur
poser d'autres questions.

En conclusion, je crois que, pour l'étude des fonctions
supérieures, nous n'avons pas besoin d'une technique
nouvelle, différant de celle qui a servi jusqu'ici à l'étude
des sensations ; l'ancienne technique sera suffisante, à la
condition qu'on l'élargisse, qu'on entende par excitation
non seulement la sensation proprement dite, mais la perception complexe, et même la parole ; à la condition aussi
qu'on entende, par réponse du sujet, non seulement ses
mouvements simples ou son témoignage sur la sensation
éprouvée, mais tout l'ensemble des réactions dont il est
le théâtre ; à la condition enfin qu'on donne dans ces
recherches la première place à l'introspection attentive,
détaillée et approfondie.

Je veux montrer par des exemples précis comment déjà
la transformation, dans le sens indiqué, de la technique
ancienne relative à la physiologie des sensations a permis

d'entreprendre une étude expérimentale et vraiment scientifique des fonctions supérieures de l'esprit, telles que la mémoire, le sens esthétique, la suggestibilité, le jugement, etc.

L'étude expérimentale de la mémoire, d'abord complètement négligée par les expérimentateurs, et qui aujourd'hui est en honneur, se fait en introduisant une petite modification dans la technique de la physiologie des sens; cette modification consiste à intercaler un espace de temps appréciable entre le moment où l'excitation est donnée et le moment où le sujet doit en rendre compte; cette intercalation oblige le sujet à conserver le souvenir de l'excitation, et quand le temps est écoulé on apprécie l'exactitude de ce souvenir au moyen de procédés divers, l'appellation, la reproduction, la comparaison, la reconnaissance.

L'étude expérimentale du sens esthétique des couleurs emprunte en partie sa technique à une étude sur la sensibilité différentielle des couleurs; la modification du procédé est dans l'attitude prise par le sujet; celui-ci, au lieu de chercher à distinguer les plus petites teintes qu'on juxtapose devant lui, indique le sentiment de convenance qu'il reçoit de leur juxtaposition; le retour de combinaisons analogues dans de longues séries de présentations permet de constater la constance et la sincérité de ces appréciations, de même que le degré de complexité de la combinaison, suivant qu'elle est binaire ou ternaire. donne des notions sur la finesse de son sens esthétique (1).

L'étude expérimentale de la suggestibilité, en dehors de toute manœuvre de fascination et d'hypnotisme, se fait chez un individu éveillé et en possession de tous ses

_____

(1) L'étude expérimentale de l'esthétique date de Fechner; elle a fait, dans ces derniers temps, l'objet de travaux nombreux, de Witmer, Pierce, Cohn, etc.; une revue générale de la question a paru dans *l'Année psychologique* (VI, p. 144), sous la signature de Larguier des Bancels.

moyens, par une variante des expériences classiques sur la mémoire ; on a même le soin de laisser croire au sujet que le but de la recherche est d'éprouver sa mémoire, et on évite toute parole et tout incident qui lui donnerait l'idée d'une suggestion. Parmi les modèles assez variés d'expériences de suggestibilité qui ont été imaginés, je citerai les deux suivants : on fait copier successivement, et de mémoire, une série de lignes, dont les premières suivent un ordre croissant très apparent, et dont les suivantes sont toutes égales ; le copiste qui ne met pas suffisamment d'attention dans son travail s'abandonne, par l'impulsion acquise, à l'idée d'un accroissement indéfini des lignes, et il trace des lignes de longueur croissante, même lorsque le modèle lui présente des lignes égales. Dans un autre *test* de la suggestibilité, qui a aussi les apparences d'une étude sur la mémoire, des questions équivoques et auxquelles on doit répondre ont pour but de tromper un sujet qui cherche à décrire de mémoire un objet qu'il a incomplètement perçu (1).

L'étude expérimentale des types intellectuels auxquels j'ai donné les noms de l'*observateur*, l'*imaginatif*, l'*érudit*, l'*émotif*, etc., se fait par une expérience qui diffère bien peu de celles sur la sensibilité ; c'est la description d'objets ; au lieu d'employer un excitant simple, comme une piqûre cutanée ou une couleur homogène, on emploie un excitant complexe, un objet, fleur, gravure, clef, etc., cet objet est placé sous les yeux du sujet qui reçoit l'ordre de le décrire par écrit, sans autre explica-

---

(1) L'étude expérimentale de la suggestibilité, en dehors de l'hypnotisme, a été faite en Amérique, par Seashore, Scripture et Gilbert ; j'ai fait des études sur cette question en collaboration avec V. Henri ; elles ont paru dans la *Revue Philosophique*. Dernièrement, j'ai repris l'ensemble de cette question dans mon livre sur la *Suggestibilité*, qui contient, outre un historique, un exposé de recherches personnelles. Dans ces tout derniers temps, il a paru de nouveaux travaux sur cette question, dont la littérature s'enrichit rapidement. (Pearce, *Psychol. Rev.*, juillet 1902, pp. 329-356.)

tion; cet exercice de rédaction montre l'immense variété psychologique des individus, car il n'y en a pas deux sur cent qui donnent la même description, quoique l'objet soit identique pour tous.

L'étude expérimentale du jugement emprunte, comme les autres études précédentes, sa méthode aux expériences classiques sur la physiologie des sens; c'est l'attitude du sujet qui fait la seule différence; au lieu de lui demander une réponse brève sur la sensation qu'on lui fait éprouver, on lui demande une explication minutieuse sur l'excitant qui sert à provoquer cette sensation. L'expérience du compas de Weber, qui est pratiquée depuis plus de cinquante ans pour mesurer la sensibilité tactile, est, lorsqu'on la modifie en ce sens, tout à fait précieuse pour éprouver le jugement des individus relativement à leur sensibilité tactile; on n'a rien à changer à la technique matérielle, ni aux appareils, ni aux méthodes de présentation des excitants (méthode des plus petites variations perceptibles, méthode de cas vrais et faux, méthode des changements irréguliers). Le bénéfice des nombreuses recherches qui ont été faites pour perfectionner ces méthodes reste acquis. Ce qu'on modifie dans la procédure, c'est la réponse qu'on demande au patient. Au lieu de lui imposer une réponse courte, et bien équivoque comme « un » ou « deux » (ce qui signifie qu'il sent une pointe ou deux pointes), on lui demande d'expliquer sa perception, de dire pour quelle raison il répond de telle ou telle manière. Cette analyse mentale montre qu'il y a de grandes variétés dans le mode que chacun adopte pour interpréter ses sensations; il y a des interprétations simples, élémentaires, rudimentaires, naïves; il y en a d'autres qui sont plus complexes, plus raffinées; certaines sont pleines de bon sens, d'autres sont plus aventureuses, d'autres enfin sont fantaisistes ou incohérentes (1).

(1) J'ai publié déjà quelques courtes notes sur la méthode de Weber

Ces exemples sont loin d'épuiser un domaine qui s'enrichit tous les jours ; mais ils suffisent pour montrer, d'abord que l'étude rigoureusement expérimentale des formes supérieures de l'activité mentale est possible, et en second lieu que cette étude peut se faire d'après les méthodes de la physiologie des sens, à la condition seulement que l'introspection, qui occupe une place très modeste dans ces méthodes, soit remise en première ligne.

envisagée comme moyen d'exploration du jugement. Je ferai paraître prochainement un livre sur cette question ; il aura probablement pour titre *la Sensation et le jugement*.

CHAPITRE II

Ce qu'on pense

I

Laissons là les considérations théoriques, toujours un peu vagues, et occupons-nous d'expériences. Notre but est de montrer qu'il est possible de faire une application des méthodes expérimentales à des phénomènes psychologiques qui ne sont ni la sensation, ni le mouvement; pour ne pas esquiver la difficulté, j'ai choisi une de ces questions qui jusqu'ici ne sont traitées le plus souvent que par l'ancienne psychologie : la question de l'idéation. Rechercher à quoi pense une personne, comment elle passe du mot à l'idée, comment sa pensée se développe, par quels caractères précis sa pensée lui est personnelle et différente de celle d'un autre individu, voilà toute une série de problèmes qu'il serait certainement difficile d'examiner avec les méthodes ordinaires de la physiologie; je ne vois pas le secours que nous donneraient les appareils d'enregistrement ou de chronométrie; toutes les expériences que j'ai faites sur l'idéation n'ont exigé comme appareils qu'une plume, un peu de papier et beaucoup de patience; elles ont été faites en dehors du laboratoire. Ce sera donc, à mon avis, une excellente occasion de montrer que la psychologie expérimentale ne consiste pas essentiellement dans l'emploi des appareils, et peut se passer de laboratoires, sans cesser d'être exacte.

J'exposerai successivement :

1° Des expériences sur l'idéation, faites avec des mots;

2° Des expériences faites avec des phrases;

3° Des descriptions d'objets ;

4° Des renseignements sur l'esprit d'observation;

5° Des expériences de mesure sur l'attention;

6° Des expériences de mesure sur la mémoire;

7° Des recherches diverses montrant l'opposition entre la vie extérieure et la vie intérieure;

8° Des recherches sur le rôle de l'image dans la pensée, sur la pensée sans image, sur la pensée abstraite et ses images.

Les personnes qui se sont prêtées à mes recherches sont au nombre de 20 ; il y a des adultes et des enfants, des gens des deux sexes et de toutes conditions. Je n'en ferai pas ici l'énumération : je les présenterai chaque fois que j'aurai à parler d'eux. Je ferai une exception pour deux sujets que j'ai étudiés bien plus longuement que tous les autres : ce sont deux fillettes, appartenant à ma famille, deux sœurs, dont l'une, Marguerite, avait 14 ans et demi, et la cadette, Armande, 13 ans, vers l'époque où j'ai terminé les principales expériences.

Les recherches que j'ai pu faire sur ces deux enfants sont extrèmement nombreuses, et se sont espacées sur trois ans. Elles s'y sont prêtées avec beaucoup de bonne grâce, sans timidité, ni fou rire ; elles ont toujours compris qu'il s'agissait d'une chose sérieuse, et elles étaient persuadées que la moindre erreur pouvait me causer un préjudice des plus graves.

Plût au ciel que les adultes qui servent de sujets aux psychologues eussent toujours une attitude aussi bonne ! Il s'en faut de beaucoup. Quelques-uns n'ont aucunement le respect de l'expérience, ils la dédaignent ou la critiquent; d'autres croient spirituel de faire des plaisanteries, ou de tourner légèrement à la blague les épreuves;

d'autres ne se livrent pas tout entiers, ils craignent de donner matière à des jugements défavorables sur leur caractère et leur intelligence. Quant aux enfants d'école, ils prennent trop souvent vis-à-vis de moi l'attitude de l'écolier devant son professeur ; lorsque je leur demande des produits naturels de leur activité mentale, ils répondent souvent par des souvenirs de classe, ils se couvrent en quelque sorte d'une cuirasse d'érudition qui dissimule leur véritable nature.

Je noterai encore comme trait caractéristique des deux fillettes qu'elles montraient une certaine crainte dans les expériences où il faut écrire d'abondance des idées personnelles ; les *tests* sur l'imagination en sont un exemple ; elles m'ont demandé de ne pas lire par-dessus leur épaule pendant qu'elles écrivaient, et de ne pas lire à haute voix leur rédaction quand elles avaient terminé. Je ne surprendrai personne en disant qu'elles ont préféré certaines épreuves à d'autres ; il est quelques *tests*, celui de la recherche des mots, par exemple, qui, en se prolongeant, les a sérieusement ennuyées ; elles n'ont point osé me l'avouer au moment même des séances, mais quelques semaines après. Marguerite, en général, m'a paru plus appliquée qu'Armande et moins sensible à l'ennui.

Reste une dernière question, celle de la simulation. La simulation est un gros mot. Il ne s'applique pas exactement ici. Ce que je pouvais craindre, c'est que les deux fillettes, qui vivent continuellement ensemble, ne se fissent des confidences, et n'eussent l'idée de concerter la manière dont elles s'adapteraient aux *tests*. Je leur ai toujours fait promettre, en termes exprès, de n'échanger aucun mot sur les épreuves.

Parmi les recherches, il en est beaucoup, par exemple celles sur la mémoire, l'attention, qui ne peuvent être viciées d'aucune manière par une indiscrétion. Ce sont les phénomènes d'orientation des idées qui sont sensibles à ces influences; il est clair que la manière dont Marguerite décrit un objet qu'on lui montre pourrait se modifier si elle jetait un coup d'œil sur une description écrite par sa sœur. C'est même pour ce test de description qu'on doit le plus redouter l'influence de l'imitation.

Aussi, ai-je toujours, ou presque toujours, fait la première épreuve successivement, et, sans aucun intervalle de temps, sur les deux jeunes filles, et par conséquent, elles y arrivaient sans idée préconçue. Au reste, je me demande comment elles auraient pu échanger des confidences sur leur manière de faire des associations d'idées ; il leur aurait fallu prendre conscience de leur type intellectuel; cela me paraît assez difficile. Voici pourquoi.

Ce n'est que très tard que je me suis aperçu que les deux fillettes appartiennent à des types très différents, et que ces deux types sont assez accusés pour mériter chacun un nom. Ainsi que nous le verrons peu à peu, Marguerite représente assez bien le type observateur, et Armande le type imaginatif; mais je n'avais nullement songé à ces épithètes, encore moins forgé une théorie avant de commencer ces recherches.

II

Pour savoir au juste comment se forme la pensée d'une personne, ne serait-il pas très simple de laisser cette personne penser en liberté, puis de lui demander la notation par écrit de toutes les pensées qui lui sont venues et de l'ordre dans lequel elles se sont succédé? Séduit par la simplicité de cette expérience, je l'ai essayée plusieurs fois avec les deux fillettes. Je leur demandais de fermer les yeux pendant quelques minutes, de se laisser aller au cours naturel de leurs idées, sans fixer intentionnellement leur attention sur un objet en particulier, puis de décrire par écrit tout ce qu'elles auraient eu dans l'esprit. Je ne sais pas si cette expérience pourrait devenir intéressante, grâce à quelque modification heureuse ; telle qu'elle est, je regrette de dire qu'elle ne m'a rien donné, quoique j'aie eu la constance de la répéter six fois, à différents jours, sur chacun de mes sujets. Je me suis aperçu qu'on ne donne pas à une personne la consigne de penser avec naturel. Cette recommandation a fait l'effet d'une obsession, et mes deux jeunes filles se sont demandé très souvent à quoi elles feraient bien de penser, et si la pensée qu'elles suivaient était bonne ou non. Ajoutons que, pendant cette recherche faite par les jeunes filles, elles étaient extrêmement sensibles aux bruits extérieurs qui sont inévitables dans une maison habitée ; elles écoutaient ces bruits, se rendaient compte des causes qui les produisaient et ce travail banal occupait la plus grande partie de leur pensée. Ajoutons encore la préoccupation de l'heure qui s'écoulait, et un peu d'énervement produit parfois par l'occlusion des yeux, et nous aurons cité à peu près tous les phénomènes de conscience que mes deux sujets m'ont décrits. Ce qui est important pour nous, c'est que les descriptions d'Armande, la cadette, ne diffèrent point nettement de celles de Marguerite ; du moins, je ne saisis point les différences si elles existent ; il y a eu seulement chez la dernière une préoccupation plus fréquente de sa personne. Sur les 6 essais, il y en a 5 où je trouve une réflexion personnelle, sur son âge, sa chevelure, les traits de son visage, etc. Je prends au hasard une description de chacune des deux sœurs. Le temps pendant lequel elles devaient rester immobiles les yeux fermés a été de deux minutes.

Notes écrites par Armande aussitôt après avoir ouvert les yeux (c'est sa première expérience).

D'abord je ne pensais à rien, sinon que les minutes s'écoulaient et que je devais penser à quelque chose, puis j'ai entendu L... (la femme de ménage) qui remuait les lits, je ne pensais qu'aux grincements qu'ils faisaient, puis j'ai pensé à la promenade d'hier, mais je cherchais à penser parce que je n'avais pas d'idée, je me suis représenté les routes de Thomery, et de nouveau j'ai écouté le grincement des lits; je pensais au temps qui s'écoulait et à des serpents endormis au soleil, je me faisais cet effet, et tout en pensant au serpent j'ai revu un endroit du bois où nous avions vu un serpent avec L...

C'était chez Mᵐᵉ L... Alors j'ai pensé à la maison, à la vieille statue et de nouveau j'ai pensé au grincement et aux minutes.

Notes écrites par Marguerite aussitôt après avoir ouvert les yeux (c'est sa sixième expérience).

Il me semble que le temps a été moins long (que la fois précédente).

J'ai pensé à la roue que l'on faisait tourner (dans le jardin, à la pompe), je me suis dit que ce devait être Alph. (la cuisinière), ensuite j'ai entendu un coq chanter et j'ai pensé à ce coq.

Je me suis demandé si P... (un parent) voudra bien me prêter sa bécane pour que Margot (une amie) puisse prendre la mienne pour aller à Fontainebleau avec nous.

J'ai pensé que je voudrais bien avoir 16 ans, mais ne plus en bouger.

Je trouve qu'il est fatigant de fermer les yeux, cela me donne un léger malaise.

Les mots entre parenthèse sont de moi, ils sont explicatifs.

En comparant ces deux rédactions, on remarquera un peu plus de vague chez Armande; le style de Marguerite est certainement plus précis, et les faits qu'elle cite sont plus nombreux; mais cette différence est loin d'être constante.

Bien que cette épreuve ait été négative, en ce sens qu'elle ne met pas en lumière la différence intellectuelle de deux sœurs, elle a cependant l'utilité de montrer deux caractères d'idéation qui leur sont communs; d'abord leur idéation est celle d'enfants, et, en second lieu, elle est sincère.

Pour le premier caractère, le *caractère enfantin*, je ne

puis mieux le montrer que par une comparaison qui m'est fournie par le Dr S..., un de mes amis, qui s'est soumis à la même expérience avec la conscience qu'il met en toutes choses, et aussi, il me l'a avoué, avec une crainte subconsciente d'écrire quelque réflexion qui le ferait mal juger. Voici ce qu'il a écrit :

2e Epreuve. Idéation spontanée.

J'ai enlevé mon lorgnon machinalement en fermant les yeux, mais bien que machinal c'est le 1er acte qui m'a occupé l'esprit, je me suis demandé si ce fait n'allait pas être noté à titre de condition différente de l'expérience et si cela n'allait pas réellement influer. Je ne sais plus bien après ce qui s'est passé, j'ai cependant cherché à retenir, et même cela me gênait, semblait-il, en sorte que je me suis peut-être plus laissé aller que dans l'épreuve précédente. Je me rappelle bien, par exemple, que j'ai pensé à quelque chose, mais ce n'est qu'après que j'ai réfléchi que j'y pensais... Et je me suis fait alors cette réflexion, que penser une chose et penser qu'on la pensait étaient deux phénomènes différents... Peut-être ce que j'avais ainsi pensé était-il seulement qu'essayer de retenir me gênait ? Quoi qu'il en soit il m'a semblé à propos de la dualité des phénomènes de pensée et de réflexion sur une pensée, que j'invoquais autrefois en philosophie un argument de même nature contre la liberté et j'ai cherché, pour occuper le reste des 3 minutes qui me paraissaient longues, à le retrouver, mais je n'ai pu arriver à le formuler qu'à peu près : c'est que, pour vouloir quelque chose, il faudrait d'abord penser à vouloir cette chose, par conséquent vouloir penser, mais on ne peut vouloir penser quelque chose qu'on ne pense pas déjà... Je ne sais plus au juste comment m'a surpris la fin des 3 minutes, mais je n'en ai pas été fâché.

En comparant ce document aux impressions de nos deux fillettes, on voit de suite combien celles-ci sont étrangères à l'esprit d'analyse qui caractérise un adulte lettré, intelligent, et réfléchi.

Le second terme de comparaison, que je destine à montrer chez mes deux fillettes ce que les Américains appellent *candor* (quelque chose de la spontanéité naïve et loyale), m'est fourni par un enfant d'école primaire, le jeune G..., âgé de 12 ans. Cet enfant, dans toutes les expériences que j'ai faites avec lui, m'est demeuré insaisissable, car il ne m'a jamais livré que des souvenirs d'érudition. Voici, à titre de curiosité, ce que donne un enfant d'école; il n'y a pas d'analyse logique, bien entendu, et il n'y a guère de sincérité, à ce qu'il me semble :

> J'ai pensé à mes parents, à ma patrie, aux hommes en général, à mon grand-père, à mon frère, à l'école, aux défauts, aux hommes anciens de l'époque préhistorique.

Je crois qu'il y aurait peu de chose à tirer de cette dernière expérience pour connaître le contenu mental du jeune Gr.

De ce premier essai d'expérience, je rapprocherai un autre, que j'ai fait quelque temps après sur les mêmes fillettes, et qui ajoutera quelque précision aux résultats précédents. Je demande à ces deux enfants de répondre par écrit à la question suivante : « Vous arrive-t-il, parfois, dans la journée, de rêvasser, c'est-à-dire de rester à ne rien faire, pour laisser la pensée aller comme elle veut? Dans ces rêveries, à quoi pensez-vous en général? » Marguerite est un peu embarrassée pour répondre, car, dit-elle, « il m'arrive bien rarement d'être entièrement désœuvrée ». Après cette réflexion, elle indique un certain nombre d'exemples de pensées précises, qui ne paraissent pas avoir le caractère de rêveries. Je cite : « Il me semble que je pense parfois à ma leçon de piano, et je me demande si je la saurai.

« Ou bien, je pense à la bicyclette, que c'est ennuyeux de ne pas en faire, que je voudrais être à S... pour voir Margot, etc., etc.

« Mais tout cela, je crois que je le pense aussi bien, lorsque je fais quelque chose; je ne me souviens pas être restée sans rien faire, et savoir à quoi je pensais. »

Cette auto-analyse, à caractères surtout négatifs, ne devient intéressante que si on la rapproche de celle d'Armande. Celle-ci écrit : « Souvent, lorsque je ne fais rien, je pense à ce qui arrivera plus tard, ce que nous ferons dans quelques jours, ou je passe en revue ce que nous avons fait. Je pense si la semaine sera encore longue, combien de jours il faudra pour arriver à telle date. Je pense aussi à un moment de la journée à venir, et je me dis : Il est certain que cette époque arrivera, qu'elle ne reviendra plus jamais. » Ainsi, chez Armande, la rêverie est un état familier, puisqu'elle n'hésite pas à en parler ; de plus, elle ne cite point de faits précis, elle reste toujours vague dans ses exemples ; enfin elle paraît avoir des préoccupations logiques ou psychologiques (sur l'arrivée d'une date et son retour impossible) que nous ne rencontrons pas chez sa sœur. En résumé, nous avons d'une part : une fillette dont l'esprit, bien éveillé, contient des faits précis, exacts, c'est Marguerite ; et une autre fillette dont l'esprit, plus rêveur, contient des idées plus indéterminées ou des préoccupations de nature mentale, c'est Armande.

J'insiste en passant sur l'utilité qu'on trouve à rechercher si une personne a de l'aptitude aux rêveries pendant la veille ; en général, cet état de rêverie se reconnaît à deux signes : le sentiment qu'on ne conduit pas sa pensée, et la perte de conscience du milieu. J'ai réuni plusieurs observations sur cette question. Il y a des personnes qui ignorent complètement l'état de rêverie ; Mme X..., par exemple, femme intelligente et qui s'analyse bien, n'a jamais eu de rêverie jusque dans ces derniers temps, où, par suite d'une anémie profonde qui l'empêche de lire et la rend souvent oisive, elle s'est mise à rêvasser ; une autre personne, Mlle Ch..., qui spontanément m'avait décrit des rêveries si complètes que lorsqu'elle en sortait elle avait peine à reconnaître son corps et les objets environnants (elle regarde son bras, par exemple, en se disant : est-ce là mon bras ?) a perdu cette aptitude depuis quelques années, et prétend que le changement provient d'une amélioration dans l'état de sa santé ; elle a vu en même temps, et pour les mêmes causes, pense-t-elle, s'affaiblir son audition colorée. Une jeune fille de 18 ans, Çame, connaît bien l'état de rêverie et m'en donne une longue description. Sa rêverie est assez profonde pour qu'elle oublie l'endroit où elle se trouve. En général, l'état débute ainsi : son regard se fixe sur un point et devient immobile. La veille, par exemple, revenant en bicyclette de F..., elle s'arrête sur le pont du chemin de fer, pour attendre un omnibus ; elle s'approche d'une petite affiche indiquant les heures de départ de l'omnibus ; tout en lisant, elle sent que son regard devient fixe et s'immobilise sur l'affiche, et elle commence à rêver. Je remarque que ni Armande, ni Marguerite n'ont pu me donner une description aussi complète de la rêverie, ce qui prouve vraisemblablement qu'elles n'ont pas une nature aussi rêvasseuse que Came...

Laissant de côté ces premiers tests, qui ne donnent que des indications, je vais exposer les résultats obtenus avec mes tests d'idéation. Le premier de ces tests consiste à faire écrire à une personne une série de mots ; ensuite, on lui demande d'expliquer le sens qu'elle a attaché à chaque mot écrit, et par quelle association elle a passé d'un mot au suivant. Les mots écrits ne sont là que comme des points de repère, qui permettent au sujet de mieux analyser après coup, par le souvenir, ses phénomènes d'idéation.

Je désigne cette épreuve sous le nom de *recherche des mots* ; ce nom exprime bien la préoccupation constante du sujet pendant qu'il fait l'exercice, préoccupation qui donne à son travail un caractère artificiel ; car penser librement, ce n'est pas du tout chercher des mots. Ce travail auquel on oblige le sujet a toutefois l'avantage de le rendre à peu près insensible aux distractions produites par les bruits extérieurs. Je n'ai jamais vu les deux fillettes troublées par les bruits de la chambre ou du dehors ; elles s'absorbaient complètement dans la recherche des mots.

Cette expérience est exactement celle que Flournoy, sur ma prière, a bien voulu faire il y a six ans sur 43 personnes (1) ; le but était alors différent du nôtre. Flournoy et moi désirions définir l'action de ce qu'on peut appeler le milieu psychologique. « On sait, écrivait Flournoy, combien ce milieu influe sur les expériences de suggestion, notamment sur les expériences dites de transmission de pensée. On croit, quand on a choisi un mot pour le suggérer, qu'on l'a choisi au hasard entre cent mille, en réalité on a subi un certain nombre d'influences inconscientes qui ont considérablement rétréci le cercle de ce choix. Il serait fort intéressant de se rendre compte de l'étendue et des restrictions de cette apparente liberté illimitée d'imagination dont on croit jouir, en comparant les idées que le même milieu fait naître chez des sujets différents. » Des observations récentes m'ont montré qu'une influence au moins aussi grande que celle du milieu est exercée par la personnalité de celui qui fait faire l'expérience. Mais ce n'est pas ce point de vue qui nous intéresse pour le moment ; j'emploie cette épreuve aujourd'hui pour une fin tout autre, qui consiste à étudier l'idéation dans ce qu'elle a de personnel. Flournoy avait du reste bien compris que ces mots écrits au courant de la plume par une personne peuvent jeter du jour sur les difrents types d'idéation, d'association, d'intellection, d'expression ; il revient sur ce point tout à la fin de son étude (p. 188) et il développe longuement sa pensée, en citant à l'appui plusieurs exemples intéressants ; dans l'un des cas, la série de mots écrits, très fantaisiste, paraît se former par des liens phonétiques à peine conscients, tandis

_____

(1) *Année psychologique*, I, p. 181. *De l'action du milieu sur l'idéation.*

que, dans l'autre cas, « éclate l'unité d'une coordination logique voulue ». Malheureusement l'auteur n'a pas prolongé dans ce sens l'étude commencée ; il croit qu'elle devrait être reprise sur un nombre de sujets beaucoup plus grand que celui dont il a pu disposer (1).

Voici comment je fais l'expérience avec les deux fillettes. L'une d'elles étant seule avec moi dans la pièce, je la fais asseoir, je lui présente une plume et une feuille blanche sur laquelle j'ai écrit d'avance l'ordre suivant: *Ecrire 20 mots*. Cet ordre suffit, et elles ne me demandent pas d'explication supplémentaire.

Je parle ici de ces deux sujets ; la même règle s'applique aux enfants d'école sur lesquels j'ai répété l'épreuve ; mais il en est tout autrement des adultes, qui, en général, se prêtent de très mauvaise grâce à une recherche dont ils ne comprennent pas le but, mais dont ils redoutent l'indiscrétion, et ils nous posent une foule de questions oiseuses.

Pendant que mon sujet écrit ces 20 mots, je le surveille discrètement ; je note avec une montre à aiguilles indépendantes le temps qui lui est nécessaire pour terminer son travail ; mon sujet ignore que je marque le temps, et par conséquent il n'a pas la tentation de faire une épreuve de vitesse, ce que je cherche à éviter ; il est préférable de mesurer sa vitesse naturelle d'idéation.

Quand les 20 mots sont écrits, je reprends sa liste de mots, et je la lis à haute voix en le priant de m'expliquer le sens de chaque mot.

Ceci fait, et les explications une fois données et écrites, je demande qu'on écrive encore 20 mots ; j'interroge de la même manière ; et enfin, troisième partie de l'expérience, je fais écrire les derniers 20 mots, et j'interroge de nouveau. La division de l'expérience en trois parties m'a paru

---

(1) Sur ce point accessoire, je ne suis pas tout à fait de l'avis de notre collègue et ami ; l'expérience ne demande pas tant un plus grand nombre de sujets qu'une étude plus approfondie sur chacun d'eux.

la faciliter, et épargner un peu de fatigue au sujet, qui
aurait pu s'effrayer si on l'avait averti dès le début qu'il
avait 60 mots à écrire.

Mes questions, que je note à mesure que je les énonce,
portent sur deux points principaux: 1° Quel est le sens
exact de chaque mot écrit? 2° Comment chacun des mots
a-t-il été suggéré ? Je n'ai, bien entendu, trouvé que peu
à peu les questions utiles à poser.

Ces recherches sont les premières que j'ai faites sur
Marguerite et sur Armande. Elles n'étaient inspirées par
aucune idée directrice appréciable.

J'ai fait avec Marguerite 6 séances d'expériences; dans
5 de ces séances, elle a écrit 60 mots, et dans une elle n'a
écrit que 20 mots. Le nombre total de mots qu'elle a écrits
et expliqués est de 320.

Il n'y avait qu'une seule expérience par jour, dans la
matinée, et j'y procédais de suite, sans conversation préalable. La première séance a eu lieu le 6 septembre et la
dernière le 16 du même mois. Marguerite était intéressée
par la nouveauté du travail ; mais elle s'est ensuite lassée,
et, dans les derniers temps, elle éprouvait quelque ennui
de ces interrogations continuelles. Voici l'explication que
je lui ai donnée avant de l'interroger, quand elle eut écrit
les 20 premiers mots :

« Voici ce que je vais te demander pour chacun des
mots que tu as écrits : on peut écrire un mot sans penser
à rien, machinalement, on peut aussi écrire ce mot en pensant à l'objet qu'il désigne, mais sans penser à un objet
particulier; on pense à n'importe quel objet, par exemple
à une table quelconque; enfin, on peut écrire le mot en
pensant à un objet particulier, par exemple à notre table
de la salle à manger. A propos de chacun des mots que
tu as écrits, tu vas me dire exactement à quelle catégorie
il appartient, si tu l'as écrit sans penser à rien, si tu as
pensé à un objet quelconque, ou si tu as pensé à un objet

particulier. » Marguerite ayant bien compris mon explication, j'ai relu à haute voix chaque mot d'un ton interrogatif, et sans rien ajouter ; elle me donnait son explication ; puis quand je l'avais écrite, je lui posais quelques questions générales. Dans les premières séances, je me suis toujours proposé de fixer le sens des mots, plutôt que le mode d'apparition des idées, je ne me suis occupé de ce dernier point que beaucoup plus tard.

Les expériences avec Armande ont eu lieu à partir du 18 septembre, et toujours le matin, elle a fait 5 séances et écrit 300 mots. Nous avons donc 620 mots à étudier pour savoir si notre test est bon à quelque chose. J'ai recommandé aux deux fillettes de ne point parler entre elles de ce qu'elles écrivaient.

Ce sont des expériences très longues et peu récréatives. La durée de l'écriture pour les séries de 20 mots n'est pas considérable, elle ne dépasse pas 4 minutes ; ce qui est long et infiniment plus long, c'est l'analyse mentale de chacun des mots écrits ; l'expérience totale, pour les 60 mots, dure environ 70 minutes.

Les deux sœurs ont écrit leurs séries de 20 mots avec une rapidité assez différente. Les temps de Marguerite sont à peu près ceux des enfants d'école ; ils varient entre 1 m. 45' et 3 m. 20' ; la rapidité d'Armande est supérieure ; pour elle les temps varient entre 1 m. 35" et 2 m. 15" ; rien n'est plus difficile que de connaître la cause de cette différence de vitesse dans l'idéation, et je renonce à choisir parmi plusieurs explications possibles, telles que richesse des idées, vivacité des idées, défaut de choix et de réflexion, etc.

CLASSIFICATION PSYCHOLOGIQUE DES MOTS ÉCRITS

Je passe à la question principale que je me suis proposé d'élucider avec le test des 20 mots ; c'est celle de la nature psychologique des mots écrits ; c'est, en d'autres termes, la classification des idées au point de vue du mode de connaissance.

Pour connaître le sens véritable dans lequel ont été pris les mots écrits, il est tout à fait nécessaire d'interroger les sujets sur l'idée qu'ils avaient dans l'esprit quand ils ont écrit ces mots ; car le mot par lui-même n'indique pas toujours cette idée. Il arrive souvent qu'une personne prend dans un sens abstrait un terme concret, et qu'à l'inverse elle écrit un nom abstrait en ayant une idée concrète. Ainsi, Armande écrit *petitesse*, et elle pense à une personne de ses connaissances qui est petite. Par conséquent, tout en attachant l'importance qu'il mérite au fait même d'avoir écrit un mot abstrait, il faut rechercher si ce mot était accompagné d'une pensée abstraite ou d'une pensée concrète.

Cette analyse, qui demande beaucoup de temps et de patience, n'a pas toujours été faite par les auteurs qui ont publié des expériences sur les associations d'idées ; ils se contentaient trop souvent de noter simplement les mots qui avaient été dits en association, sans demander l'explication de ces mots. Ainsi comprise, l'expérience sur l'association des idées reste bien superficielle ; comme Sanford l'a remarqué un des premiers, elle ne peut donner que des résultats douteux. Je possède des documents nombreux provenant d'expériences anciennes sur les associations d'idées faites à mon laboratoire, avec des adultes, et je ne cherche pas à les utiliser, parce que les personnes ont simplement donné des mots, sans expliquer le sens qu'elles y attachaient.

La classification que je vais proposer est, comme toutes celles qu'on a proposées jusqu'ici, arbitraire ; et il se passera peut-être bien du temps avant qu'on en trouve une qui satisfasse tout le monde ; la mienne me semble avoir deux avantages : d'abord elle n'est nullement construite *a priori*. Quand je fis mes premières interrogations, je n'avais aucune idée préconçue sur les catégories de mots à établir, et je ne me rappelais pas les classifications proposées par les autres auteurs ; j'ai fait la mienne, d'après les documents recueillis, elle est adaptée à ces documents, elle en émane, et, malgré la part d'interprétation personnelle qu'elle contient, je crois bien qu'elle est en étroite relation avec les faits. Un autre avantage de cette classification est qu'elle a eu pour but de bien mettre en lumière les différences d'idéation des deux sœurs ; et ce but, je crois l'avoir atteint.

Voici donc comment je divise les mots écrits par mes sujets :

1º Mots inexpliqués ;
2º Mots désignant des objets présents ;
3º Mots désignant la personne elle-même ;
4º Souvenirs ;
5º Abstractions ;
6º Imagination.

1º Mots inexpliqués.

Le premier groupe est formé par des mots sur lesquels le sujet, quand on l'interroge, ne peut donner que des renseignements extrêmement vagues. Ce groupe est surtout un *caput mortuum* dans lequel je jette un grand nombre de cas mal définis. On peut, pour la clarté de l'exposition, établir des sous-divisions dans ce groupe : 1º les mots pour lesquels le sujet ne peut donner aucune espèce de renseignement, car il ignore dans quelles conditions il les a écrits. La fillette emploie le plus souvent les expressions : «je ne sais trop dire—je ne sais pas du tout— j'ai complètement oublié, etc.» Le cas typique est celui où l'on a même oublié qu'on a écrit le mot, ce cas se présente quelquefois pour Armande et aussi pour Marguerite ; 2º les mots que le sujet a écrits avec une pensée, dont il se rappelle l'existence, mais il ne sait plus ce que c'est. C'est de la même manière que le matin au réveil on se dit : Je suis sûr d'avoir rêvé, mais on ne se rappelle rien autre. Ce genre de souvenir abonde chez Armande ; 3° les mots que le sujet a écrits «machinalement » ou « comme on aurait écrit autre chose », ce sont soit des mots dont le sens n'a rien de particulier, soit des mots dont la signification, au contraire, est bien faite pour frapper l'esprit. Ainsi Armande a écrit machinalement, dit-elle, c'est-à-dire sans penser à rien, le mot *assassinat*.

Je cite un certain nombre de ces mots inexpliqués.

Mots inexpliqués écrits par Marguerite : table, cheval, âne, assiette, cuiller, papier, nappe, café, sentier, bras, neige, livre, lèvres, genoux, laine.

Ce sont presque toujours des mots usuels, et dont le sens n'a rien d'assez frappant pour accrocher l'attention au passage.

Mots inexpliqués écrits par Armande : habit, poule, poisson, courrier, cheval, bouteille, chemin, crayon, terrain, tiroir, tempérament, regard, moquerie, lourd, terrasse, séchoir, métier, sortir, mouchoir, ornements, cadeau, jupe, personnage, envoie, orange, orage, courage, chef-lieu, vis, crochet, rapidité, presses, compatir, interroger, chaud, ange, cycle, écriture, clef, etc., etc.

Les mots précédents ne sont pas aussi usuels que ceux de Marguerite ; la différence est assez nette. Cette différence est la même que l'on trouve lorsqu'on compare deux séries quelconques de mots écrits par les deux sœurs : c'est donc surtout une différence de vocabulaire, et le seul fait intéressant à relever, c'est que cette différence de vocabulaire se conserve même pour les mots inexpliqués.

La proportion de ces mots inexpliqués n'est pas la même dans l'idéation de mes sujets. Chez Marguerite, leur importance est insignifiante, sur 320 mots qu'elle a écrits, il n'y en a que 15, soit 1/20, dont elle ne peut pas rendre compte; et encore, ces 15 mots appartiennent-ils principalement aux premières séries qu'elle a écrites. A mesure que l'expérience s'est poursuivie, Marguerite a dû faire une plus grande attention aux mots qu'elle écrivait, parce qu'elle savait d'avance qu'elle aurait à répondre à mes questions, si bien que de la 1re à la 16e série, on ne trouve que 4 mots qu'elle n'a pas réussi à expliquer. Elle a du reste déclaré à plusieurs reprises qu'en écrivant elle songeait aux explications qu'elle aurait à donner. Chez Armande, le nombre total de mots inexpliqués est beaucoup plus grand, il est de 84, soit presque 1/3, et cette proportion ne diminue pas sensiblement au cours de l'expérience. Je note tout de suite que lorsqu'Armande ne peut pas répondre à mes interrogations par autre chose que « je ne sais pas », elle paraît très contrariée, et même honteuse, comme quelqu'un qui est en faute. Ce sentiment de confusion est si fort chez elle que j'ai été obligé plusieurs fois de la rassurer, en lui affirmant qu'on a le droit d'oublier, et que, du reste, elle est toujours libre de faire l'expérience comme elle l'entend.

Il y a donc entre les deux sœurs une différence très grande; l'une, Marguerite, fixe beaucoup mieux que sa sœur l'attention sur le sens de ce qu'elle écrit. Mais ce n'est là qu'une différence de fait, et il reste à en donner une interprétation psychologique, ce qui est fort difficile. D'où vient la différence?

Je trouve cinq explications, qui me paraissent également possibles, et entre lesquelles j'hésiterais beaucoup à choisir :

L'amnésie.

La rapidité de l'écriture produisant l'inconscience du sens des mots qu'on écrit.

L'état de distraction.

Le goût du verbalisme.

Un défaut de précision dans l'esprit.

1o *L'amnésie.* C'est l'explication la plus simple et la plus directe. On n'interroge le sujet sur le sens des 20 mots que lorsque la série est écrite, et comme les interrogations sont longues et minutieuses, il s'écoule parfois un temps assez long, dix minutes et davantage, entre le moment où le mot a été écrit et celui où on doit en rendre compte. Supposons deux sujets qui ont une mémoire de force très inégale; celui qui a le moins de mémoire sera le moins capable d'expliquer la pensée qu'il a eue pendant qu'il écrivait sa série de mots. Armande serait-elle dans ce cas? Son fort contingent de mots inexpliqués s'expliquerait-il par un défaut de mémoire, défaut tout relatif bien entendu, et n'existant que par comparaison avec sa sœur? Peut-être cette explication est-elle juste, au moins en partie, car, d'une part, nous apprendrons bientôt qu'Armande est celle qui a le moins de mémoire, et, d'autre part, nous avons son témoignage, d'après lequel elle accuse presque toujours sa mémoire quand elle est incapable d'expliquer un mot.

2o *La rapidité de l'écriture;* il est constant qu'Armande écrit ses mots beaucoup plus rapidement que Marguerite, et cette rapidité doit entraîner l'automatisme, en ôtant aux mots écrits le temps qui leur est nécessaire pour éveiller des idées. J'ai fait autrefois quelques observations sur ce point en étudiant des enfants d'école, et j'ai vu que si on leur recommande d'écrire les 20 mots avec une grande rapidité, on imprime à tout le travail un caractère très net d'automatisme, et les mots sont écrits sans que le sujet ait le temps de réaliser leur sens.

Cette question méritait une étude spéciale. J'ai fait, quand toutes les séries précédentes étaient terminées, de nouvelles expériences dans lesquelles les fillettes recevaient la recommandation d'écrire la série avec leur maximum de vitesse; de cette manière, on résolvait deux questions

en une seule fois : 1º on constatait si la différence de vitesse des deux sœurs se maintient quand toutes deux
faisaient des efforts volontaires pour aller vite ; 2º on exa-
minait quelle influence les changements de vitesse exercent
sur la nature et la signification des mots écrits.

J'ai fait l'expérience le 8 octobre ; j'ai prié tour à tour
chacun de mes deux sujets d'écrire une série avec vitesse
maxima, et une autre série avec une très grande lenteur.
Voici d'abord les temps :

	Vitesse maxima.	Vitesse minima.
Marguerite	1^{m}17	3^{m}45
Armande	1^{m}20	3^{m}13

Ainsi, Marguerite, quand elle s'en donne la peine, est aussi
rapide qu'Armande ; sa vitesse naturelle est inférieure à
celle d'Armande, sa vitesse maxima est équivalente. Ce
fait montre d'abord qu'il n'y a pas une relation nécessaire
entre les deux vitesses, et ensuite qu'il ne faut pas attacher trop d'importance à la différence de vitesse des deux
sœurs.

Voyons, en second lieu, l'influence des changements de
vitesse sur la nature des mots écrits.

Commençons par Marguerite : dans l'épreuve rapide il y
a 7 mots inexpliqués, soit 35 0/0, tandis que sa proportion habituelle est de 4,6 0/0 ; dans l'épreuve lente, il n'y a
qu'un seul mot inexpliqué. Donc, la rapidité a produit de
l'automatisme. Résultat facile à comprendre, sinon à pré-
voir. Marguerite a remarqué d'elle-même que si elle est
pressée, elle écrit les mots n'importe lesquels, sans choisir,
sans s'arrêter à leur sens. Chez Armande aussi, la hâte a
produit l'automatisme. « Je pense moins ce que j'écris, »
remarque-t-elle spontanément. Et, en effet, presque tous
les mots de la série rapide sont inconscients : il y en a
16, ou 80 0/0, proportion qu'elle n'a jamais atteinte,
quand elle écrit de son allure ordinaire : dans ce cas, le

nombre de mots inexpliqués est de 28 0/0. Avec la lenteur il n'y a plus que 5 mots inexpliqués. En résumé, le plus ou moins de rapidité à écrire exerce une influence incontestable sur la signification des mots écrits; le fait le plus saillant, c'est que les mots à signification inconsciente augmentent; l'augmentation est de 1 (série lente) à 7 (série rapide) pour Marguerite; et de 5 (série lente) à 16 (série rapide) pour Armande. Mais remarquons que, malgré ce changement de vitesse, chacun de nos sujets conserve assez bien son type mental; rapide ou lente, Armande écrit toujours un plus grand nombre de mots inconscients que Marguerite dans les mêmes conditions; il est donc vraisemblable que la vitesse de l'écriture n'est pas une explication suffisante.

3° *L'état de distraction*. Armande, c'est un fait constant, s'absorbe moins que sa sœur dans un travail quelconque; elle est plus facilement distraite; or, la distraction produit l'automatisme.

4° *Le verbalisme*. Nous trouverons dans mainte expérience qu'Armande a, bien plus que Marguerite, du goût pour le verbalisme; son attention se fixe volontiers sur le mot comme mot, et la preuve, c'est qu'il lui est arrivé assez souvent d'écrire des mots dont elle ne connaît pas le sens.

5° *Un défaut de précision*. Il y a, chez Armande, comparée à sa sœur, un certain laisser-aller de la pensée, un besoin moindre de se rendre compte, un souci moins accentué de donner des réponses nettes et précises; le vague ne lui déplaît pas. C'est encore une raison pour qu'elle ne cherche pas à dégager le sens de ce qu'elle écrit.

Voilà beaucoup d'interprétations différentes; nous trouvons un peu de vérité dans chacune, et nous n'osons choisir entre elles; notre doute montre d'une manière curieuse combien, en psychologie, l'interprétation du résultat expérimental le plus précis peut rester flottante;

or, quelle est la valeur d'un résultat, quand il ne peut pas être interprété?

2° Noms d'objets présents.

Le second groupe est formé par des noms d'objets qui sont dans la pièce où l'on fait l'expérience. Il est arrivé très souvent à Marguerite de jeter un coup d'œil autour d'elle et d'écrire les noms d'objets qu'elle voit sur la table, sur les murs, ou autour d'elle; souvent, elle cherche volontairement des noms d'objets autour d'elle, elle emprunte parfois des noms d'objets à la personne de l'expérimentateur, elle écrira son lorgnon, son œil, sa main, etc. ; parfois encore elle note les bruits qu'elle entend, des pas dans la pièce voisine, un roulement de voiture dans la rue; parfois aussi elle écrit les noms d'objets qu'elle porte sur elle, ses vêtements, diverses parties de sa personne.

Cette influence du milieu extérieur sur l'idéation de Marguerite a été considérable; il n'y a pas moins de 120 mots (environ le 2/5 de tous ceux qu'elle a écrits) qui sont simplement des noms d'objets environnants; le nombre de ces objets a même augmenté au cours de l'expérience. Armande a écrit aussi un certain nombre de noms d'objets présents; mais ce nombre est bien plus faible. Marguerite en a 120, et Armande seulement 30; de plus, à mesure que l'expérience se répétait, Armande a diminué le nombre de ces mots, ce qui est juste le contraire de ce qu'a fait sa sœur. On pourrait encore remarquer qu'Armande a quelquefois écrit des mots qui n'étaient pas des noms d'objets présents, mais qui étaient suggérés par eux; ainsi, le papier posé sur la table où elle écrit l'a fait penser à parchemin et elle a écrit ce dernier mot; nous avons groupé dans la même catégorie ces diverses espèces de mots; si on faisait la distinction, le nombre 30, qui représente les mots d'objets environnants écrits par Armande, serait encore diminué.

Voici quelques-uns de ces mots.

Mots nommant des objets extérieurs, et écrits par Marguerite. —
Encrier, colle, lampe, phonographe, rouleau, porte-plume, fauteuil,
porte-jupe, cheveux, guêpe, serrure, escalier, livre, tableaux,
oreille, main, bouton, breloque, lorgnon, tapis, plafond, cheminée,
journal, boîte, châssis, œil, pendule, candelabre, tiroir, clef, parapluie, boîte d'allumettes, photographe, crayon, poule, dépêche,
parquet, papier, agenda, presse-papier, couleur, nez, sourcil, appareil, clef, vase, marbre, carton, acajou, étoffe, agrafe, etc., etc.

Mots nommant des objets extérieurs, et écrits par Armande. — Œil,
presse-papier, plan, encre, couleur, allumette, feu, horloge, lettre,
buvard, point, plume, enveloppe, chapeau, fauteuil, fenêtre, feuille,
ongle, bahut, tableau, bague, dessin, dorure, etc.

Les mots ne diffèrent point.

Il n'est pas facile de se rendre compte pour quelle raison une personne cherche si souvent son inspiration dans
le milieu extérieur, tandis qu'une autre personne puise de
préférence dans son propre fond.

On peut trouver deux raisons différentes à cette tendance :

1º On est à court d'idées.

Il est certain que lorsqu'une personne ne trouve plus
de mots à écrire, elle jette un coup d'œil autour d'elle, et
cherche de nouveaux mots en regardant les objets ; la
vue de ces objets la tire d'embarras, et tantôt elle nomme
simplement les objets qui sont sous ses yeux, tantôt elle
reçoit de ces objets une suggestion d'idées. Ainsi, dans
mes expériences sur les enfants d'école, j'ai remarqué que
ces enfants écrivent très vite les premières séries de mots
en regardant continuellement leur papier ; mais quand ils
ont écrit les 20 premiers mots, ils se ralentissent, ils
cessent de paraître absorbés, ils regardent autour d'eux ;
et c'est à ce moment-là que le nombre des mots désignant
des objets présents augmente dans les séries. Il est donc
évident que ce recours au monde extérieur trahit une
idéation mise à sec. Chez Marguerite, cet embarras s'est

produit souvent, car elle ne cessait de répéter, certains jours : « Je ne sais plus qu'écrire », elle regardait ensuite autour d'elle, et elle écrivait un nom d'objet présent. Je l'ai interrogée sur ce point, et elle m'a dit « qu'il lui semble que c'est plus facile » d'écrire les noms d'objets présents. Par conséquent, si on faisait état de ces deux raisons, on devrait conclure que le fait de nommer beaucoup d'objets présents provient d'un peu de paresse d'esprit, ou encore de ce qu'on est à court d'idées.

2º On est observateur.

Il y a des intelligences qui sont ainsi faites qu'elle ne perdent jamais le contact avec le monde extérieur ; elles vivent d'observations ; Marguerite me paraît bien être de ce type ; d'autres tests nous montreront très nettement qu'elle appartient au type observateur. Les deux explications précédentes ne sont pas contradictoires, peut-être renferment-elles toutes deux une part de vérité.

3º Mots s'appliquant à la personne

En relisant les mots écrits par mes deux sujets, j'ai eu l'occasion de faire une remarque qui m'a paru assez importante pour mériter une mention spéciale ; cette remarque porte sur l'idée de la personne. Cette idée, chacun de nous la possède ; elle nous accompagne partout ; à tout moment, nous avons le sentiment de notre être physique et moral, et nous rapportons à cet être nos états de conscience, nos volitions et nos sensations. C'est une question intéressante, mais fort obscure encore, que celle de savoir en quoi consiste cette idée de la personne, avec quels éléments elle est faite, et quel rôle elle remplit dans nos opérations mentales. C'est surtout la méthode pathologique qui a servi à éclairer cette question, et on sait que Janet, d'après ses études sur les hystériques, a admis que nos actes intellectuels sont accompagnés d'une perception personnelle, ou attribution à notre moi du phénomène de conscience qui vient de s'accomplir ; ce serait par défaut de cette perception personnelle que s'expliqueraient beaucoup de désordres de la sensibilité et du mouvement chez les hystériques. Chez les scrupuleux, en revanche, la préoccupation exagérée de la personne donne lieu à des désordres d'une nature toute différente.

On ne croirait pas, à première vue, que notre test de 20 mots à écrire pût donner quelques renseignements sur ce sentiment de la personnalité. Cependant, le fait est exact. Nous avons vu que Marguerite écrit un très grand nombre de noms d'objets présents ; elle en a une proportion de 39 0/0, beaucoup plus grande que la moyenne de sa sœur Armande, qui est de 10 0/0. Or, parmi les objets appartenant au milieu extérieur, j'ai compté ceux qui concernent le sujet lui-même, son corps et ses vêtements par exemple. Ces objets personnels sont très rares dans les séries de mots écrits par Armande ; ils sont, au contraire, assez fréquents chez Marguerite. J'en trouve 15, disséminés dans presque toutes les séries ; ces mots s'appliquent tous à sa personne ou à des parties de son costume ; je n'ai pas fait entrer dans la liste les objets qui lui appartiennent, comme sa bicyclette, et qui sont au moins aussi nombreux ; peut-être devrait-on les compter, car ils sont probablement inspirés par la même idée, et sont comme une extension de sa personnalité. Ce que nous possédons, alors surtout que nous avons un sentiment vif de notre droit de propriété, ne fait-il pas partie de nous-mêmes ? Il est donc intéressant de trouver dans cette expérience sur la recherche des mots quelques signes semblant démontrer chez l'aînée des deux sœurs une préoccupation de son existence et une attention particulière aux objets qui lui appartiennent.

En cela, Marguerite ne fait, du reste, que se conformer à la règle commune. Son cas est le même que celui des élèves d'école primaire. Ceux-ci, très fréquemment, nomment des objets qui font partie de leur personne, ou qui leur appartiennent.

C'est plutôt Armande qui fait exception à la règle, car, quant à elle, je constate qu'elle n'a jamais nommé un objet lui appartenant, il n'y en a pas un seul dans les 300 mots écrits.

J'ignore si on pourrait appliquer ces remarques à d'autres personnes, surtout des adultes, si prompts à prendre *l'adaptation de défense*; et il est possible que si un adulte n'emploie jamais le mot *je* dans nos tests, il ne faudrait y voir qu'un mouvement secondaire de réflexion et d'arrêt.

En ce qui concerne nos deux fillettes, je crois très intéressant de remarquer que le test sur l'idéation donne parfaitement raison aux observations de tous les jours. Il est constant que Marguerite est plus attachée que sa sœur aux objets qui lui appartiennent; elle s'en occupe davantage, elle les range avec plus de soin, et elle regrette bien plus vivement leur perte ou leur destruction. Ce sont là des faits précis; et il me paraît bien curieux qu'ils marquent leur trace dans un test sur l'idéation.

4° Souvenirs.

C'est le groupe le plus important, celui qui donne son caractère à l'expérience, et lui imprime un cachet d'intimité. Nos deux jeunes filles, en écrivant les mots, se sont représenté un grand nombre d'objets qui leur sont familiers, et un grand nombre de leurs souvenirs personnels; avec ce qu'elles ont écrit, surtout avec ce qu'a écrit Marguerite, on pourrait presque reconstituer leur existence; la maison, le jardin, les maisons et les rues du voisinage, les personnes amies, les connaissances, les petits événements quotidiens, les promenades à bicyclette, des détails sur le village de S... où elles habitent l'été et sur F..., la

ville voisine où elles vont presque chaque jour en promenade, voilà ce qui forme la matière de ces souvenirs.
Nous groupons sous ce terme de souvenir, en l'opposant
aux notions générales, tout ce qui a un caractère de particularisation, par exemple la représentation d'un événement particulier ou d'un endroit connu.

Voici quelques mots-souvenirs. Ils sont peu intelligibles
sans doute par eux-mêmes; s'ils n'étaient pas commentés,
ils n'indiqueraient pas un souvenir plutôt qu'une idée
abstraite.

Mots-souvenirs écrits par Marguerite. — Bicyclette, chien, casserolle,
soupière, voiture, tasse, fourchette, piano, afrique, maison, vinaigre, lait, chocolat, mouton, chignon, rideau, diligence, écurie,
arbre, trappe, ferme, four, gâteaux, pharmacie, tramway, hall, chemin de fer, grille, rue, jardin, tombeau, peuplier, etc., etc.

Mots-souvenirs écrits par Armande. — Lapin, chaîne, silence, cuisine, renard, volcan, pompe, volant, ardoise, buffet, ligne, pigeon,
perdrix, herbe, pantin, sanglier, royal, marche, chien, prune,
glace, hiver, salamandre, marmotte, laisse, gélatine, fémur, graisse,
brosse, etc., etc.

La nature même des mots n'indique nullement qu'ils
ont été écrits automatiquement ou qu'ils étaient pris dans
le sens de souvenirs. Il est donc très important d'interroger le sujet et de lui faire dire quel sens il attache à
chaque mot.

Il est certain que la personnalité de l'expérimentateur a
eu une énorme influence sur la nature des mots écrits; si
ces jeunes filles ont donné une si grande abondance de
souvenirs intimes, c'est que d'abord je connais ces souvenirs, et elles pouvaient me les expliquer rapidement;
en second lieu, elles n'étaient retenues dans leurs explications par aucun sentiment de réserve. J'ai fait aussi écrire
des séries de mots à des élèves d'école primaire; les souvenirs personnels de famille y étaient toujours en tout
petit nombre, ce que j'explique par l'embarras où auraient
été ces élèves pour expliquer des événements de famille

à un étranger; ces souvenirs étaient remplacés par d'autres, relatifs à l'école et à la rue. En outre, on trouvait souvent dans leurs séries de mots un élément qui manque ici presque complètement, les *souvenirs d'érudition*, par exemple des mots d'histoire, de géographie, de science. Il est certain qu'une personne en expérience s'adapte à l'expérimentateur, et que les élèves d'école primaire m'ont surtout traité en professeur — d'où leurs souvenirs d'érudition, tandis que les deux fillettes n'ont vu en moi que le parent; le personnage professeur s'était effacé. Peut-être y a-t-il aussi une autre raison. J'ai remarqué que ces deux fillettes n'utilisent pour ainsi dire jamais des souvenirs de leurs leçons; elles savent un peu d'histoire, de géographie, de physique, d'histoire naturelle; ces notions ne paraissent pour ainsi dire jamais dans leurs conversations, en dehors des heures de classe.

J'ai remarqué le même fait chez plusieurs femmes du monde, possédant leur brevet supérieur, et dont la conversation ne laisserait jamais soupçonner ce fonds solide d'instruction, ce qui ne les empêche pas, bien entendu, d'être des femmes intelligentes et fines. Il semble que ce qu'on leur a appris est resté à part dans leur intelligence, ne s'est pas mêlé au cours de leurs idées, bref n'a pas été assimilé.

Le nombre des mots-souvenirs écrits par les deux sœurs est très différent, bien que la répétition des expériences eût dû égaliser les nombres, s'il n'y avait eu là qu'un fait accidentel. Marguerite a écrit 172 mots-souvenirs et Armande n'en a écrit que 88; ici encore, nous rencontrons une différence absolument nette, et on sera tenté de l'attribuer à ce fait qu'Armande a une moins bonne mémoire que Marguerite; mais cette explication ne suffit vraiment pas; une inégalité de mémoire, si forte qu'elle soit, n'explique pas comment Armande, qui est passionnée pour la bicyclette, n'a presque jamais écrit de

mots se rapportant à la bicyclette, tandis que Marguerite
en a écrit un très grand nombre. Je crois qu'il est plus
vraisemblable d'admettre que c'est là une différence de
préoccupation; c'est surtout l'orientation des idées qui est
en cause. En tout cas, les séries de mots écrites par Marguerite sont mieux documentées en faits que les séries de
sa sœur.

Il y a une distinction de date à faire entre les souvenirs; par convention, nous appellerons récents ceux qui
sont relatifs aux vacances et remontent à une période de
deux à trois mois en arrière du jour où se fait l'expérience;
nous appellerons anciens ceux qui remontent plus loin.
Dans les séries de Marguerite, dominent les souvenirs
récents, de trois mois au maximum; je compte 139 souvenirs récents pour 33 souvenirs anciens; Armande a renversé la proportion, elle a évoqué 58 souvenirs anciens et
seulement 30 souvenirs récents.

Je suppose que cette différence doit être considérée
comme une conséquence d'une autre différence psychologique que nous avons déjà signalée. Marguerite, avons-
nous vu, reste en contact avec le monde extérieur, son
attention n'abandonne pas la réalité; nous avons dit que
c'était là peut-être une preuve de l'esprit d'observation,
en appuyant surtout notre interprétation sur les résultats
d'autres tests, que nous décrirons plus loin. Maintenant
n'est-il pas vraisemblable que les souvenirs récents ne
sont guère qu'une observation prolongée, une rallonge
mise à l'observation actuelle? Les souvenirs anciens, exhu-
més après plusieurs années de conservation, n'ont pas le
même caractère. Il est naturel que Marguerite, qui est
l'observateur, invoque surtout ces souvenirs récents, qui
se distinguent à peine de l'observation actuelle, tandis
qu'Armande, qui ne craint pas de perdre le contact avec la
réalité ambiante, s'enfonce résolument dans le passé le
plus lointain.

5° **Abstractions**.

Nos sujets, n'ayant reçu aucune culture philosophique, ne peuvent comprendre que confusément le sens des mots *général* et *abstrait*; et nous ne chercherons pas dans ce chapitre à pénétrer leur pensée ; nous nous en tiendrons à une constatation très sommaire ; ce qui est évident pour moi qui les ai interrogés, c'est que, dans un certain nombre de cas, l'idée qui leur vient n'est point particularisée ; leurs idées abstraites et générales se distinguent des souvenirs en ce qu'elles ne correspondent point à un objet individuellement déterminé ; c'est dans ce sens seulement que nous prendrons les mots abstrait et général, au moins provisoirement.

Voilà la forme la plus fréquente sous laquelle mes deux filles ont donné une signification générale ou abstraite aux mots. C'est le cas le plus fréquent, ce n'est pas le seul. De temps en temps, Armande a donné un sens un peu différent, que je n'avais pas prévu, que je n'ai pas compris, et que, par conséquent, je n'ai nullement suggéré ; Armande, dans ces cas spéciaux, et très rares, pensait à quelque chose de bien particularisé, mais elle *pensait à l'ensemble, et non au détail.* Ainsi, une fois, elle a l'idée du règne de Napoléon et des gloires de l'empire. C'est une idée d'ensemble, dans laquelle aucun détail n'émerge.

Chez Marguerite, le nombre des idées générales constitue une minorité infime, elle a écrit seulement 12 mots à signification abstraite sur 320 ; ces mots se rencontrent dans les premières expériences ; après la sixième, elle n'en écrit plus un seul. Pour le dire en passant, Marguerite, au cours des expériences, n'a pas cessé d'accentuer son type d'idéation ; à la première épreuve, elle réunissait presque toutes les catégories de mots ; puis elle en a éliminé une bonne part, ne conservant que deux catégories principales, auxquelles nécessairement elle a donné une importance croissante, les mots suggérés par les objets présents et les mots souvenirs. Armande n'a point accentué par l'exercice son type d'idéation : il était tout aussi net au début.

Elle a écrit un nombre considérable de mots abstraits ; elle en a 70, presque autant que de mots-souvenirs, et bien plus que sa sœur, qui n'en a que 12. Nous verrons plus loin qu'Armande a écrit beaucoup de mots qui, pris en eux-mêmes, dans leur sens usuel, sont abstraits ; il est donc intéressant de constater qu'il y a pour elle une relation entre le vocabulaire et la nature de l'idéation.

Un exemple fera bien saisir la différence qui existe entre l'idéation d'Armande et celle de Marguerite. Supposons qu'elles aient toutes deux l'idée d'énumérer les différents objets contenus dans une maison ; et cette idée, elles l'ont eue, en écrivant des séries de 20 mots. Marguerite choisit l'exemple particulier d'une maison qu'elle connaît, elle visite cette maison mentalement, et nomme les objets par le souvenir. Armande, au contraire, pense à une maison quelconque, indéterminée, et elle énumère des objets qu'elle sait exister dans une maison quelconque.

J'ai été étonné de rencontrer une idéation abstraite chez Armande ; étant persuadé qu'elle avait beaucoup d'imagination, je m'attendais à ce qu'elle donnât une grande abondance d'images détaillées et précises ; or, des images abstraites sont, par leur nature même, pauvres en détail, et elles restent le plus souvent très vagues, au témoignage de notre sujet. Pour expliquer un fait inattendu, on recourt à une foule d'hypothèses. J'ai supposé d'abord que c'était par paresse qu'Armande avait une idéation abstraite ; il me semblait que ses images restaient abstraites parce qu'elle ne les poussait pas à fond, parce qu'elle ne se donnait pas la peine de les préciser, parce qu'elle ne faisait pas un effort pour voir clair dans son esprit. Je me suis encore imaginé que la rapidité avec laquelle elle écrivait ne lui laissait pas le temps de changer ses images abstraites en images concrètes. Mais toutes ces raisons sont bien petites, à mon avis, pour produire des effets aussi grands ; et je préfère me contenter d'admettre que bien réellement Armande a une idéation plus abstraite que sa sœur.

Voici quelques exemples de mots à sens abstrait :

Mots à sens abstrait écrits par Marguerite : mandoline, cuir, marche-pied, fiacre, haridelle, glace, heure, temps, paille, pavé, laine, question.

Mots à sens abstrait écrits par Armande : ortie, travail, cratère, faiblesse, étau, dentition, langue, avoir, ronger, rat, souris, pureté, tente, légèreté, nouveau, année, parchemin, ouverture, tristese, mélancolie, ennui, malheur, souvenir, chaleur, etc.

Pour arriver à une interprétation satisfaisante de l'idéation d'Armande, il faut, ce me semble, rapprocher les mots inexpliqués et les mots abstraits. Ces deux catégories de mots sont très abondantes dans les séries de cette fillette, et peut-être sont-elles de nature analogue. Armande possède un certain nombre d'aptitudes qui sont à noter. D'abord, je trouve chez elle quelques mots qu'elle écrit sans les comprendre, ce qui suppose une attention tournée vers les mots, le don de s'assimiler les mots, bref un développement de la faculté verbale auquel je donnerai le nom de *verbalisme* (1).

Un autre fait nous démontre son verbalisme, c'est que dans des expériences que je citerai plus loin sur les associations d'idées, Armande emploie souvent des associations verbales, bien plus souvent que sa sœur. Si nous ajoutons à ces traits précédents une certaine négligence du sens, une tendance à se contenter d'idées vagues, un

---

(1) Proposons ici une définition de mots. Le *verbalisme* se distingue du *psittacisme* en ce que les mots qu'on emploie ne sont pas nécessairement dénués de sens pour celui qui s'en sert.

besoin faible de se rendre compte, un goût peu décidé pour la précision — j'exagère dans tout ceci le type mental de mon sujet, pour mieux faire saisir une pensée — on comprendra comment Armande paraît avoir un si grand nombre d'idées abstraites ou générales. Quant à la question de savoir si ce sont là réellement des idées abstraites et générales, nous l'examinerons dans un chapitre spécial.

6° Imagination

J'appelle mots d'imagination ceux qui réunissent un des caractères du souvenir à un des caractères de l'abstraction. Les créations de l'imagination ressemblent au souvenir en ce qu'elles sont détaillées et précises, et elles ressemblent à l'abstraction en ce qu'elles ne correspondent à aucun fait ou objet extérieur, qui aurait été perçu antérieurement.

A l'inverse, on peut dire que les choses fictives ne sont pas des souvenirs parce qu'elles sont fausses, et ne sont pas des abstractions parce qu'elles sont détaillées.

Je vais citer plusieurs exemples de mots d'imagination, tous empruntés à Armande.

Connaissance.—A pensé à quelqu'un qui perd connaissance, une jeune fille étendue sur un fauteuil, ce n'est pas un souvenir.

Emietter, nourrir. — A pensé à des personnes imaginaires qui émiettent du pain et nourrissent des oiseaux.

Craintivement, épouvante, panique, peur, résultat, encombrement, chaussée, piéton.—A vu des gens cernés, qui ne pouvaient pas fuir. C'était dans une ville, à Paris, c'était une épouvante de foule; a vu la chaussée du boulevard Montparnasse envahie par beaucoup de monde.

Papillon, aubépine, fleur.—A pensé à un papillon jaune blanc, dans un coin de forêt où nous étions allés la veille et où nous avions garé nos bicyclettes. Elle ne l'avait pas vu, ce papillon, il n'est pas un souvenir, c'est une œuvre d'imagination. Elle a continué à se représenter cette partie du bois, et elle a pensé qu'il y avait des aubépines, ce qui, dit-elle, est tout à fait faux.

Voiture. — A vu une voiture renversée, près d'un pont, à Paris ; il y avait beaucoup de monde autour.

Elle se rend compte que c'est imaginaire.

Route, soleil. — A pensé à une route imaginaire, qui montait sous un soleil brûlant ; c'était une route en plein champ, et il n'y avait pas d'ombre.

Bouquet. — A pensé à un bouquet de fleurs ou de fruits suspendu à un arbre, dans un petit sentier à Meudon. Le bouquet est imaginaire, le cadre est fourni par le souvenir.

Toutes ces descriptions n'ont point été données d'un jet, mais arrachées mot à mot par mes questions. Le seul caractère propre à ces images, caractère tout subjectif, c'est que le sujet est persuadé que l'image est irréelle, ne correspond point à un souvenir.

Parfois, la fiction est si peu développée qu'on hésite sur sa nature et qu'on se demande si ce n'est pas tout simplement une abstraction. La distinction avec le souvenir ne m'a jamais présenté de difficulté, car mes deux sujets ont été constamment très affirmatifs, pour localiser et dater les souvenirs ; mais la distinction avec l'abstraction est au contraire très difficile, et souvent arbitraire. Exemple : Armande écrit peluche, et elle s'est représenté un fauteuil de peluche bleue, qu'elle n'a jamais vu ; c'est bien une image fictive, puisque le fauteuil est inventé ; c'eût été une image abstraite, si Armande s'était représenté de la peluche comme étoffe, sans rien y ajouter, sans préciser aucun détail de forme.

Chez Marguerite, jamais, dans aucun cas, il ne s'est produit d'image fictive ; et je crois du reste que cette pénurie d'images fictives dans l'expérience de recherche des mots est la règle commune ; Marguerite, à ce point de vue, se rapproche de l'ensemble des autres personnes sur

lesquelles j'ai fait les mêmes expériences. Chez Armande,
les images fictives sont nombreuses ; j'en compte 23, elles
sont presque aussi nombreuses, par conséquent, que les noms
d'objets présents. Elles ont apparu dès la seconde expérience,
et se sont montrées tantôt rares, tantôt abondantes, avec
beaucoup d'irrégularité ; elles ont disparu dès la 11ᵉ expérience ; et jusqu'à la 15ᵉ, je n'en ai plus noté une seule.

Malgré l'incertitude que présente la distinction entre
les images abstraites et les images fictives, je suis bien
persuadé que comme développement des images fictives
il y a une très grande différence entre les deux sœurs.
Il peut paraître assez inattendu de rencontrer chez une
même personne à la fois de l'abstraction et de l'imagination. Cela déroute ; car, d'après les notions qu'on a
généralement admises en psychologie, il y a comme une
antithèse entre l'esprit d'imagination et l'esprit d'abstraction. Ribot, dans son livre sur les *Idées générales*, a longuement développé cette idée ; les imaginatifs, ce sont les
artistes, les femmes, les enfants, tous individus doués d'une
riche vision intérieure, chez lesquels la forme des personnes,
des monuments, des paysages, surgit nette, bien délimitée.
Au contraire, chez les abstracteurs, théoriciens, savants,
la tendance est toujours vers l'unité, les lois, les généra-
lités. Bien qu'on fût sans doute quelque peu embarrassé
de dire sur quels documents expérimentaux et sérieux
repose l'antithèse qu'on établit d'ordinaire entre l'imaginatif et l'abstracteur, je crois cette antithèse trop vraisemblable pour la mettre en doute à la légère ; et je pense
qu'il est nécessaire de faire ici une distinction entre deux
genres d'abstractions. Quand je remarque qu'Armande,
une fillette de 13 ans, a une tendance très nette à l'idéation abstraite, j'entends par là tout simplement que ses
images sont pauvres en détails particuliers et précis, et
ne se particularisent pas, mais ce n'est pas à dire que
cette enfant ait le goût de la spéculation abstraite, qu'elle

aime le raisonnement abstrait et le comprenne facilement. Autre chose est l'image mentale appauvrie par défaut de mémoire et formant passage à l'imagination, autre chose est l'aptitude au maniement des idées abstraites. Du reste nous examinerons plus loin si les idées que nous avons décrites chez Armande sous le nom d'idées abstraites ne sont pas tout simplement des idées embryonnaires.

Résumé de la classification précédente, sous la forme de coefficients.

Le parallèle que nous venons de faire entre les deux sœurs a montré combien il existe d'opposition entre leurs natures ; Armande a une idéation plus rapide que Marguerite, et aussi plus abondante, puisqu'elle sent moins le besoin de chercher des inspirations dans le monde extérieur. Son attention est moins bien fixée sur le sens des mots qu'elle écrit, elle prend une conscience moindre du sens de ces mots, et elle est moins capable d'en donner une explication. Ses images de souvenir sont beaucoup moins abondantes, ce sont surtout les souvenirs récents qui sont pauvrement représentés ; mais, en revanche, il y a chez elle un développement considérable d'images générales et abstraites, et, de temps en temps, apparaissent des images entièrement fictives.

Ces différences, je voudrais leur donner une forme plus précise, en employant le procédé des coefficients, qui m'a déjà servi à exprimer les degrés inégaux de suggestibilité qu'on rencontre chez les différentes personnes (1). Ce procédé est applicable à l'idéation, sous des réserves que j'ai déjà indiquées ailleurs ; je les résume ici, en disant que le chiffre n'est qu'une étiquette, un symbole brutal, et ne saurait dispenser d'une analyse approfondie, ni d'une interprétation, toujours délicate.

(1) *Suggestibilité*, p. 103.

Pour calculer le coefficient de la mémoire, de l'imagination, de l'abstraction, il suffit de rapporter le nombre
des souvenirs, des images abstraites et fictives au nombre
total des mots écrits, ce nombre total étant rendu égal à 100.
Ainsi 15 0/0 d'imagination signifie que, sur 100 mots
écrits, il y en a 15 qui relèvent de l'imagination.

Le tableau suivant indique ces divers coefficients ; il
n'ajoute rien à notre texte ; il synthétise sous la forme
précise du chiffre nos principaux résultats.

	MARGUERITE	ARMANDE
Coefficient d'observation	37,5	10
Coefficient d'inconscience	4,6	28
Coefficient de mémoire	53,7	29,3
Coefficient d'abstraction	3,7	23,3
Coefficient d'imagination	0	7,6

Ces coefficients, il importe de le rappeler, devraient
exprimer des faits bruts, mais le nom qu'on leur donne
suppose une interprétation ; il est bien difficile d'éliminer
les interprétations en psychologie. Rappelons qu'à propos de chaque coefficient, il y a au moins deux interprétations possibles, et ces deux interprétations sont opposées
l'une à l'autre. Ainsi, le coefficient d'observation repose
sur le fait brut qu'on a écrit un certain nombre de noms
d'objets présents ; ce fait peut recevoir deux interprétations ; ou bien il indique une préoccupation du monde
extérieur, ou bien il est le signe qu'on est à court d'idées ;
donner à ce coefficient le nom de coefficient d'observation,
c'est choisir la première interprétation et repousser la
seconde qui consisterait à poser un coefficient de richesse
d'idéation. De même pour le coefficient de mémoire ; écrire
un grand nombre de mots-souvenirs peut prouver l'exu-
bérance de la mémoire, ou la pauvreté en imagination et
en idées générales ; enfin écrire des mots sans se préoccuper de leur sens, coefficient d'inconscience, signifie
qu'on a le goût artistique des mots rares, qu'on a une ten-

dance au verbalisme, ou bien qu'on n'a pas un besoin impérieux de se rendre compte des choses, qu'on a dû laisser aller dans la pensée, qu'on glisse au lieu de s'appesantir, ou, encore, qu'on a plus d'amnésie que d'inconscience, et ainsi de suite; la vitesse avec laquelle on écrit la série de 20 mots signifie que les idées viennent avec abondance sous la plume, ou tout simplement qu'on ne discerne pas parmi tout ce qui vient, et qu'on manque de réflexion.

Nous avons été amené à choisir parmi ces interprétations opposées, mais il ne faut pas oublier que notre choix reste un peu arbitraire, malgré toutes les bonnes raisons que nous avons données à l'appui, et que nous donnerons encore.

Nos coefficients sont calculés sur 600 mots écrits par les deux sujets; et je me suis demandé s'il était bien utile de prolonger autant cette expérience, et si, en s'en tenant aux premières données, par exemple aux 60 premiers mots écrits par chacun des sujets, on aurait abouti à des conclusions sensiblement différentes. Je donne un tableau où j'ai calculé le nombre total des différentes catégories de mots qui se rencontrent dans chaque série de 60 mots pour les deux sœurs.

MARGUERITE				
	Objets présents.	Inexpliqués.	Souvenirs.	Abstractions.	Imaginations.
1re séance.	15	9	32	4	0
2e —	23	2	28	6	0
3e —	37	1	20	2	0
4e —	28	3	29	0	0
5e —	17	0	43	0	0

ARMANDE				
1re séance.	8	23	3	21	3
2e —	10	18	8	8	13
3e —	4	12	20	19	5
4e —	5	14	35	5	2
5e —	3	18	22	17	0

Marguerite est caractérisée par l'attention portée aux objets extérieurs et le développement de souvenirs précis. Or, dès la 1re expérience, ces traits étaient bien visibles, ces deux catégories de mots dominaient ; les mots inexpliqués et les mots abstraits étaient très faiblement représentés. La suite de l'expérience a eu simplement pour effet de faire disparaître, après les avoir amoindris, les mots inexpliqués et abstraits ; l'effet de la première épreuve a donc été comme exagéré ; mais, même en se tenant à cette première épreuve, on serait arrivé à la même conclusion, — avec moins de certitude, il est vrai.

Armande a eu des résultats beaucoup moins réguliers que sa sœur, et c'est d'abord cette irrégularité qui est bien mise en lumière par la prolongation des expériences. Ainsi, les mots d'objets présents, les souvenirs, les abstractions, les actes d'imagination varient beaucoup en nombre d'une expérience à l'autre ; mais ce qui est toujours vrai, c'est que chez elle les mots inexpliqués et les mots abstraits prédominent ; la somme des mots inexpliqués et des mots abstraits est toujours (sauf 1 cas) supérieure à la somme des souvenirs et des mots d'objets présents ; c'est juste le contraire chez sa sœur.

Ainsi, d'une part, l'observation, la conscience précise, les souvenirs récents, voici ce qui domine chez Marguerite ; tandis que, chez Armande, on trouve les souvenirs anciens, les idées vagues, la demi-conscience, et l'imagination fantaisiste. Ne percevons-nous pas déjà ici l'esquisse de deux types intellectuels bien différents (1) ?

_____

(1) Un an après (3 sept. 1904) je répète les mêmes expériences sur les deux sœurs, et je trouve : dans la série de Marguerite, 12 noms d'objets présents, 4 souvenirs, 4 mots abstraits et 1 mot écrit inconsciemment. Cette abondance des mots présents et des souvenirs est fréquente chez elle. 'Armande a : 4 noms d'objets présents, 3 souvenirs, 5 mots inconscients, et 8 mots abstraits. On voit que c'est toujours à peu près le même type d'idéation, et l'année qui vient de s'écouler n'a guère apporté de changements.

APPENDICE

Je veux au moins donner une idée des résultats qu'on peut obtenir en s'adressant à des enfants d'école âgés de 12 ans; cela suffira à montrer combien ces expériences d'école restent superficielles. Je reproduis l'expérience faite avec Gr. l'érudit, dont j'ai déjà parlé. Voici les mots qu'il écrit en 2' 15" : « Photographie, mère, père, frère, violet, gaz, hydrogène, oxygène, sciences, potier, aluminium, argent, argile, fer, or, cuivre, Chili, géographie, Amérique, cultures, pâturages. » Pendant que Gr. écrit les premiers mots, il cherche beaucoup auprès de lui; puis, à partir du 8e mot, il va d'abondance et écrit très vite. Voici l'interrogation que je lui fais subir.

D. Photographie? — R. C'est en voyant l'image qui est là et qui ressemble assez à une photographie. — D. Mère? — R. Ensuite, c'est en pensant à Maman, qui est en photographie, père et mère, de même. — D. Tu as vu dans ta tête leur photographie? — R. Oui, oui. — D. Violet? — R. Tout à l'heure, j'ai écrit le mot bleu. C'est en pensant au crayon qui est là. — D. Gaz? — R. C'est parce que la petite lampe qui est là est éclairée au gaz. C'est en voyant le conduit. — D. Hydrogène? — R. Parce que l'hydrogène est un gaz, l'oxygène aussi. — D. Que t'es-tu représenté avec ces mots là? — R. C'est parce qu'un élève de l'école normale a fait dégager de l'hydrogène en faisant agir sur du zinc de l'acide sulfurique. — D. Tu as pensé à cette expérience-là? — R. Oui, Monsieur. — D. Sciences? — R. C'est parce que l'hydrogène à l'école, on appelle cela la chimie, la physique; on les appelle les sciences. — D. Potier? — R. C'est parce que dans les sciences samedi dernier on a parlé des argiles et le potier fait des assiettes avec de l'argile. — D. Aluminium? — R. On nous a parlé aussi de l'aluminium. — D. Argent? — R. Et comme l'aluminium brille comme de l'argent, j'y ai pensé. — D. Argile? — R. Parce que l'argent et l'aluminium sont extraits de la terre, et dans la terre, il y a de l'argile, comme fer, or et cuivre. — D. Chili? — Parce que c'est du Chili qu'on extrait le plus de cuivre. — D. Géographie? — R. A cause que le Chili et l'Amérique sont contenues dans les 5 parties du monde et que l'étude de la terre s'appelle géographie. — D. Culture? — R. Parce qu'en Amérique on fait beaucoup de culture. — D. Pâturages? — R. Parce qu'il y en a beaucoup dans les prairies.

On voit quel luxe d'érudition montre cet enfant. Il est bien difficile de se faire une idée de son type d'intelligence avec une expérience comme celle-ci. Il faudrait l'étudier bien plus longuement pour le saisir au naturel.

J'ai répété cette expérience sur une vingtaine de primaires de douze ans, à chacun desquels j'ai fait écrire 60 mots : et voici ce que j'ai remarqué de plus général. Les noms que les élèves écrivent sont des noms communs, qui désignent le plus souvent des objets matériels et familiers. On peut classer tous ces mots dans les catégories suivantes :

1º Noms d'objets placés dans la pièce où l'élève se tient (livres, table, fenêtre, plafond, parquet, porte, etc.); 2º parties d'une personne, et vêtements (yeux, mains, tête, chapeau, tablier, souliers, etc.); le plus souvent, l'élève qui écrit ces mots désigne sa propre personne; 3º personnes et objets d'école (objets qui se trouvent dans le préau de l'école, ou dans la classe, et qui servent à travailler); 4º souvenirs de la maison paternelle (personnes, objets d'ameublement, jouets, etc.); 5º souvenirs de la rue (cheval, omnibus, pavé, arbres); 6º souvenirs de voyage ou de campagne ; 7º noms généraux d'objets, qui ne sont pas déterminés. Il est bien entendu que cette classification ne comprend pas tous les mots écrits, mais ceux qui n'en font pas partie sont en bien petit nombre, et forment une quantité négligeable.

Donc le contenu mental des élèves est surtout formé par l'idée d'objets matériels, appartenant à l'endroit où ils se trouvent, à l'école, à leur demeure, à la rue, à la campagne. C'est, en somme, une idéation d'un caractère terre à terre.

Pour mieux saisir le caractère des mots écrits, il faut remarquer toute une catégorie de mots qui ne se rencon-

trent pas une seule fois dans les copies. Nous n'y trouvons aucun nom d'états de conscience (comme volonté,
émotions, déception, colère, tristesse, raisonnement, som-
meil, etc.), aucun mot abstrait (comme cause, loi, temps,
heure, jour, moyen), et aucun mot désignant une chose
qui ne serait pas matérielle dans le sens vulgaire du mot
(comme beauté, richesse, fortune, métier, conversation,
travail, larcin). Ce fait n'est pas sans me surprendre un
peu. Tous ces enfants reçoivent de leur maître une instruction qui suppose non seulement l'intelligence, mais
l'emploi de beaucoup de termes abstraits. Le directeur de
l'école a eu l'obligeance de me donner les cahiers de
classe de tous ces élèves, et, en parcourant ces cahiers,
je rencontre, dans leurs devoirs d'orthographe, dictée,
rédactions, devoirs de calcul, etc., beaucoup de termes
abstraits. J'en cite quelques-uns au hasard : « heure,
maire, dénégations, nuit, fruit, empreintes, témoins, produits, nom, surface, prix, race, milieu, humanité, dispute,
combats, besogne, explication, silence, flanc, hurlemen.t »
Ainsi, la main de ces enfants a beau être habituée à écrire
ces termes d'un style un peu relevé, on ne les retrouve pas
dans les 20 mots qu'ils écrivent dans notre expérience ;
c'est que vraisemblablement les mots qu'ils écrivent pour
nous représentent mieux les idées qui leurs sont habituelles que leurs devoirs écrits de classe (1).

Je remarque encore qu'à part bien peu d'exceptions
l'idéation de chaque élève ressemble beaucoup à celle des
autres ; il y a peu d'originalité, et les différences individuelles sont très peu marquées. Cela provient sans doute
de ce que l'influence du milieu psychologique sur le choix
des mots à écrire est si forte qu'elle étouffe les différences
individuelles. C'est à peine si on distingue chez tel élève

---

(1) Dans des épreuves analogues faites en Amérique par Jastrow sur des
adultes, élèves d'écoles supérieures, le nombre des termes abstraits qui
ont été écrits est beaucoup plus grand.

deux ou trois mots d'un style plus relevé que celui de ses camarades. Le nombre d'objets présents qui sont nommés est presque toujours considérable, supérieur à 20 sur 60.

A tous ces traits, il est facile de constater que l'idéation de nos deux fillettes gagne à ces comparaisons ; il est plus facile maintenant de se rendre compte de ses caractères propres. L'idéation de Marguerite ressemble assez à celle de la majorité, avec cette différence toutefois que chez elle les souvenirs d'érudition n'existent pas et sont remplacés par des souvenirs de vie privée ; nous avons vu du reste les causes possibles de cette différence. En ce qui concerne Armande, la conclusion est différente ; Armande paraît se séparer nettement de la moyenne ; son idéation a un caractère d'originalité qui est indéniable.

CHAPITRE III

Le Vocabulaire et l'Idéation.

Il existe un accord général entre nos pensées et leur mode d'expression. Une voix nuancée annonce plus de finesse d'esprit qu'une diction uniforme ; il y a de l'intelligence dans certaines formes graphiques, et de la stupidité dans d'autres. La construction grammaticale de la phrase révèle la logique intérieure et la richesse des associations d'idées ; la juxtaposition de propositions courtes, enchaînées par des conjonctions élémentaires, ou par le puéril : *et alors*, a une toute autre signification intellectuelle que la longue phrase oratoire qui traîne dans sa robe à queue une riche parure d'incidentes.

Même la nature des mots, le vocabulaire, a une valeur sociale ; il y a, pour exprimer une même idée, plusieurs mots bien différents, dont les uns viennent du faubourg ouvrier, d'autres viennent de la petite boutique, ou du salon, ou du cabinet du lettré.

J'ai cru intéressant de rechercher si, chez mes deux fillettes, qui ont une si curieuse différence de type intellectuel : je trouverais aussi des différences de langage, et si, en d'autres termes, il existe une relation entre l'idéation et le vocabulaire.

Je sais bien qu'*a priori* on peut faire de suite une objection à cette hypothèse : nous n'inventons pas notre vocabulaire, nous le recevons tout fait de notre milieu, par l'audition et la lecture, exception faite de nos néologismes, qui sont en nombre insignifiant. Or, nos deux sujets sont des enfants qui appartiennent rigoureusement au même milieu ; malgré une petite différence d'âge, qui est de 18 mois, elles sont élevées comme deux sœurs jumelles, suivent les mêmes cours, ont les mêmes distractions et ne se quittent pour ainsi dire jamais. Est-il vraisemblable qu'elles ne parlent pas la même langue ? En y regardant bien, on se convaincra que ce n'est pas là une objection contre notre recherche ; c'est plutôt un encouragement à l'entreprendre. Il s'agit de savoir si des différences d'idéation peuvent entraîner directement, et sans autre secours, des différences de langage ; or, pour qu'un problème de ce genre puisse être résolu, il faut évidemment que toutes choses restent égales d'ailleurs, c'est-à-dire que les sujets comparés au point de vue du langage soient comparables pour tout le reste.

C'est la grande difficulté à vaincre lorsqu'on compare le langage de sujets pris dans des milieux différents ; pour arriver à déterminer ce qui, chez eux, est dû à un facteur intellectuel, il faut régler les expériences de manière à éliminer les variations dans les conditions extérieures, ou de manière à interpréter ces variations et en tenir compte ; y arrive-t-on toujours ? Je ne sais. Mais, ici, l'étude de nos deux fillettes nous fournit une occasion exceptionnelle pour cette élimination ; le milieu est identique pour les deux, aussi identique du moins qu'il peut l'être.

Les documents à étudier sont nombreux ; je pourrais utiliser les cahiers de devoirs des deux fillettes, ou les rédactions qu'elles ont écrites devant moi pour des expériences de psychologie ; mais ce que nous trouvons dans ces documents, ce sont des phrases, et je ne me sens pas en mesure encore d'étudier ce tout organique qui constitue la phrase ; c'est un produit trop complexe pour que je puisse en faire l'analyse psychologique avec quelque précision. Laissant de côté la syntaxe, quoique je ne me

dissimule pas tout ce qu'elle doit avoir de personnel et
d'intime (1), je me bornerai à l'étude des mots, du vocabulaire.

J'utiliserai les 300 mots que chacun de mes sujets a
écrits dans le test décrit au chapitre II. J'étudierai ces
mots à trois points de vue :

1º Le point de vue grammatical ;

2º Le point de vue du sens concret et abstrait ;

3º Le point de vue social.

On se rappelle sans doute comment se fait l'expérience
des 20 mots. La prescription donnée est d'*écrire 20 mots.*

On n'ajoute rien de plus; tous les sujets sur lesquels
j'ai expérimenté comprennent d'eux-mêmes qu'il s'agit
d'écrire des mots isolés et non des phrases. Mais que
faut-il entendre par un mot? Ce test, comme celui de la
description d'objets et d'autres du même genre, contient
une indication que l'on laisse volontairement très vague,
pour ne pas restreindre la liberté du sujet. Celui-ci, d'ailleurs, ne se doute point qu'on lui permet de se mouvoir
dans un cercle assez grand; il s'imagine au contraire, du
moins très souvent, qu'on lui a donné une indication très
précise, à laquelle il s'est borné à se conformer stricte-
ment. Ainsi, la grande, l'immense majorité des personnes

---

(1) L'individualisme dans le langage a été noté par différents auteurs,
des romanciers, comme J. Case (la Volonté du bonheur, dans la *Revue
bleue*, 10 oct. 1891), des poètes philosophes (Sully-Prud'homme, *la Justice*,
préface), Diderot (*Rêve de d'Alembert*), Musset (*Fantasio*), Bergson (*Essai
sur les données immédiates de la conscience*, pp. 97 et seq.). J'emprunte
quelques-unes de ces citations à Dugas, *le Psittacisme*, pp. 27 et seq.
Après avoir noté cet individualisme, il resterait à l'étudier. Mais c'est une
autre affaire. Les auteurs ressemblent à ces chœurs d'opéra qui chantent
Partons! et qui ne partent jamais. Le seul essai expérimental que j'ai rencontré est un peu bizarre ; il est dû à un auteur anglais qui comptait les
mots d'après les nombres de syllabes, et avait trouvé pour chaque écri-
vain une proportion spéciale de ces mots : tant de mots monosyllabiques,
tant de bissyllabiques, et ainsi de suite. Des computations faites sur des
millions de mots permettaient de tracer une courbe personnelle qui avait,
paraît-il, une certaine constance. Le travail a paru dans le *Popular
Science Monthly* de 1901. Je n'ai pu retrouver ni le nom de l'auteur ni
le titre de l'article.

à qui j'ai fait faire ce test comprennent l'expression
« mot »! comme synonyme de substantif ; écrire 20 mots,
cela semble vouloir dire : écrire 20 noms communs.

Marguerite s'est conformée à la règle ; Armande y a
échappé de temps en temps.

Les 320 mots de Marguerite sont, sans aucune exception, des noms communs ; chez Armande, ces noms communs forment la grande majorité ; mais Armande a écrit
en outre quelques adjectifs et quelques verbes ; je note 8
adjectifs, 2 adverbes et 15 verbes ; ces derniers se suivent
généralement par groupes de 2, de 3 ou de 4. Ces mots
insolites ne sont pas concentrés dans une série spéciale,
ils se disséminent dans un grand nombre de séries différentes, dissémination qui écarte de suite l'idée que leur
introduction provient de quelque influence accidentelle.
On pourrait supposer en effet que si un sujet qui a l'habitude d'écrire seulement des noms écrit un jour, et dans
une seule série, beaucoup d'adjectifs et de verbes, ce changement brusque d'habitude est le résultat d'une influence
accidentelle, par exemple, le souvenir d'une leçon récente
de grammaire ; mais, comme, chez Armande, les mots insolites sont disséminés, nous pensons qu'ils forment une
partie naturelle de son idéation ; nous admettons que son
idéation est plus variée que celle de Marguerite, et en
même temps plus originale : elle est plus originale, parce
qu'elle ressemble moins à celle de la grande majorité des
individus.

Les mots peuvent être classés à d'autres points de vue,
d'abord au point de vue du degré d'abstraction, ce qui se
comprend de suite ; et ensuite au point de vue de la dignité
sociale. J'ai rappelé plus haut que certains mots appartiennent au vocabulaire courant et que d'autres sont d'un
style plus relevé.

Ces distinctions sont faciles à établir en théorie ; mais
elles ne sont pas toujours faciles à appliquer, la première

surtout ; il y a beaucoup de termes à caractères indécis. Il me semble évident que les séries d'Armande contiennent plus de termes abstraits et rares que les mots écrits par Marguerite. Ces derniers appartiennent plus souvent au style familier et au langage concret.

J'ai relu à ce point de vue et analysé scrupuleusement les 320 mots écrits par Marguerite, je n'ai rencontré sur ce nombre que 7 mots abstraits ou rares. Je donne ces 7 mots avec leur numéro d'ordre qui indique leur place dans les séries : 16 mandoline, 103 heure, 104 temps, 172 question, 197 cristallin, 209 fémur. Je ne trouve donc que 7 mots sur 350, soit 1/50, qui n'appartiennent pas au langage courant ; et encore pourrait-on discuter sur la valeur que j'attribue à quelques-uns d'entre eux.

Quant aux autres mots, qui sont au nombre de 313 sur 320, on peut s'en faire une idée par les citations suivantes que je donne au hasard :

Bicyclette, chien, table, casserolle, soupière, cheval, âne, voiture, encrier, colle, tasse, fourchette, assiette, cuiller, piano, mandoline, lampe, phonographe, rouleau, papier, Afrique, maison, vinaigre, lait, chocolat, mouton, cheveux, chignon, etc.

Les mots aristocratiques et les mots abstraits sont bien plus nombreux dans les séries d'Armande ; ce n'est pas une petite différence, une nuance fine ; c'est au contraire une différence très grossière. Chez Armande, je trouve 53 de ces mots sur 300, ce qui donne une proportion de 1/6 ; la proportion est donc 9 fois plus forte que pour Marguerite. Voici quelques-uns de ces mots :

31 tempérament, 35 moquerie, 36 silence, 39 dédain, 40 connaissance, 57 faiblesse, 63 personnage, 64 envie, 65 craintivement, 69 résultat, 70 encombrement, 77 longitude, 95 rapidité, 99 dentition 122 pureté, 123 candeur, 131 légèreté, 138 parchemin, etc., etc.

Ces mots de choix me permettraient de distinguer à première vue une série écrite par Armande et une série

de Marguerite, si la différence des écritures ne rendait pas
le diagnostic très facile ; quant aux autres mots, qui com-
posent en majorité les séries, ils appartiennent au langage
usuel, et ne diffèrent point de ceux de Marguerite ; on peut
en juger ; il suffit de jeter un coup d'œil sur une série
complète d'Armande, comme celle-ci :

Table, porte, habit, poule, renard, armoire, tapisserie, poisson,
jardin, courrier, arbre, cheval, lapin, chenil, ombre, ciel, nuage,
feuille, bouteille, chaise, œil, chemin, crayon, terrain, mine, or,
tiroir, air, pluie, voile, tempérament, photographie, oreille, regard,
moquerie, etc., etc.

Il y a dans cette série d'Armande des mots terre à terre
et familiers, comme dans la série de Marguerite ; et de
temps en temps apparaît un mot plus rare, comme *courrier, tempérament, moquerie*. Je ne pense pas que ces mots
aient été cherchés plus que les autres, et qu'ils trahissent
quelque prétention d'esprit ; Armande a des défauts,
certes, mais elle n'a pas celui-là. Du reste, elle écrivait
sa série de 20 mots constamment plus vite que sa sœur, elle
faisait courir sa plume à bride abattue, ce qui se concilie-
rait mal avec une recherche de préciosité verbale.

On pourra objecter à mes interprétations qu'elles ont
un caractère tant soit peu arbitraire. Apprécier la dignité
sociale des mots, dira-t-on, c'est faire de la critique littéraire beaucoup plus que de la science. On aura raison.
Tel mot dont je fais une expression de lettré sera jugé par
d'autres pour un mot de petit boutiquier ; on tombe dans
l'arbitraire quand on n'a pour critérium qu'une impression
personnelle. Aussi, ne voudrais-je pas me risquer à établir
des classes sociales dans le vocabulaire de notre langue,
si je n'avais pas une méthode de classement plus précise,
reposant, par exemple, sur l'observation directe du parler.
Mais ici je m'occupe d'une toute autre affaire ; je ne cours
pas le même danger d'erreur, parce que je compare le
langage de deux personnes, en vue de dégager leur indi-

viduálité; et si je me trompe dans l'appréciation de tel ou tel mot, il est vraisemblable que je ne puis pas me tromper pour l'ensemble. De plus, ce que je sais de la vie privée de mes deux fillettes me permet de fixer par rapport à elles la valeur sociale des mots qu'elles emploient; ainsi, je ne leur ferai pas un mérite d'écrire les mots psychologie, audition colorée, etc., qu'elles entendent souvent prononcer autour d'elles et qu'elles répétent en écho.

Il existe donc une différence dans le vocabulaire des deux sœurs; cette différence est des plus nettes; et je trouve bien curieux qu'Armande, qui est la cadette, ait une langue plus savante et plus recherchée que sa sœur.

La nature du vocabulaire est donc en relation avec la nature du type intellectuel, même dans les expériences où les mots semblent écrits au hasard, dans des séries incohérentes. La pensée abstraite d'Armande provoque tout naturellement chez elle un développement du vocabulaire abstrait; et quant à son vocabulaire aristocratique, je crois qu'on peut l'attribuer à ce goût pour le verbalisme, dont elle nous donnera des preuves, dans des expériences subséquentes. Peu importent, du reste, pour le moment, les explications dernières. Ce qu'il me paraît bien intéressant de mettre en lumière, c'est que deux jeunes filles, quoique élevées absolument dans le même milieu verbal, ne parlent pas le même langage, parce que le facteur intelligent est intervenu pour déterminer un choix dans le vocabulaire ambiant; il y a une influence du dedans, l'individualité psychologique, qui a modifié l'influence du dehors.

CHAPITRE IV

Comment la pensée se développe.

Nous allons étudier les associations d'idées de nos deux sujets au moyen de ce test qui consiste à écrire une série de 20 mots. Je crois que ce test est très favorable à l'analyse des associations d'idées, peut-être même plus favorable que la procédure qu'on emploie habituellement ; dans cette procédure, qui consiste dire un mot, et à demander au sujet de répondre par un autre mot, on ne provoque qu'une seule association à la fois, c'est une association isolée, unique, tandis qu'avec le test des 20 mots on provoque le développement d'une vingtaine d'associations qui font la chaîne. C'est un avantage très grand, car, dans l'expérience de 20 mots, on se rapproche plus des conditions naturelles que dans la provocation d'une association isolée. Lorsque notre pensée se développe naturellement, elle suit un cours, il y a un grand nombre d'idées qui se succèdent, courant derrière les unes les autres comme une foule. Or, la succession immédiate de deux idées ne donne pas nécessairement une notion exacte de ce cours d'idées ; il est possible que ce cours soit soumis à un certain rythme qui ne se manifeste pas entre deux idées, mais qui s'étend sur un grand nombre d'idées. Ce n'est pas une hypothèse gratuite. Nous allons voir dans un instant qu'en étudiant le cours de la pensée dans la série de 20 mots on trouve des répartitions de mots qui ne s'expliquent pas tout simplement par l'association des idées, et que le procédé habituel d'étude, trop fragmentaire, ne peut pas saisir.

Notre méthode des mots écrits a un autre avantage encore ; c'est que le sujet qui écrit 20 mots est plus libre, plus spontané, mieux laissé à lui-même que celui qui doit de suite associer un mot au mot qu'on lui donne ; dans ce dernier cas, on l'oblige à des associations factices, et il est à craindre qu'on le détourne de penser naturellement. L'idéation est un phénomène très délicat, très impressionnable ; c'est comme un enfant qui, regardé, cesse de jouer avec naturel.

Il serait juste de compléter ces critiques du procédé habituel en faisant ressortir ses avantages ; l'introspection suit immédiatement la formation de chaque association, ce qui évite les erreurs et oublis de la mémoire ; l'association est provoquée par des mots choisis par l'expérimentateur, ce qui lui permet de tâter l'idéation de son sujet, en le forçant de travailler sur des mots spéciaux, et ce qui facilite la comparaison des réactions psychologiques de deux individus auxquels on a donné les mêmes mots. Bref, à tout mettre en de justes balances, les deux procédés ne font pas double emploi, et il y a quelque intérêt à les employer cumulativement. Je vais donc étudier comment mes deux sujets ont lié les 20 mots que je leur faisais écrire. Il est naturel de s'attendre à quelque incohérence. Si, en vérité, on rencontrait dans un travail étudié, comme une lettre, ou une rédaction quelconque, une incohérence aussi grande, on supposerait de suite que l'auteur de la lettre ou de la rédaction a quelque trouble intellectuel. Rappelons-nous donc que la série de 20 mots n'est point comparable à un travail médité, qui serait adapté à un but précis : c'est 20 mots, n'importe lesquels, qu'on prie le sujet d'écrire ; on ne l'invite pas à faire un travail qui ait un sens et une logique.

Voici comment je faisais pour demander à mes sujets de m'expliquer leurs associations d'idées. Quand les 20 mots avaient été écrits, je commençais mes interrogatoires la plume à la main, écrivant intégralement questions et réponses. Je demandais d'abord pour un mot quelle signification il avait ; et ensuite, seconde question, je demandais comment on avait passé du mot précédent à ce mot-là ; les deux interrogations se suivaient, et ce n'était qu'après les avoir épuisées que j'examinais le mot suivant.

On se rappelle que j'ai fait écrire 320 mots à Marguerite, par séries de 20 mots ; je regrette de ne pas l'avoir interrogée sur ses associations d'idées pour tous ces mots-là ; je ne l'ai interrogée que sur les 60 derniers mots. Au contraire, pour Armande, l'interrrogation a porté sur les 300 mots qu'elle a écrits. Ce serait bien peu de chose comme documents, si je n'étudiais les associations de Marguerite que sur 60 mots ; je profiterai de quelques séries nouvelles que je lui ai fait écrire plus récemment pour augmenter le nombre de mes observations.

La première question qu'on aimerait résoudre est celle de savoir si l'esprit se rend compte de ses liaisons avec le même degré de conscience que de ses idées. A *priori*, il semble que non. La liaison est une transition, un hiatus ; elle n'a pas de nature substantielle ; c'est un moyen d'avoir une idée, ce n'est pas une idée : toutes raisons pour que la liaison soit mal perçue. Voyons ce que l'observation nous apprend à cet égard.

Marguerite, sur 60 mots qu'elle a écrits, est incapable d'expliquer 13 transitions : dans la première série de 20 mots il y a 8 transitions inexpliquées ; dans la seconde série écrite le même jour, il y en a 4, et dans la troisième série, 1 mot seulement demeure inexpliqué. Cette diminution si rapide se comprend très facilement. Marguerite ne savait pas, quand elle a écrit la première série, qu'on l'interrogerait sur les transitions, elle n'y a donc pas fait attention ; dès qu'on l'a avertie, et qu'elle a vu à quelle foule d'interrogations minutieuses on la mettait aux prises, en esprit méthodique qu'elle est, elle a donné plus d'attention à ses transitions, et les a par conséquent rendues plus conscientes ; peut-être même en a-t-elle modifié la nature, les a-t-elle régularisées. Pour savoir si, chez elle, les transitions sont moins conscientes que les idées, il faut comparer ce nombre de 13 transitions inexpliquées au nombre de mots inexpliqués que renfermaient les premières séries qu'elle a écrites. Ces trois premières séries contenaient en tout 9 mots inexpliqués. On voit que les transitions sont un peu plus nombreuses, mais la différence n'est pas grande.

Quelques jours après, je fais écrire à Marguerite lentement, puis rapidement 20 mots.

Dans la série rapide, je compte à peu près 7 transitions inexpliquées, et 2 mots inexpliqués ; dans la série lente, les deux nombres sont réduits, il n'y a plus que 2 ou 3 transitions inconscientes et point de mot inconscients. Ainsi, on voit que toujours les mots inconscients sont moins nombreux. Mais Marguerite n'est pas un sujet favorable pour ce genre d'études, elle a une tendance trop forte à se rendre compte de ce qu'elle fait, quand elle écrit des séries de mots, pour nous donner l'occasion de bien étudier des phénomènes d'inconscience.

Chez Armande, les transitions inconscientes sont extrêmement nombreuses ; en moyenne 30 sur 60 restent inexpliquées.

Cette abondance des associations ignorées — quelle que soit la manière dont on l'explique — (ce peut être un oubli des associations mentales qui ont réellement joué, ou une inconscience de ces associations, ce peut être encore une absence complète d'associations) ne saurait nous étonner chez Armande, qui écrit aussi beaucoup de mots dont elle ne se représente pas le sens ou dont elle oublie le sens. C'est un des caractères importants par lesquels se manifeste la demi-inconscience de son idéation. On remarquera que ces résultats permettent de répondre à une question que nous venons de poser. Les transitions inconscientes sont beaucoup plus fréquentes dans les séries d'Armande que les mots inconscients. Le nombre de ses mots inconscients par séance, ou pour 60 mots écrits, n'est jamais monté jusqu'à 30 ; il a été, à la première séance, de 23 ; dans les séances suivantes, il a oscillé autour de 15. Il y aurait donc, pour parler en termes approximatifs, deux fois autant de transitions inconscientes que d'idées inconscientes. Cette proportion ne doit sans doute pas être généralisée dans son chiffre exact ; mais j'ai une tendance à croire qu'elle exprime un fait assez constant.

Nous nous rencontrons ici avec W. James qui, décrivant le cours de la pensée, y distingue des parties substantielles et des parties transitives ; la pensée c'est comme un oiseau qui tantôt vole, tantôt se penche ; James dit que les transitions, les vols, sont accompagnés d'une conscience plus faible que les posés (1).

Voyons maintenant ce que sont ces transitions, et examinons comment s'en rendent compte des enfants qui ne connaissent aucune théorie sur les associations des idées, mais qu'un assez long exercice de l'analyse mentale a rendus habiles à lire en eux-mêmes.

Ce qui m'a tout d'abord frappé, c'est de rencontrer dans leurs chaînes d'idées un dessin général.

La série de 20 mots ne se compose pas comme un chapelet dont tous les grains seraient égaux et placés à égale distance ; il y a des groupements : une série de mots est dominée par une idée commune ; elle forme une unité ; puis commence une autre série, qui provient d'une inspiration différente, soit qu'elle ait son origine dans une

(1) James, *Psychology*, I, ch. IV, p. 243.

idée nouvelle, soit qu'elle ait été provoquée par la vue d'un objet présent, ou par quelque bruit extérieur.

Ces changements d'orientation de la pensée, ces coups de barre, sont le plus souvent très conscients. Le sujet dira par exemple, en analysant les mots écrits : « Tout cela c'est la même idée ; mais ici, j'ai changé d'idée. » Je ne m'attendais pas à ces groupements particuliers, je n'ai donc pas pu mettre mes sujets sur la voie, ni leur faire une suggestion.

J'appellerai ces groupements *des thèmes*, mot qui leur convient d'autant mieux que le groupement se fait sous la forme de rédaction écrite. Les thèmes de Marguerite sont très nets, très bien définis et longuement développés. J'en citerai quelques exemples : elle a écrit les mots *prés, pont, eau, lavoir, peuplier.* Tous ces mots ont un air de famille ; d'après les renseignements fournis par Marguerite, ils se rapportent à une seule et même chose: le bord de la Seine, à S... ; en cet endroit, il y a des peupliers, un pont, un lavoir, des prés et de l'eau ; tous ces objets font partie du même paysage, ils sont même si rapprochés dans la réalité qu'on pourrait les faire tous tenir dans la même photographie. C'est donc un thème de description d'après des objets réels, qui revivent dans le souvenir.

Dans une autre série, Marguerite écrit le mot *fourneau;* elle a pensé au fourneau qui est dans la cuisime d'une vieille paysanne de S .., qu'elle connait ; à la suite, elle écrit *cuisine, placard, plat, chambre, lit, glace, cheminée, lampe, fenêtre, table, chaise, canapé vert, rideaux du lit, porte, lapins;* ces mots n'ont pas un sens vague ou abstrait; ils se rapportent tous à la demeure de la vieille paysanne, et Marguerite se représente chaque objet nommé avec les caractères qui lui sont propres ; puis, arrivée à *lapins,* elle quitte la demeure, et nomme les maisons du voisinage, d'où une nouvelle série de mots : *charbons, sacs, liqueurs, mercerie, vitrerie,* charbons et sacs s'appliquent au charbonnier, qui est porte à porte avec la vieille paysanne, et les trois derniers mots désignent des boutiques de marchand de vin, de mercière et de vitrier, qui sont presque contiguës dans la grande rue nationale de ce village. Rien n'est plus simple, rien n'est plus facile à comprendre que ce mode d'idéation.

Ce qu'il est essentiel de marquer ici, c'est cette prédominance chez Marguerite des contiguïtés dans l'espace; sur 60 liaisons, j'en compte 42 qui sont spatiales.

Sur les 60 mots que Marguerite a écrits, je ne relève qu'une seule fois un semblant d'association par ressemblance; elle venait d'écrire les mots *édredon*, *oreiller*, *toilette*, *cheveu*, qui s'appliquent tous à Mme X..., et elle s'était représenté pour écrire ces mots la chambre à coucher de Mme X..., avec ce que la chambre contient; puis après avoir écrit cheveux, elle dit: « cheveu m'a fait penser à épingles, et pour changer, j'ai mis épingles de L. (la bonne). » Elle a donc là, par association de ressemblance, passé d'une personne à une autre. Ce cas est unique dans cette série et par conséquent négligeable.

En résumé, l'idéation de Marguerite se développe par des souvenirs qui sont reliés par des associations de contiguïté spatiale. Il est peut-être délicat de deviner comment, pour les autres séries de mots que Marguerite a écrits, elle a passé d'un mot à l'autre, puisque je ne le lui ai pas demandé. Cependant, comme elle a indiqué chaque fois le sens qu'elle a attaché aux mots, on peut à la rigueur se faire une opinion probable sur la question. J'ai dit que presque toute son idéation se compose de souvenirs personnels et de noms d'objets présents; les noms d'objets présents, nous l'avons observé bien des fois, sont obtenus par un coup d'œil que Marguerite embarrassée jette autour d'elle, leur succession réalise donc la contiguïté dans l'espace. Quant aux souvenirs, qui se succèdent en général, par séries plus ou moins longues, ils se rappor-

tent d'ordinaire à des objets faisant partie d'un même tout,
appartement, jardin et rue; c'est encore de la contiguïté
dans l'espace. Celle-ci domine donc les associations d'idées
de Marguerite. Je trouve que ce mode de formation des
idées est exclusif de l'imprévu et de l'originalité; et on
le comprend du reste, puisque l'association par contiguïté est essentiellement une force conservatrice; elle
restaure les états de conscience anciens, dans l'ordre où
ils se sont déjà présentés, et n'y ajoute rien.

Si, en outre, on se rappelle que Wundt a nommé ces
associations-là des *associations externes*, par opposition
aux associations par ressemblance, qu'il désigne sous le
nom d'*associations internes*, on comprendra qu'il est tout
naturel de rencontrer beaucoup d'associations externes
dans l'idéation de Marguerite, qui appartient si franchement au type observateur.

L'idéation d'Armande étant, comme nature d'images,
plus variée que celle de Marguerite, on doit s'attendre à
ce que les associations qui fonctionnent chez elle soient
aussi plus variées. Les documents que j'ai entre les mains
me permettraient de faire cette étude d'une manière
complète; Armande s'est expliquée sur ses associations
pour les 300 mots qu'elle a écrits.

Mais je pense que, comme il s'agit ici simplement de
comparer deux sujets, ce sera suffisant de prendre une
série de 60 mots d'Armande et de les dépouiller. J'ai déjà
dit que la moitié de ses associations restent inconscientes.

Un autre trait de son idéation est l'absence complète
ou presque complète d'associations par contiguïté dans
l'espace.

Lorsqu'Armande évoque un souvenir, ce souvenir ne
fournit pas plusieurs mots; il s'épuise en un mot unique,
et aussitôt après il y a un changement dans la direction
de la pensée; aussi ne trouve-t-on pas dans les séries
qu'elle écrit plusieurs mots qui font revivre des parties

d'un même souvenir ou d'un même tableau. L'association dont elle se sert le plus fréquemment est l'énumération d'objets de même espèce; elle écrit maison, sans penser à une maison en particulier, et suppose qu'elle facilitera sa tâche en se servant de tous les mots qui se rattachent à maison; une autre fois, elle écrit le mot dédain, et a l'intention d'écrire d'autres noms d'expression du visage; mais, en général, ce projet d'énumération ne la mène pas loin; elle n'a pas la méthode de Marguerite; elle se contente de deux mots, trois au plus, et passe ensuite à autre chose. Le nombre de ces associations par énumération n'a été que 7 sur 60 mots écrits.

Les autres associations sont d'espèces très diverses; on compte dans cette même série :

4 associations par ressemblance verbale : chien — chenil; chêne — chaîne; terrain — terrasse; tiroir — air. Ce ne sont pas absolument des associations verbales; il y a généralement quelque chose de plus, un motif qui a fait préférer ces associations à d'autres; ainsi, on a passé de chêne à chaîne, parce qu'on avait déjà écrit plusieurs noms d'arbre et qu'on sentait le besoin de varier; le mot chêne n'a pas été écrit. De même, le mot *tiroir* ne fait pas penser directement au mot *air*, qui est écrit ensuite; le sujet, après avoir écrit *tiroir*, a des doutes sur l'orthographe du mot, se demande s'il contient un *r* ou deux, ce qui le détermine à écrire *air*, vrai calembour. De même le mot *terrain* revenant à l'esprit, parce qu'il a déjà été écrit dans la série précédente, le sujet le rejette et substitue terrasse.

1 association verbale, mine — or.

3 associations logiques, du reste difficiles à définir : renard — poules; papier — ortie; allumette — feu.

En résumé, l'idéation de Marguerite se compose de thèmes assez larges, qui se développent par associations de contiguïté spatiale; elle est régulière, peu variée, et même monotone, et très consciente; l'idéation d'Armande, formée de thèmes courts, se développe par un mécanisme beaucoup plus compliqué et moins conscient; peu d'associations de contiguïté, mais des énumérations de classification, des associations logiques, des ressemblances de mots, et surtout, ce qui paraît être le caractère dominant, un changement incessant dans la direction de la pensée, une marche en zig-zag par petits jets brisés, du nouveau, de l'imprévu, de l'original.

CONCLUSIONS ET HYPOTHÈSES

L'étude précédente donne lieu à bien des conclusions sur lesquelles je crois oiseux d'insister; c'est par exemple la demi-conscience des liaisons d'idées, déjà devinée par les auteurs, mais bien mise en lumière par nos recherches; c'est encore la description, qui me paraît nouvelle, de deux types d'association, différents au point de vue de la psychologie individuelle; ce que j'ai dit déjà de ces questions suffira pour que le lecteur en comprenne l'intérêt. Je préfère consacrer les quelques lignes de clôture de ce chapitre à indiquer comment les faits qui précèdent nous obligent à changer quelque chose à la conception courante de l'association des idées.

D'après les enseignements de l'école anglaise associationiste, qui a exercé une influence très grande et très légitime sur la psychologie française; — je reconnais moi-même avec vénération tout ce que je dois à Stuart Mill, mon seul maître en psychologie — d'après, dis-je, les enseignements de l'école anglaise, l'association des idées serait la clef, l'explication dernière de tous les phénomènes mentaux; Mill l'a écrit en propres termes; et quant à l'association d'idées elle-même, on l'expliquait par une propriété inhérente aux états de conscience.

Taine a bien mis en relief ce qu'il y a d'automatique,

d'extérieur à notre pensée, dans ce processus, en employant cette formule pour expliquer la revivescence des idées : « Une image émerge quand elle a déjà commencé à émerger (1). »

Par là, Taine restait fidèle à sa belle théorie de l'Intelligence, si semblable à un mécanisme d'horlogerie, où rien ne représente l'effort, la direction, l'adaptation, le choix, où l'attention elle-même est réduite à une intensité d'image. Je ne puis pas traiter ici la question avec l'ampleur qu'elle mériterait; je veux seulement montrer en passant que l'existence des thèmes de pensée est inexplicable par l'automatisme des associations; car, d'une part, il arrive, dans les séries de Marguerite, que la transition entre deux mots, bien que se faisant par une association d'idées in-consciente, n'empêche pas que le sujet constate qu'il y a eu à cet endroit un changement d'idée, c'est-à-dire apparition d'un thème nouveau, fait que l'association n'explique pas; et, d'autre part, quand les mots sont inspirés par un même thème, ils ne peuvent pas être donnés par le jeu tout simple des associations d'idées; pour qu'un thème se développe, il faut une appropriation des idées, un travail de choix, et de rejet qui dépasse de beaucoup les ressources de l'association. Celle-ci n'est intelligente qui si elle est dirigée; réduite à ses seules forces, elle utilise n'importe quelle ressemblance, n'importe quelle contiguïté; elle ne peut donc produire que de l'incohérence; et tout au plus pourrait-elle expliquer la succession de paroles d'un maniaque ou les images kaléidoscopiques de la rêverie (2).

(1) *De l'Intelligence*, I, p. 141. Il faut lire l'exemple de toute beauté, mais bien littéraire, qu'il développe pour illustrer cette explication.
(2) Il y a longtemps, du reste, que Paulhan a soutenu la même thèse. Voir son intéressant ouvrage sur *l'Activité mentale et les éléments de l'esprit*. Paris, 1889. Je ne fais point ici de bibliographie : et je renvoie au travail récent, si précis et si bien informé, de Claparède sur *l'Association des idées*. Paris, Doin, 1903.

CHAPITRE V
Du mot à l'idée.

Les expériences nouvelles que je vais décrire ne diffèrent des précédentes que par une petite nuance; elles se font semblablement avec des mots; seulement, les mots ne sont pas inventés par le sujet, ils sont prononcés ou montrés par l'expérimentateur, et le sujet doit simplement dire quelle est l'idée que chaque mot lui a donnée. Il faut surtout, avant de commencer ce genre d'expérience, bien expliquer ce qu'on veut, quel but on vise, et quelle attitude le sujet doit prendre; dans les explications qu'on donne, l'important n'est pas la phrase qu'on prononce, mais le sens que le sujet comprend et retient. Si on réfléchit un instant à la recommandation qui est faite : « Dire la première idée qui est suggérée par le mot, » on sera frappé du vague et de l'équivoque de cette formule : en combien de sens différents on pourrait l'interpréter !

Dans les expériences d'écoles primaires que j'ai faites, les élèves, au lieu d'analyser leur idée, ont pris dès le début l'habitude fâcheuse de me donner une réponse verbale sacramentelle; cette habitude provient probablement des traditions de l'école, où l'on interroge les élèves en leur demandant une réponse précise. Du reste, cette réponse verbale que me donnaient les petites primaires de 12 ans variait beaucoup suivant les enfants. L'un, peu intelligent, fait du verbalisme. A « chanteur », il répond : « vient de chanter », à « je cours », il répond : « courir »,

« révolte — révoltant » — « bec — becquette » ; « danser — sauter » ; un autre répète le mot qu'on lui donne, sans le modifier, ou en le modifiant extrêmement peu ; d'autres, plus nombreux, me servent une phrase complète, qui a les allures d'une définition scientifique venant en droite ligne des livres de classe : « couleuvre — serpent inoffensif » ; « danser — sauter en cadence » ; « fenêtre — ouverture vitrée par laquelle on reçoit la lumière » ; « bec — bouche des oiseaux ». Un élève naïf me donne des définitions enfantines : « bec — c'est pour picoter » — « outil — pour faire de l'ouvrage » (1). D'autres enfin font des phrases complexes, contenant des souvenirs personnels.

Bien que j'aie consacré plusieurs semaines à des expériences de ce genre, je ne les ai pas suffisamment analysées pour pouvoir en tirer un bon parti ; ce sont des documents qui sont restés trop superficiels, parce que je ne connaissais pas suffisamment les enfants ; j'ai remarqué seulement que des réponses très différentes comme forme pouvaient correspondre à des états mentaux assez semblables ; ainsi, quand certains enfants donnaient des définitions scientifiques, si on leur demandait ensuite à quoi ils avaient pensé, ils citaient parfois des souvenirs personnels. On voit donc que la première réponse, prise à la lettre, aurait donné lieu à des interprétations inexactes.

Je n'insiste pas davantage, et j'aborde les expériences faites avec les deux fillettes ; elles sont incomparablement meilleures, tout simplement parce que je les ai mieux étudiées. Indiquons d'abord comment les fillettes ont compris l'expérience. Je leur donnais un mot quelconque ; elles n'ont jamais cherché, comme les enfants d'école, à fournir une réponse verbale ; après avoir attendu un moment, elles commençaient à m'expliquer ce qu'elles avaient pensé. L'objet de leur pensée était la signification même

(1) Ce sont ces définitions qu'on obtient des petits enfants quand on leur donne des noms d'objets et qu'on leur demande « qu'est-ce que c'est ? »

du mot; elles n'ont jamais cherché à ajouter un mot à celui que je prononçais, ni une idée nouvelle à celle que le mot suggérait; elles sont restées sur l'idée qu'on leur présentait, la transformant quelquefois, mais ne la remplaçant pas par une autre; il ne s'est donc pas produit, à proprement parler, d'associations d'idées. J'ai à peine besoin d'ajouter que je prenais toutes les précautions nécessaires pour ne pas influencer mes sujets. Les mots étaient écrits d'avance et visibles de moi seul; je les lisais d'une voix blanche, j'évitais de regarder l'enfant, par crainte de le distraire ou de le troubler, j'attendais sa réponse sans montrer d'impatience et je l'écrivais sans faire de critiques. L'enfant était seul avec moi, dans une pièce bien tranquille. C'est une expérience que j'ai répétée à satiété, pendant deux ans; il y a eu une vingtaine de séances, et dans chacune 25 à 30 mots étaient utilisés.

Je me bornerai, dans ce chapitre, à prendre de cette expérience tout ce qui est analogue à l'expérience antérieurement décrite sur la chasse aux 20 mots. Dans celle-ci, chaque mot écrit par le sujet éveillait le plus souvent une idée unique; et parfois même il n'en éveillait aucune. Dans l'épreuve nouvelle, la règle est toute différente; le mot prononcé par moi qui n'éveille aucune idée est une exception, même chez Armande; le plus souvent, le mot éveille plusieurs idées différentes, et même disparates, qui tantôt se succèdent régulièrement, tantôt se combinent et s'embrouillent les unes dans les autres; le nombre de ces idées eût augmenté, si l'on avait permis une attente plus longue; les constatations que nous faisons supposent une idéation qui dure en moyenne de 5 à 7 secondes, temps moyen de réaction que nos sujets ont adopté spontanément. Il est probable que cette richesse d'idéation tient à ce que chaque fois on appelle fortement l'attention du sujet sur le sens d'un mot particulier, qui lui est présenté à l'état d'isolement. Ce sont des conditions un peu anormales, et qui nous éloignent du cours ordinaire des pensées. A ce point de vue, ce test est plus factice que le test de la recherche des mots.

Comment se fait le passage du mot à l'idée? Théoriquement, on supposera que le passage est direct et se fait par association d'idées; le mot *chien* est associé à une certaine image, et si on prononce devant vous le mot, l'image est suggérée. J'admets volontiers que la pensée suit quelquefois ce raccourci, surtout dans les moments de distraction et d'automatisme; mais dans nos expériences, où l'attention est éveillée, où on a l'intention bien arrêtée d'avance de tirer de chaque mot toute sa substance idéale, les choses sont plus compliquées : ce n'est pas une simple association d'idées qui fonctionne. L'opération ne peut être reconstituée qu'en utilisant les analyses partielles fournies par les deux fillettes; jamais elles n'en ont donné une description synthétique, et je ne la leur demandais pas; en groupant des observations fragmentaires, je suis arrivé à admettre que l'opération totale comprend 4 phases, qui sont : 1º l'audition du mot; 2º la perception de son sens; 3º un effort pour évoquer une image ou préciser une pensée; 4º l'apparition de l'image.

Donc, le premier fait, c'était l'audition du mot; elle précède la perception du sens, c'est logique; on pourrait croire, on a même affirmé (1) que les deux faits se suivent si rapidement que leur distinction n'est pas sentie. Armande n'est pas de cet avis. « D'abord, me dit-elle un jour spontanément, le mot ne me dit rien par lui-même.

(1) Berkeley, par exemple, écrit : « Nous n'entendons pas plus tôt prononcer à nos oreilles les mots d'une langue qui nous est familière qu'aussitôt les idées qui y correspondent se présentent d'elles-mêmes à notre esprit; c'est absolument dans le même moment que le son et sa signification pénètrent dans l'entendement, si intimement liés qu'il ne dépend pas de nous d'écarter l'un des deux, sans que cela même exclue l'autre également. » *Nouvelle théorie de la vision*, p. 51, trad. franç.; cité par Dugas.

Je n'entends que le son, comme si c'était n'importe quoi—j'entends le mot, sans que je le comprenne pour ainsi dire. » Au début des expériences, avec elle cette période de sécheresse était très gênante ; Armande fixait involontairement son attention sur moi, sur ma manière de prononcer le mot, même lorsqu'il s'agissait d'un terme tout à fait familier, et elle répétait alors avec un léger agacement : « Mais je ne me représente rien, les idées ne me viennent pas : » ou encore : « Je me représente le mot ; » elle avait dans ce cas une image visuelle typographique.

La seconde phase est celle où l'on comprend le mot sans rien se représenter. «On comprend le mot, dit encore Armande, cela signifie que le mot paraît familier, on s'y habitue : on se le répète sans penser à rien de particulier. »

Puis, troisième étape, il y a un travail intellectuel, un effort pour avoir une idée précise. Je dis à Marguerite le mot *chapeau*. Elle répond : « Quand tu m'as dit ce mot, je ne me suis rien représenté du tout. Puis, je me suis demandé à quel chapeau je pourrais penser. J'ai pensé à notre chapeau bleu. » Quelques instants après, elle ajoute : « Pour chapeau, je me suis dit : Voyons, chapeau, qu'est-ce que je vais penser? Je vais penser à notre chapeau. Mais je ne me le représentais pas d'abord. » A une autre occasion, elle fait cette remarque générale : « J'ai d'abord le souci d'appliquer le mot à un objet ; » une autre fois, elle donne une description très claire de cet aiguillage de la pensée. Je viens de lui dire le mot *voiture*. C'est le premier mot de la première série d'expériences que je fais avec elle.

Marguerite, après une hésitation, dit : « Eh bien, la mère R..., mettons (la mère R... est un cocher de village) ; quand tu dis un mot, je me demande à quoi il faut que je pense. Exemple : pour voiture ; faut-il penser à l'omnibus qui passe ici, ou bien à la voiture de la mère R...?— D.

Tu penses donc à la fois à ces deux espèces de voitures?—
R. C'est une pensée tout à fait volontaire. Tu dis le mot :
Voiture. Je me dis alors : faut-il que j'aie pensé à un
fiacre, ou à autre chose? Je ne pense pas naturellement.
Je ne sais pas même m'expliquer. » Nous trouvons au
contraire que Marguerite s'explique à merveille. On ne
saurait mieux dire que son idéation ne va pas à la dérive,
comme dans la rêverie, mais subit une direction volontaire, une adaptation raisonnée. De là une petite conséquence bien curieuse : les scrupules de Marguerite.
D'abord, elle ne se sent pas certaine de diriger son idéation
de la manière qui est nécessaire; puis il lui semble que
ce n'est même pas une expérience. Puisqu'elle est maîtresse de penser à ce qu'elle veut, semble-t-elle dire,
comment peut-on trouver là dedans un objet d'étude?
Comment peut-on s'arrêter à l'examen de l'une de ces
idées, puisqu'elle aurait pu tout aussi bien en évoquer
une autre?

Il reste cependant une obscurité dans l'explication précédente. Marguerite ne nous a point appris si elle hésite
entre plusieurs pensées, ou entre plusieurs images.
Armande a été plus claire; elle nous dit : « Il n'y a pas
encore d'images (au moment de ce choix) et je sais pourquoi il n'y en a pas; quand il y a plusieurs choses à chercher, par exemple maison, il y a plusieurs maisons, il
faut choisir; alors, j'y pense sans rien me représenter
comme image .» Au reste, je ne puis pas affirmer que cet
effort de direction sur l'image soit toujours déployé; il est
probable que, dans certains cas, l'image se présente toute
seule, sans être appelée.

Quoi qu'il en soit, examinons maintenant le point d'a-
boutissement de ce travail mental, et comparons les deux
sœurs.

L'idéation de Marguerite ne diffère pas, en nature, de
celle que le test sur la recherche des mots nous a fait

connaître. Je trouve, en analysant deux ou trois séries prises en novembre 1900 :

Nombre de souvenirs, 50 ;

Nombre d'objets présents, 14 ;

Nombre d'objets appartenant à sa personne, 6 ;

Nombre d'objets vagues (sans détermination d'individualité), 7 ;

Nombre de représentations inconscientes 3.

Nombre de représentations fictives, 1 ;

Ce sont donc, chez Marguerite, les souvenirs qui dominent. Ces souvenirs sont de plusieurs sortes ; il en est un petit nombre qui proviennent de lectures, de gravures, de chansons, j'en compte 7 : pour les autres, ils concernent soient des lieux, soit des personnes, soit des événements connus de moi, et ils peuvent être facilement datés. Je les divise en 3 groupes pour la commodité de la comparaison avec l'idéation d'Armande ; les souvenirs récents, qui ne remontent pas plus loin que le 20 octobre, date de notre retour à M..., notre séjour d'hiver ; il y a 24 souvenirs de ce groupe ; — les souvenirs concernant notre séjour à S..., qui a eu lieu du 20 juillet au 20 octobre ; il y a 12 souvenirs de ce groupe ; — enfin, les souvenirs anciens, antérieurs au 20 juillet ; ce dernier groupe, le plus pauvre de tous, ne compte que 5 souvenirs. Cela confirme une remarque que nous avons déjà faite précédemment : Marguerite évoque plus souvent des souvenirs récents ; elle ne perd pas pied dans le passé. Ainsi, lorsque j'ai fait mes premières expériences sur la recherche des mots, nous étions à S..., et les souvenirs relatifs à ce séjour d'été arrivaient en foule ; maintenant, voici l'hiver ; au moment où j'expérimente, nous sommes de retour à M... ; ce sont les idées relatives à M... qui prédominent, les souvenirs récents, ceux d'aujourd'hui, d'hier, ceux qui sont comme en continuité avec le r. lieu présent et constituent le passé immédiat. Je cite à l'appui un fait

bien curieux; parmi les mots que Marguerite a lus ou
entendus, il en est cinq qui ont éveillé simultanément des
souvenirs de S... et des souvenirs de M...; ces mots sont
les suivants : *gare, clocher, pluie, voisinage, forêt*; or,
pour ces cinq mots, ce sont les souvenirs de M..., séjour
actuel, qui ont émergé les premiers; les souvenirs de S...,
quitté 20 jours avant, ne sont venus qu'ensuite.

Les objets présents figurent pour un nombre assez considérable, 14; ce nombre, par lui-même, n'a, bien entendu,
aucune valeur, puisqu'il dépend nécessairement du choix
des mots inducteurs que nous avons prononcés devant
Marguerite, et que ce choix est arbitraire; je le dis considérable, parce que je le compare à celui d'Armande;
enfin 5 fois Marguerite s'est préoccupée de sa personne,
montrant ainsi qu'elle conserve toujours, non seulement
une attache avec le monde extérieur, mais le sentiment
vif de sa personnalité.

Les autres images sont bien pauvrement représentées.
Il n'y a que 7 images abstraites; il faut entendre par là des
images se rapportant à des objets qui ne sont pas déterminés individuellement. Il y a eu aussi 3 images inconscientes ou demi-conscientes, assez curieuses; dans l'une, le
mot chien a éveillé le nom de notre chien, que Marguerite
a dit sans y penser; dans le second cas, le mot pompe a
fait penser au jardin d'un voisin qui a cassé sa pompe;
mais la pompe elle-même ne figurait pas dans l'image.
Enfin, il y a eu une image fictive (pour le mot satisfaction), représentant un gros homme à air réjoui. En
résumé, dans cette épreuve, Marguerite se montre à nous
avec les caractéristiques suivantes : *tendance à n'évoquer
que des souvenirs récents, attachement continu au monde
extérieur actuel, sentiment vif de sa personne.*

L'idéation d'Armande est un peu plus difficile à analyser, à cause de l'action perturbatrice qu'a produite l'audition des mots que je prononçais; pendant toute la série

auditive des épreuves, Armande a souvent répété qu'elle
ne se représentait rien, et qu'elle était troublée par le son
de ma voix; j'ai donc dû lui montrer les mots, au lieu de
les prononcer; mais, ensuite, j'ai pu revenir au premier
procédé, parce qu'elle s'est habituée à m'entendre.

Voici comment on peut classer les produits de son idéation pour des mots identiques à ceux donnés à sa sœur :

Nombre de souvenirs : 42.

Nombre d'objets présents : 1.

Nombre d'objets appartenant à la personne : 1.

Nombre d'objets vagues, abstraits : 9.

Nombre de représentations inconscientes : 5.

Nombre de représentations fictives : 5.

Nombre de représentations verbales : 6.

Nous analyserons cette idéation en la comparant avec
celle de Marguerite.

Tout d'abord, ce qui domine, ce sont les souvenirs; il
y en a 42; mais l'analyse montre que la matière dont ils
sont faits n'est pas de même nature que chez Marguerite :
les souvenirs de lieu ne sont pas aussi abondants. Il y a
d'abord 15 souvenirs de lecture, gravure, chanson ; ceux-
ci éliminés, il reste seulement 27 souvenirs de vie courante, et si on divise ces souvenirs en récents, moins récents et anciens, on trouve des proportions tout autres que
chez Marguerite; les souvenirs récents sont au nombre de
11, ceux moins récents sont au nombre de 6, les anciens
sont au nombre de 10. Ces nombres, cela va sans dire,
n'ont qu'une valeur de comparaison; ils montrent que, chez
Armande, le passé immédiat n'a pas une action prédomi-
nante; Armande s'enfonce volontiers dans le passé, elle
remonte loin; ainsi le mot *foule* rappelle à Marguerite la
foule du marché aux chiens que nous avons visité une
semaine auparavant, tandis qu'Armande se représente la
foule acclamant le Czar rue Soufflot, il y a plusieurs
années; le mot *poussière* fait songer Marguerite aux rou-

tes poussiéreuses de la forêt qu'elle a parcourues à bicyclette cet été; au contraire, Armande évoque le souvenir d'un incident minuscule de chemin de fer, incident qui date de 2 à 3 ans; le mot *gare* donne à Marguerite l'idée de la gare, qui est à 20 pas de notre maison; ce même mot donne à Armande le souvenir d'une charade avec le mot cigare, qui a été jouée trois ans avant; c'est un souvenir d'autre nature et bien plus complexe.

Mieux encore, le mot *cheveux*, qu'on dit à Marguerite, la fait penser à la chevelure de son amie C..., qu'elle vient de quitter, tandis que la pensée d'Armande va chercher un médaillon avec paysage en cheveux qu'elle n'a pas vu de la journée.

Les objets présents, si nombreux dans les réponses de Marguerite, sont ici réduits à 1, et les objets personnels à 1. Encore une fois, Armande se montre insensible au monde extérieur qui l'entoure et détachée de sa personnalité physique. C'est une confirmation bien intéressante du test sur la recherche des mots.

En revanche, son idéation abstraite paraît s'être considérablement amoindrie; je compte seulement 9 images abstraites et 3 images inconscientes (elle a pensé à une main, par exemple, ou à l'amertume, ou à un impôt, sans rien se représenter). Je m'attendais, je l'avoue, à une idéation abstraite beaucoup plus abondante. J'attribue cette diminution à la forme même de l'expérience, qui, fixant l'attention sur le mot, oblige à en préciser le sens. Les images fictives sont relativement nombreuses et bien définies; enfin, il y a eu 6 représentations purement verbales (pour Menton, Pompéi, main, éléphant, mur, larmes) et c'est d'autant plus important à noter que Marguerite n'a donné presque aucune représentation verbale. En additionnant les images fictives, verbales, inconscientes et abstraites, on arrive à un total de 25; la même catégorie n'était représentée, pour Marguerite, que par 10.

En résumé, Armande a montré les caractéristiques suivantes : *tendance à évoquer autant de souvenirs anciens que de souvenirs récents, détachement du milieu extérieur et de sa personnalité, apparition de quelques images verbales.*

CHAPITRE VI

La pensée sans images.

J'ai voulu profiter du dressage à l'introspection que mes deux sujets avaient reçu pendant les expériences pour leur demander des renseignements sur le rôle joué par l'image dans l'idéation. C'est une question subtile, et il est curieux de l'étudier en collaboration avec des personnes qui sont tout à fait étrangères à la psychologie des traités. La difficulté principale est de distinguer entre la pensée et la représentation ou image, ou entre l'idéation et l'imagerie.

C'est intentionnellement que j'oppose ces deux termes d'idéation et d'imagerie, que tant d'auteurs ont confondus; par idéation, j'entends largement tous les phénomènes de pensée ; l'imagerie a un sens plus restreint; elle est une représentation sensible soit d'un objet, soit d'un mot; dans ce chapitre, je parle exclusivement de l'imagerie sensorielle et je laisse de côté l'imagerie verbale. Je pense qu'il est important d'expliquer comment je suis arrivé moi-même à tant insister sur la distinction entre l'idéation et l'imagerie.

Ce n'est nullement par idée préconçue; ce sont les réponses de mes sujets qui seules m'ont donné l'éveil. Quand j'ai commencé cette série de recherches, les deux fillettes savaient déjà ce que sont les images; et aussitôt après leur avoir dit un mot ou une phrase, je leur demandais : quelles images ? Ce sont elles qui, spontanément, m'ont dit : « Je n'ai pas eu d'images pour ce mot, je n'ai

6

eu que des idées. » Elles ont d'abord employé toutes deux sans se concerter la même expression pour indiquer qu'elles avaient fait un acte de pensée qui ne consistait pas en images, elles ont dit : ce sont des réflexions. Quelquefois encore elles ont dit : des idées ou des pensées. Sur la nature de ces pensées elles ne pouvaient me donner beaucoup de détails.

Voici cependant un exemple particulier où Armande a expliqué la distinction entre la pensée et l'image. Je lui dis le mot *demain*. Elle répond : « D'abord, je cherche sans image quel jour ce sera, et ce que nous ferons. Je pense aussi que c'est la veille de jeudi. — D. Quelles images? — R. J'ai eu une image très vague de la salle à manger. C'étaient surtout des pensées. — D. Dis ce que c'est qu'une pensée. — R. Ça se traduit par des mots et des sentiments, c'est vague (après réflexion), c'est trop difficile. — D. Voyons, du courage, explique encore. — R. Ça se présente de plusieurs manières. Quelquefois brusquement, sans que je m'y attende. — D'autres fois succédant à d'autres pensées. D. Est-ce que tu te sers de mots pour penser? — R. Quelquefois, mais cela m'est beaucoup plus facile de me servir de mots, c'est plus précis. Je m'aperçois à peine que je pense, quand je ne me sers pas de mots. »

On voit qu'Armande a bien observé l'importance du langage intérieur.

Donc, je me suis attaché à déterminer quelle relation existe entre ce qu'on pense et ce qu'on se représente, et de quel secours est l'image pour la pensée. C'est la pensée que je prends comme point de départ dans cette étude ; je cherche à la définir d'après tout ce que mon sujet m'en apprend ; puis, cette pensée une fois définie, je cherche dans quelle mesure des images ont concouru à sa formation. Allant de suite aux extrêmes, je me demanderai : Peut-on penser sans images? Cette question concise se subdivise en deux questions secondaires : ou la pensée peut n'être accompagnée d'aucune espèce d'images appréciable ; ou bien la pensée peut être accompagnée de certaines images, qui sont insuffisantes pour l'illustrer complètement.

Images qui succèdent à l'audition d'un mot.

Il est possible qu'à l'audition d'un mot une pensée précise se forme sans être accompagnée d'aucune image appréciable ; mes deux sujets me l'ont déclaré, sans hésiter, et spontanément, et à plusieurs reprises. Pour bien comprendre la portée de cette affirmation, il faut donner quelques éclaircissements. Nous avons vu dans d'autres expériences que, lorsqu'une personne entend un mot, il y a un court moment où ce mot est compris, sans donner lieu à une image. De même, il suffit de lire rapidement des mots comme *maison, bêche, cheval*, pour s'apercevoir qu'on peut comprendre ce qu'ils signifient, mais ne pas les appliquer à des objets précis, et ne rien imaginer. Ce sont là des pensées sans images. Dans les expériences et observations que je vais décrire, le cas est différent et beaucoup plus intéressant. Il ne s'agit plus d'une pensée vague et indéterminée, comme précédemment ; le mot n'est pas seulement compris, il est appliqué à un objet défini, cet objet est comme désigné par un geste mental ; c'est Monsieur un tel, ou c'est le clocher de tel village : on pense à cet objet et quelquefois même on a cherché volontairement à s'en donner une image ; mais l'image n'est pas venue.

Je cite un exemple ; il m'est fourni par Armande, celle des deux fillettes qui a, bien plus souvent que sa sœur, cette stérilité d'images après une recherche volontaire. Je lui dis le nom de F...; c'est le nom d'une personne bien connue, que nous avons eue comme domestique pendant six ou sept ans, et qu'on revoit de temps en temps, cinq

ou six fois par an. Armande, après quelque effort pour se
représenter F..., abandonne et dit : « Ce ne sont que des
pensées, je ne me représente rien du tout. Je pense que
F... était ici (à demeure dans notre maison) et que maintenant elle est au V... (endroit où elle et son mari viennent de louer une maison), mais je n'ai pas d'image. J'ai
pensé à avoir une image, mais je n'en ai pas trouvé. »

Je répète encore qu'il y a eu là une pensée particulière,
bien individualisée; la pensée s'est fixée sur une personne
connue, on a pensé à certains détails de l'existence de cette
personne, à son changement d'habitation et de condition;
mais on n'en a pas eu l'image.

Autres exemples d'Armande : *Tempête*. « Oh! je ne
peux rien me représenter! Comme ce n'est pas un objet,
je ne me représente rien. Cette fois, j'ai fait un effort, mais
je n'ai pas pu. » — *Favori*. « Oh! ça ne me dit rien du
tout. Je ne me représente rien du tout. Les mots qui veu-
lent dire plusieurs choses, je ne peux pas me les représenter. Je me dis que ça veut dire tantôt une chose, tantôt
une autre. Alors, pendant que je cherche, aucune image
ne vient. »

J'emprunte les autres exemples à Marguerite. Je lui dis
le mot *Bouquin*, qui est le nom d'un ancien voiturier de S...
Elle répond, après quelques secondes de réflexion : « Je
ne me suis rien dit. J'ai vu tes livres (cela se passe dans
mon cabinet de travail), j'ai pensé très vaguement, car le
son se répétait tout bas, au loueur de voitures de S...
Je ne me le suis pas représenté. J'ai pensé surtout au son
de son nom. Ça m'a paru plus foncé que les volumes là.—
D. As-tu eu quelques réflexions sur ce voiturier ?—R. J'ai
eu un peu l'impression qu'il demeurait dans une maison
reculée, pas tout à fait sur la route, et que c'était sombre
par là. » Ainsi, Marguerite a eu une pensée spéciale,
relative à un individu connu, mais elle ne s'est pas représenté l'individu, bien qu'elle ait pensé vaguement que sa

demeure est sombre et en retrait par rapport à la route. C'est donc, en ce qui concerne *Bouquin* le voiturier, une pensée sans image sensorielle.

Marguerite a eu parfois une image en retard. Je lui dis le mot *clocher*. Elle me répond qu'elle pense au clocher de l'église de M... L'a-t-elle vu? Oui, mais un temps appréciable après y avoir pensé. « Je l'ai vu, dit-elle, à force d'y penser. »

Dans les exemples précédents, nous avons voulu surtout montrer que la pensée sans image était possible; mais l'absence complète d'image est assez rare, chez nos deux fillettes, dans des expériences dont le but avoué est de provoquer des images. Ce qui se produit bien plus souvent, ce sont des défauts de concordance entre la pensée et l'image. Ici, les exemples abondent et sont extrêmement variés. D'ordinaire, la pensée est plus vaste, plus compréhensive : on pense à l'ensemble, et l'image ne se réalise que pour une partie; cette partie peut être importante; parfois elle n'est qu'accessoire.

Exemple donné par Marguerite; je dis le mot *ficelle*. « D'abord j'ai vu vaguement un bout de ficelle jaune; puis je me suis dit : quelqu'un de ficelle. Mme X...est très ficelle... et j'ai vu Mme X...— D. Tu as dit cette parole avant de la voir? — R. Je n'en sais rien du tout. »

Dans cet exemple, on a pensé à un trait de caractère, le « caractère ficelle », mais on n'en a pas eu l'image; la pensée a été plus complète que l'image.

Autre exemple de pensée dépassant l'image. Je dis le mot *cerbère*. « D'abord, répond Marguerite, j'ai vu ce mot-là sur un fond doré... J'ai répété ce mot tout bas, et j'ai entrevu la forme d'une grosse femme dont David Copperfield parlait dans la scène avec Stefford et la petite naine (souvenir d'un roman de Dickens). — D. T'es-tu représenté le roman, la petite naine, etc? — R. Non, pas du tout. Ce doit être une pensée. J'ai entrevu une grosse femme, et je *savais* que c'était ce roman là, je ne me suis pas dit en paroles que c'était le roman de David Copperfield. Je le savais sans me le dire. »

C'est surtout dans l'idéation d'Armande qu'on rencontre des cas où l'imagerie n'est pas adéquate à l'idéation. Sans aller jusqu'à dire qu'Armande pense une chose et s'en représente une autre, on peut citer un grand nombre de ses pensées pour lesquelles les images se sont développées à côté. Je prononce le mot *éléphant*. Elle visualise l'embarcadère des enfants au Jardin d'Acclimatation pour monter sur l'éléphant; mais le pachyderme est absent; il est représenté par son nom, qu'Armande voit écrit (image visuelle typographique). Une autre fois, je lui dis le nom de Cl..., femme de chambre bien connue. Elle dit : « Je me représente l'appartement de B. M... (où se trouve cette personne) près de la porte de la salle à manger; seulement je ne me représente pas Cl...; je pense à elle sans me la représenter. » L'accessoire est visualisé, le principal ne l'a pas été. Je lui dis le mot : *côtelette*. Elle se représente une course à bicyclette pour aller chercher les côtelettes du déjeuner; c'est un souvenir, dans la vision duquel figure un angle de rue et le mur rouge de la boucherie; mais la côtelette n'a pas été représentée. Une autre fois, elle est amenée à penser à nos voisins, qui habitent une propriété avec grand jardin; elle ne se les représente pas, elle se représente seulement leur jardin, et ils n'y sont pas. Une fois sur quatre, Armande a de ces *ratés* d'image; c'est comme quelqu'un qui tirant à la cible touche à côté. Ce fait bien particulier tient sans doute à ce que l'imagerie sensorielle d'Armande évolue très rapidement, et presque indépendamment de sa volonté. Nous avons vu du reste qu'elle se plaint sans cesse d'être obligée de lutter contre ses distractions. Marguerite est bien plus habile à diriger l'image. Dans d'autres circonstances, la nature même de l'image diffère de la nature de la pensée, bien que la différence ne soit pas assez grande pour faire un contre-sens. Le cas est un peu compliqué. Je dis à Armande : *cerbère*. Elle répond : « Je me représente les récits de l'Histoire grecque ; j'y pense plutôt. — D. A quoi as-tu pensé? — R. Je me suis représenté les Enfers. J'ai vu un chien qui devait être probablement Cerbère, devant une porte de grotte. — D. Pourquoi as-tu eu cette image? — R. Parce que les Enfers sont gardés par un chien à vingt têtes qui s'appelle Cerbère. — D. As-tu vu les vingt têtes? — R. Non, il n'avait même pas de tête, ou c'est trop vague. Je ne me rappelle pas lui en avoir vu. » On remarquera avec intérêt la différence qui existe entre l'image et le souvenir d'érudition qui l'a soufflée. L'Enfer est devenu une grotte et le cerbère a pris les proportions plus modestes d'un chien sans tête.

Le désaccord entre l'idéation et l'imagerie est encore plus net dans cet autre exemple. Je dis le mot: *ficelle*. Armande, après un moment, répond : « Je ne sais pas pourquoi, je me représente la route de F..., ça n'a aucun rapport. D'abord je pense un peu au mot ficelle, je m'y habitue. Puis cette image (la route de F...), qui apparaît, et qui est chassée par d'autres pensées... Je suis toute étonnée de la voir. » Une autre fois, les mots *petite pluie abat grand vent* donnent l'image de la route de F..., mais sans pluie. Dans ces deux derniers cas, la différence est si grande que cela devient une autre pensée.

Autre exemple d'incohérence, qui se manifeste surtout dans le développement de l'image. Je dis à Armande le mot *les triangles*. Elle répond : « Je me représente d'abord une image d'arithmétique. Ensuite, ce mot triangle me donne une impression très gaie, et subitement je vois Saint-V..., la mer qui saute sur la jetée. » C'est un développement d'une incohérence involontaire.

Il va sans dire que, pour démontrer la possibilité d'une indépendance entre la pensée et l'image, j'ai analysé des exemples un peu exceptionnels ; la règle n'est pas l'in-cohérence de l'image, mais bien sa concordance avec la pensée.

Images qui succèdent à l'audition d'une phrase.

J'ai fait déjà la remarque que si on demande au sujet de se former une image après avoir entendu un mot, on le place dans des conditions favorables au développement des images ; rien ne prouve que les images jouent un rôle aussi important dans la pensée qui se développe naturel-lement, sans souci spécial d'introspection, par exemple lorsque nous lisons un ouvrage, ou que nous écoutons une conversation.

Voilà une importante objection contre l'étude expéri-mentale de l'idéation faite avec des mots.

Pour parer à cette objection, il faudrait faire l'expé-rience sans que personne sût que c'est une expérience : dire des mots d'un ton naturel, attendre qu'ils soient com-pris, puis aussitôt après questionner sur les images ; s'il est possible de réunir ces conditions, on sera certain que le sujet n'a pas eu la préoccupation de courir après des images, et qu'il a pris le temps de réaliser le sens de ce qu'on lui disait : c'est là une expérience à double face ; c'est, face au sujet, l'observation d'un phénomène spon-tané qui se développe avec sa liberté naturelle d'allure ; c'est, face à l'expérimentateur, une expérience qui a le mérite de la précision, et cet autre mérite de répondre à une question importante. Mais on ne peut pas prononcer des mots isolés, comme nous l'avons fait jusqu'ici, sans donner l'éveil aux personnes. J'ai réussi à ne pas les mettre en garde, en leur adressant quelques demandes simples ou des paroles quelconques relativement à des affaires de vie courante et familière ; puis, dès que je m'apercevais que la phrase, toujours très simple, avait été comprise, je m'empressais de poser à brûle-pourpoint la question importante : avez-vous eu une image, et laquelle? Il m'a fallu beaucoup de ruses pour ne pas donner l'éveil sur mes intentions; c'était en général au cours d'une autre expérience que, d'un ton naturel, sans me presser, je disais la phrase évocatrice.

Beaucoup de phrases, quoique comprises, ne produisent aucune image appréciable; d'autres donnent lieu à des images incomplètes, fragmentaires, qui illustrent une des parties de la phrase seulement, par exemple un nom d'objet familier; aucune n'a fait jaillir une image assez complète pour comprendre le sens de la phrase entière. C'est peut-être une des expériences qui démontrent le mieux le contraste entre la richesse de la pensée et la pauvreté de l'imagerie.

Citons d'abord des pensées sans images. Je dis à Armande, à la fin d'une conversation à bâtons rompus : « *Bientôt, on va partir pour S...!* » et j'ajoute : « Quelle image? » Armande réplique : « C'est simplement le son que j'entends. Je ne me représente rien. Il faut que je n'aie plus rien à penser pour que je me représente des images. » Cependant elle a parfaitement compris ce que je viens de dire. Autre exemple. Je lui adresse cette phrase, amenée par d'autres réflexions : « *Avez-vous fait beaucoup de progrès en allemand cette année?* » — Armande réplique en riant : « Plus, toujours, qu'avec Ber... » — réponse qui implique une comparaison avec des progrès faits l'année précédente, par une méthode toute différente. Je demande les images. Armande répond : « C'était trop court; je n'ai eu que le temps de penser. Les images ne sont pas venues. » Armande abonde en phrases sans images : presque toutes sont dans ce cas, et elle donne toujours la même explication : elle n'a pas le temps de former des images quand elle se borne à comprendre le sens d'une phrase. Cepen-

dant elle a eu quelques phrases avec images incomplètes.
Ainsi, je dis : « *Je donnerai la leçon après demain vers
10 heures.* » L'image formée est celle-ci : « Je me suis
représenté la salle à manger, et J... cousant près de la
fenêtre, parce qu'elle y sera mercredi. » Pour comprendre
cette réponse très concrète, il faut savoir que la leçon se
donne habituellement dans la salle à manger, et que J...,
une couturière, doit venir y travailler après-demain; c'est
ce tableau qui est visualisé. La leçon n'y figure pas. Bien
souvent, d'ailleurs, la visualisation ne porte que sur le
décor des choses; et cela se comprend; le décor est matériel, immobile, stable, plus facile à visualiser qu'une
action.

Il arrive quelquefois aussi que Marguerite, en écoutant
la phrase que je lui adresse, ne se forme aucune image;
ou plutòt, elle est incapable de me dire l'image qu'elle a
eue, parce qu'elle n'y a pas fait attention, et elle ne sait
pas au juste si elle a eu une image ou non. Dans sa forme
négative, cette réponse est déjà intéressante; car il s'agit
de phrases que Marguerite a pensées il y a à peine deux
ou trois secondes, quand je pose la question image. Donc,
si réellement elle a oublié les images, c'est que celles-ci
sont de leur nature très fugaces. Armande nous avait
déjà averti, d'ailleurs, qu'elle oublie très vite les images,
bien plus vite que les réflexions. Les images de Marguerite correspondent seulement, c'est la règle, à une partie
de la phrase. Je lui dis un jour avec conviction, après
avoir parlé de la mort de notre chien : « *C'est triste, tous
les animaux meurent sans exception.* » Je laisse passer
dix secondes, puis je demande brusquement : quelles images? Marguerite sursaute, elle déclare qu'elle n'a rien
imaginé; c'est sa première réponse; puis, à la réflexion,
elle découvre une petite image insignifiante, un insecte
noir, immobile, recroquevillé.

Un autre jour, je lui dis : « *Vous avez fait beaucoup*

de progrès en allemand cette année ? » Elle répond : « Oh !
nous savons bien construire, maintenant. Beaucoup
mieux ! » Je demande les images : « Je ne crois pas (en
avoir eu) attends... Peut-être j'ai entrevu notre maîtresse
d'allemand. Mais je ne suis pas sûre... J'ai pensé à des
phrases. J'ai vu quelques lettres, il me semble bien, mais
c'est vague. » Mettons bout à bout l'image des lettres et
l'image du professeur, cela ne reconstitue pas du tout le
sens de la phrase que j'ai prononcée ; il n'y a dans ces
images aucun enchaînement, rien qui ressemble même à
une pensée. Je lui dis à un autre moment, pensant avec
raison la faire revenir sur une idée fort agréable : « *Départ
dans quinze jours pour S...!* » Je demande les images.
Elle répond : « J'ai vu les mois et toute la série des jours
en numéros. Ils avaient une forme de serpent : de 1 à 20,
en ligne droite verticale, puis ils montent vers la gauche,
jusqu'à 30 ou 31. J'ai vu la moitié droite de la colonne,
qui était grise, et je ne savais pas pourquoi c'était juin.
— D. Tu n'as pas vu S...? — R. non, pas du tout. » Ainsi,
elle comprend la phrase, qui signifie un voyage prochain à
S..., au moyen d'un schéma (et c'est la première fois que
j'apprends qu'elle en a un), elle visualise très approxima-
tivement la date du départ pour la campagne, mais elle ne
se représente ni le voyage, ni le pays, ni la pensée abstraite du départ. Si comme documents on n'avait que les
images, il serait impossible, en vérité, de reconstituer le
sens de la phrase.

Une autre fois encore, je surprends Marguerite qui regarde la pendule, en s'écriant avec un peu d'anxiété : « Oh !
mon Dieu, c'est la leçon à 11 heures ! » Voilà bien une
parole naturelle, et tout à fait sentie. Je lui demande brusquement quelles images elle a eues. Elle me les dit, et je
note ses paroles textuelles.

« J'ai pensé au *Misanthrope* : j'ai vu le mot vaguement
dans une teinte grisâtre... et j'ai vu la *physique* : un petit

paragraphe avec un numéro... indistinctement... j'ai un peu vu la salle à manger, j'ai entrevu Armande sur son pupitre, puis j'ai un peu vu le petit salon. » Pour expliquer ces images, j'ajoute brièvement qu'il y avait au programme une leçon de physique et un passage du *Misanthrope*, et que la leçon se donne dans la salle à manger ou au petit salon. Je demande ensuite à Marguerite de me dire toutes les pensées qu'elle vient d'avoir. Elle fait facilement la distinction entre ses pensées et ses images et me répond sans hésiter : « J'ai pensé de te demander de me renvoyer (du cabinet où je l'avais appelée pour des expériences) pour que je puisse aller repasser pour la leçon, parce que j'aurais peur de ne pas être prête. Puis j'ai pensé à Armande qui m'avait dit : Mon Dieu ! est-ce que c'est la leçon ce matin ! Pour le *Misanthrope*, j'ai pensé que je ne le savais pas, pas du tout même. Pour la physique, je ne suis pas sûre de ce que j'ai pensé. J'ai pensé aussi que j'avais bien peu de temps. » Ces mots, comme on peut voir, traduisent beaucoup mieux la pensée que des images fragmentaires du *Misanthrope* ou d'une page de physique.

Chose curieuse, une phrase négative, comme : *nous n'irons pas demain à S...*, donne à Marguerite une petite image d'un coin de rue de S..., et elle n'a aucune image relative à la négation.

Lorsque la personne en expérience sait d'avance qu'il faudra traduire en images la phrase qu'on entend, les images sont plus abondantes et plus précises. C'est un moyen d'en donner à Armande, qui, spontanément, n'en a pas beaucoup. Je lui dis la phrase suivante, après l'avoir avertie qu'elle devra me décrire ses images : « *Un coup de vent a emporté la toiture de la maison.* » Au bout de 7 secondes, elle répond : « Je vois comme image le coin de la rue Fouquet et de la rue Nationale ; seulement, ce n'est pas le toit, c'est le grillage que le vent a enlevé. » Image en partie inexacte, maladresse de tir. Un autre exemple est curieux par ses sous-entendus. La phrase suivante : « *Sa barbe de bouc était jaune fauve* » après 10 secondes de méditation, amène cette réponse d'Armande : « Je me représente des bois avec une petite cahute. C'est un récit dans *Gil Blas*. » Étonné de la discordance vraiment comique entre ce que je suggère et ce qu'on me répond, je demande : « Où est la barbe? — R. Il n'y en a pas. Seulement dans cette cahute habitait un vieux mendiant avec une barbe jaune. — D. Tu l'as vu! — R. Non. » Qu'on se rende compte de tout ce qui n'a pas figuré en image dans cette pensée! Le souvenir du roman de *Gil Blas*, le souvenir d'une certaine description dans laquelle figurait un mendiant avec une barbe jaune, qui était postiche, etc. L'image n'a été qu'une partie toute petite de cette pensée, et pas la plus importante.

Les images d'un récit spontané.

Je demande à mes deux sujets de me dire ce qu'ils feraient s'ils pouvaient rester 3 heures à S..., seuls, avec la liberté complète de leurs actions. Cette question les intéresse un peu; elle leur est posée pendant une expérience, et mes sujets savent bien que c'est une expérience; mais ils ne se doutent pas que je vais leur demander les images qui leur ont apparu. Le récit d'invention est donc fait sans souci appréciable d'une introspection postérieure. Armande, un peu lasse par une longue course-corvée, qui a pris une moitié de la journée, me donne un développement assez bref. Voici ce qu'elle dit, et ce que j'écris sous sa dictée, aussi vite que je le puis (3 juin 1902) :

Récit parlé d'Armande. — « D'abord nous visiterions la maison Bre...; on peut au moins y rester une demi-heure. Ensuite, nous irions dans la maison M... pour prendre la bicyclette. Nous ferions un tour dans le pays dans S..., nous suivrions le trolet jusqu'à F... »

Aussitôt après, je lui demande les images qu'elle a eues. Ces images sont fort simples, elles se réfèrent seulement aux lieux où se passe la scène. C'est une visualisation du cadre, rien de plus : « J'ai eu une image de notre jardin. Puis la rue Fouquet, avec nous en bicyclette. Puis S..., la rue Nationale, puis la forêt, la maison du garde, la Madeleine, puis près du petit pont. » Il me semble que cette série d'images illustre la pensée à peu près aussi sommairement que cinq images dans un livre illustrent 20 pages de récits de voyage. Mais je n'ai pas fait assez de questions minutieuses à Armande, et je ne puis pas me rendre compte exactement de ce qu'elle a pensé. L'expérience avec Marguerite est beaucoup mieux faite (4 juin 1902). La voici :

Je donne d'abord le récit parlé de Marguerite, puis la description parlée de ses images, et enfin l'énumération de ses réflexions. C'est dans cet ordre que l'étude a été faite.

Récit parlé de Marguerite. — « Eh bien, en arrivant, nous nous habillerions en costume de bicyclette et nous ferions une promenade, si nous étions libres d'aller où nous voudrions. Trois heures, on ne peut pas faire grand'chose... Nous irions voir A... (une amie) à M... »

Images de Marguerite. — « Je le dis en gros, parce que je n'étais pas prévenue. Je me suis représenté notre rue Fouquet, puis la route de F... Quand j'ai dit que nous mettrions nos costumes de bécane, j'ai vu nos robes et nos ceintures comme si nous les avions déjà. C'est sur Armande que je les ai vues. Puis, j'ai vu un peu le village en ensemble, je me suis représenté l'emplacement plutôt que les personnes. J'ai vu la route de la table du Roi à M...; mais c'est drôle. — Je ne me suis presque pas représenté les bicyclettes. J'ai aperçu la ville de M... et I... (une amie) une jeune fille en noir, pas très distinctement... j'ai vu une petite rue assez sombre, avec bâtiment grisâtre... puis j'ai entrevu la figure d'A... (une amie). — J'ai encore vu l'image de Fontaine-le-Port (tel qu'on le voit), en étant sur le pont, et en regardant la montée. »

Pensées et réflexions de Marguerite. — « Je me suis dit : peut-être que je pourrais faire arranger ma machine chez C... (loueur de bicyclettes),seulement ce ne serait pas une partie de plaisir. Je me suis dit que ce n'était pas très intéressant pour l'emploi d'une journée. Je pensais toujours à une promenade à bicyclette. Je me suis dit encore : Peut-être pourrions-nous aller à B... ou à N..., mais c'était un peu loin pour si peu de temps. Alors, j'ai pensé à M... et à I..., parce que je sais qu'elle y habite... et puis je me suis dit que d'aller voir I... à M..., ce n'était pas très agréable; puis j'ai pensé à A..., dans sa pension... et j'ai même pensé qu'il faudrait que nous allions un jour où l'on puisse la voir. Cela m'a même un peu gênée, mais j'ai passé par là-dessus. Je me suis dit : on ne nous laisse pas sortir seules dans la forêt. A propos de N..., j'ai pensé que dans notre dernière excursion nous n'étions pas allés avec Armande, et que ce serait amusant de le lui montrer. »

Cet exemple de promenades à bicyclette se prête très bien à un développement d'images, car, dans une promenade, il y a beaucoup à voir, et les images répètent surtout les perceptions visuelles.

Cependant on a pu remarquer quel nombre considérable il y a eu de réflexions sans images.

Il ne peut être question ici de fixer d'une manière générale l'importance de l'image dans tous les actes de pensée; cette importance varie nécessairement avec la nature de ces actes et aussi avec la nature des individus, et encore avec leurs dispositions momentanées (1). L'essen-

(1) Exemple. Marguerite, à une séance où je voulais étudier seulement les réflexions et paroles intérieures que susciteraient les mots prononcés

\tiel est d'avoir montré que l'image tient une place moins grande qu'on ne le croit d'habitude. Aux preuves que j'ai données j'en ajouterai deux nouvelles, dont l'une est une observation personnelle, l'autre est une série d'expériences sur les images de lecture. L'observation personnelle, que j'ai répétée plusieurs fois, consiste en ceci : je m'enferme dans une pièce silencieuse et je cherche à me rappeler un à un les magasins d'une rue qui m'est familière ; l'image de chaque magasin est d'ordinaire très schématique, à peine visible ; et en même temps que me vient l'image incomplète, j'ai sur le bout de la langue le nom du magasin ; je dis : *en même temps* ; il est clair que je ne puis pas préciser cette chronologie. Mais j'ai la conviction que sans le nom, c'est-à-dire sans le secours du langage intérieur, je ne reconnaîtrais pas les magasins à l'aide de leurs images mentales ; ce qui me paraît être une preuve que dans ce cas l'image mentale est moins importante qu'on ne pourrait le croire. Je n'insiste pas davantage sur cette observation, forcément incomplète ; et je dirai quelques mots des recherches que j'ai faites sur *les images de lecture.* Ces recherches datent d'environ 10 ans. Voici en quoi elles consistaient.

On lisait quelques pages d'un roman, puis on interrompait sa lecture, et on notait par écrit les images qu'on venait d'avoir, et on les comparait au texte lu, pour saisir les accords ou désaccords qui avaient pu se produire. Beaucoup de variétés individuelles se sont montrées, et il serait oiseux d'insister là-dessus. Les points les plus curieux ont été les suivants : l'image mentale est en général plus simple que la description du texte, parfois elle est

---

devant elle, était poursuivie par des images visuelles extrêmement vives, bien plus vives que d'habitude ; si bien que je dus ce jour-là renoncer à l'étude des paroles intérieures, et m'occuper des images visuelles. J'ai observé sur moi-même que certains soirs mes hallucinations hypnagogiques sont visuelles, et d'autres soirs auditives.

différente des indications du texte; parfois elle leur est contraire.

Tout cela se trouve noté dans une observation écrite qui m'a été fournie par M. C..., professeur de l'Université; il a rédigé ces observations avec beaucoup de conscience, et peut-être aussi, comme on le verra en lisant entre les lignes, avec le désir de traiter la question dans son ensemble. Les observations ont été faites pendant une lecture de la *Dame de Monsoreau*, roman de Dumas père; les numéros de page indiqués se rapportent à l'édition de Calmann-Lévy, vol. 1.

« Pendant le cours rapide d'une première lecture et quand je parcours sans m'arrêter des pages entières, le caractère le plus fréquent de mes images mentales visuelles est de m'apparaître d'une manière fragmentaire, de ne me présenter les objets que par parties.

« La description suivante : « Une foule de *gentilshommes* de service montés sur de bons *chevaux* et enveloppés de *manteaux* fourrés » (p. 83) éveille chez moi la silhouette incomplète d'un cavalier, le torse d'un homme, sa tête, et le dos de la monture.

« Ces quatre mots « une compagnie de Suisses » fera surgir l'image d'une tête casquée, d'une armure couvrant les épaules et un torse et d'une hallebarde portée sur l'épaule gauche (p. 183).

« En lisant cette phrase : « Je me rappelle avoir couru sur une pelouse » (p. 226. C'est Mme de Saint-Luc qui parle), je vois mentalement un tapis de gazon vert, le bas d'une robe de teinte rose, laissant passer l'extrémité d'un pied.

« Autre exemple : « Quélus et Maugiron tressaient des rubans » (p. 185). Je n'ai vu ni les mains des mignons, ni leurs bras, ni leurs physionomies. Tout au plus, ai-je eu la représentation d'un corps indistinct dans l'obscurité. Mais j'ai vu distinctement une tresse de rubans mauves, comme tendue et suspendue dans l'air.

« Quant à la précision de ces images, elle paraît plus nette lorsque des couleurs un peu vives les accompagnent, mais le plus souvent elles se présentent avec des nuances sombres, brunes ou grises. J'ai employé tout à l'heure l'expression *silhouette*. Elle caractérise assez bien ces images, non qu'elles se détachent tout d'une pièce comme des ombres chinoises, car ces silhouettes mentales ont des parties distinctes, mais ces parties elles-mêmes manquent en général de détails. La tête du cavalier est un ovale couleur de chair ; son manteau affecte la forme d'un trapèze brun foncé ; le casque et l'armure du hallebardier s'offrent avec un reflet uniforme d'acier.

« Autre particularité de ces images. Il se produit des additions au récit plus ou moins complexes. Nous venons d'en voir une des plus simples, celle d'une couleur non indiquée (grenat). En voici un autre exemple :

« Mme de Saint-Luc... ouvrant l'épais manteau dont elle était enveloppée et appliquant ses deux bras sur les épaules du jeune homme... » (p. 255). Il n'est pas ici question d'étoffes, ni de couleurs. Cependant dans ma vision mentale, les bras de Mme de Saint-Luc étaient revêtus de manches de soie blanche avec des soutaches dorées et sortaient d'un manteau noir.

« Autre exemple. Je lis : « On vit Chicot s'élancer... et aller *s'agenouiller* à l'angle d'une maison d'assez bonne apparence » (p. 191). J'aperçois Chicot à genoux, mais le torse incliné vers le sol et la tête contre terre.

« Autre exemple : « Cueillant les premières fleurs » (p. 255). J'ai vu distinctement une marguerite avec sa frêle tige verte et ses pétales blancs entourant un bouton d'or.

« Fait à noter, ces images additionnelles m'apparaissent avec beaucoup plus de détails et de précision dans les détails que les visions provoquées directement par le texte. Quelques-unes de ces images sont évidemment des souvenirs.

« Les images mentales se trouvent parfois en désaccord avec les choses lues.

« Il se produit des transpositions, des oppositions même. En lisant : « Une Notre-Dame de Chartres était posée dans une niche dorée » (p. 184), je me représentai la niche vide, non dorée, avec une bordure brun foncé.

« Autre exemple, Mme de Saint-Luc rappelle ses courses dans les bois avec sa fidèle Diane : « alors nous nous *arrêtions* palpitantes, au bruit de quelque *biche*, de quelque *daim*, ou de quelque *chevreuil*, qui, effrayé par nous, — s'élançait hors de son repaire. »

« Je m'étais représenté d'abord un *chevreuil arrêté*, sur un monticule, dressé sur ses pattes de devant, la tête levée, dans l'observation (p. 156).

« Autre exemple : Je lisais « les plus belles tourterelles du monde, c'est-à-dire avec un plumage *blanc* comme la neige et un double collier noir ». Malgré les indications du texte, les tourterelles me sont apparues avec leur couleur la plus ordinaire, beiges, et je n'ai pu momentanément détruire cette association d'images.

« L'intervention de souvenir fait parfois obstacle au libre jeu de l'imagination. Je lis : « Une *corbeille* de petits *chiens* anglais que le roi portait. » Le souvenir d'une gravure, représentant des *chats* se précipitant hors d'un panier, s'est imposé à moi, et je n'ai plus vu des chiens, mais des chats (p. 184). »

En relisant cette intéressante auto-analyse, nous y retrouvons les faits d'imagerie que nous venons de décrire chez les deux fillettes. Nous avons vu combien leurs images sont incomplètes, par rapport à leur pensée. M. C... remarque aussi que ses images sont *fragmentaires*, et bien qu'il n'ait pas songé à rapprocher l'image de tout ce qu'il y a d'idées dans le texte, il a bien compris les insuffisances de l'imagerie; il en a aussi remarqué les discordances, dans les exemples qu'il cite et où il a eu des images contraires au texte. Une autre personne, le professeur Bierv.&* de Belgique, dans une visite qu'il faisait à mon laboratoire, me communiquait l'observation suivante, que j'écrivais de suite après : la première fois qu'il lut Madame Bovary, il eut la maladresse d'imaginer en face de la maison de Charles Bovary à Tost une allée d'arbres et des champs ; en réalité, d'après le roman, c'est une rue avec boutiques. Dans ses lectures suivantes, il ne put pas se défaire de sa première image, et il était obligé de superposer l'image des boutiques à celle de l'allée d'arbres.

Les auteurs ont publié quelques bizarreries d'imagerie qui se rapprochent des précédentes, sans être absolument équivalentes ; ce sont des cas d'imagerie symbolique ; je leur donne ce nom parce qu'il existe une association constante entre une pensée et une image disparates. L'incohérence d'imagerie devient du symbolisme quand elle prend une forme constante. Citons des exemples :

Sidgwick (1) assure que, lorsqu'il raisonne sur l'économie politique, les termes généraux ont pour concomitants des images souvent bizarres comme celle-ci : valeur = l'image vague et partielle d'un homme qui pose quelque chose sur une échelle. Une dame que je connais m'a avoué avec grand'peine qu'elle a deux images bizarres, toutes deux pour des noms propres : l'une est l'idée d'un corps froid, boueux, grisâtre, indissolublement lié au prénom Alfred ; l'autre est l'image d'un moulin, liée au nom Duval. L'origine et l'explication de ces images n'a pas pu être reconnue ; la personne sait seulement que ce sont des représentations de date très ancienne. J'ajouterai que cette dame a des traces d'audition colorée et un développement exceptionnel de la mémoire des chiffres (dates, numéros d'adresses, etc.).

Récemment, un auteur américain Bagley (2) a cité, après

(1) Cité par Ribot. *Evolution des Idées générales*, p. 143.
(2 *Amer J. of Psychol*, XII, I, oct. 1901, pp. 30-130.

une étude sur plusieurs personnes, un grand nombre de
cas pareils. Chez l'une d'elles, le mot *au-dessus* donne
toujours l'image visuelle d'un abîme. A un autre, le mot
froid donne toujours le souvenir d'une peinture de sa
classe de géographie représentant une scène arctique. Ces
représentations ne sont pas sans analogie avec celles qu'on
a désignées sous le nom de schèmes et de personnifica-
tions, et dont on trouvera un grand nombre cités dans le
remarquable ouvrage de Flournoy sur les sinopsies (1) et
dans le livre plus récent de Lemaître (2). Ce dernier a
donné de très nombreux exemples de symboles graphiques
correspondant à l'idée de villes, ou de cours d'eau.

Ce genre d'imagerie est peut-être plus fréquent qu'on
ne le pense. Beaucoup de personnes le possèdent, sans en
avoir le soupçon, parce qu'elles n'en ont pas reconnu la
véritable nature ; ce sont des événements qui appartiennent à la vie intime et dont on n'a pas l'occasion de parler,
parce qu'ils n'ont pas d'intérêt pratique ; il en est de ceux-
là comme de l'audition colorée, par exemple. Le principal
caractère de ces représentations, c'est qu'elles sont involontaires ; soit qu'elles nous poursuivent constamment
comme des obsessions ou qu'elles surgissent seulement à
notre appel, lorsque nous en avons besoin, dans tous les
cas, nous avons le vague sentiment qu'elles se sont cons-
truites en dehors de notre volonté, et que nous ne pouvons
pas les modifier.

A ces bizarreries de l'imagerie visuelle, on peut rattacher encore certaines particularités de la vision mentale,
que j'ai souvent rencontrées chez divers sujets : par exemple, à certaines personnes les images apparaissent vers
la gauche du champ visuel, ou un peu en haut, et non au

(1) Flournoy, *Des phénomènes de Synopsie*. Paris, 1893.
(2) Lemaître, *Audition colorée et phénomènes analogues observés chez des écoliers*. Paris, 1901. Biervliet cite un cas personnel, qui est analogue (*Mémoire*, p. 171).

centre. Marguerite est dans ce cas. Un prêtre de mes amis, M. G. R..., quand il lit un roman, se figure les scènes comme s'il les regardait d'un plan supérieur, de haut en bas; par une complication surajoutée, il y a des personnes qui localisent certains souvenirs à droite; et d'autres genres de souvenirs à gauche; Armande m'a décrit il y a quelques années une sorte de triptyque, dont chaque panneau était réservé à une catégorie spéciale d'images : les images fictives étaient dans le panneau de droite, et les souvenirs se partageaient les deux autres panneaux, suivant leur date; de même, une dame très pieuse, dont M. de Z... m'a autrefois communiqué l'auto-observation, se représente avec une localisation précise dans un grand tableau mental les diverses personnes pour qui elle doit dire des prières.

CONCLUSIONS ET HYPOTHÈSES

Je me suis efforcé, dans tout ce qui précède, de supprimer les considérations théoriques, et d'exposer seulement des expériences précises et détaillées. En ces matières, on a beaucoup trop théorisé et schématisé, et il est utile de substituer au raisonnement compliqué et à la théorie travaillée, quelques observations pures et simples, même naïves, données sans apprêt, et qui n'ont qu'un mérite, celui d'être prises d'après nature. Ce qui ressort avec évidence de ces observations, c'est que, chez certains sujets comme les nôtres, l'image n'a pas le rôle primordial qu'on s'est plu à lui attribuer.

Nos sujets ne me paraissent pas être des personnes exceptionnellement dépourvues d'images. Si Armande, comme nous le verrons plus loin, a des images assez faibles, — et encore, je les crois plus nettes que les miennes — en revanche Marguerite visualise avec beaucoup de netteté, et elle nous assure que certaines de ses représentations sont aussi intenses que la réalité. Je crois donc que, comme pouvoir d'imagination, elle est au-dessus de la moyenne ; et elle représente assez bien ce qui doit se passer dans l'esprit d'un bon visualisateur.

Nous pouvons conclure, par conséquent, que l'image n'est qu'une petite partie du phénomène complexe auquel on donne le nom de pensée; la facilité qu'on éprouve à décrire l'image mentale, et sans doute à la comprendre par la comparaison un peu grossière qu'on en a fait avec une image enluminée d'Epinal, est ce qui a fait illusion sur son importance.

C'est la psychologie de Taine, si belle dans son outrance, qui a popularisé parmi nous cette idée que l'image est une répétition de la sensation, et qu'on pense avec des images. Puis, ce sont les remarquables études cliniques de Charcot sur l'aphasie qui ont montré la distinction à faire entre les images visuelles, auditives, motrices, et ont encore accru l'importance de l'image en psychologie.

Cette étude des images est devenue une des plus perfectionnées de la science française. Taine et ceux qui l'ont suivi ont eu raison de mettre en pleine lumière l'élément sensoriel de la pensée ; car cet élément existe. Pareillement Charcot a rendu service en montrant la multiplicité des variétés d'images mentales, ce qui frayait d'avance les voies à la psychologie individuelle.

S'il m'est permis de me citer après ces grands noms, je rappellerai que, dans ma *Psychologie du raisonnement*, j'ai essayé de montrer que le raisonnement conduit à une vision intérieure des choses sur lesquelles on raisonne, vision qui se construit grâce aux propriétés inhérentes aux images mentales. Je suis donc loin d'être hostile aux théories qui accordent de l'importance aux images mentales; seulement, il me semble qu'on ne doit pas aller trop loin.

Trop matérialiser la pensée, c'est la rendre inintelligible. Penser n'est pas la même chose que de contempler de l'Epinal. L'esprit n'est pas, à rigoureusement parler, un *polypier d'images*, si ce n'est dans le rêve ou dans la rêverie; les lois des idées ne sont pas nécessairement les lois des images, penser ne consiste pas seulement à prendre conscience des images, faire attention ne consiste pas seulement à avoir une image plus intense que les autres. Nous avons constaté — et je crois bien que ce sont là des faits dont il est impossible de douter — que certaines pensées concrètes se font sans images, que, dans d'autres pensées l'image n'illustre qu'une toute petite partie du phénomène, que souvent même l'image n'est pas cohérente avec la pensée; on pense une chose et on s'en représente une autre.

Voilà notre conclusion précise et démontrée; qu'il me soit permis d'aller un peu plus loin, et de terminer ce chapitre par une hypothèse; je me suis donné à moi-même une explication du mécanisme de la pensée; je veux la résumer ici, en le séparant bien nettement de ce qui précède.

Il me semble difficile de supposer que l'image — j'entends l'image sensorielle, dérivée des perceptions des sens — puisse être toujours coextensive à la pensée. La pensée se compose non seulement de contemplation, mais de réflexions; et je ne vois pas bien comment la réflexion pourrait se traduire en images, autrement que d'une manière symbolique. Dans nos observations précédentes, l'image était presque toujours visuelle, et elle ne mirait presque toujours que des objets matériels; elle n'a jamais représenté un rapport. J'ai peine à comprendre qu'on puisse trouver en images mentales l'équivalent de cette pensée si simple exprimée par Marguerite : je vais être en retard pour la leçon! Je m'imagine volontiers quelqu'un qui court, ou une élève effarée qui regarde avec désolation son livre, mais ce n'est là que du symbolisme. Comprendre, comparer, rapprocher, affirmer, nier, sont, à proprement parler, des actes intellectuels, et non des images.

C'est surtout le langage intérieur qui exprime bien les démarches de notre pensée; si les mots sont inférieurs en un certain sens aux images, comme aux perceptions, car ils sont loin d'en exprimer toutes les nuances — la description la plus minutieuse d'un caillou n'épuisera jamais tout ce qu'on y peut discerner — en revanche, les mots expriment beaucoup mieux, avec toutes les ressources de la syntaxe, les liaisons de nos idées (1). Dans les réponses de nos fillettes, expliquant ce qui leur est venu à l'esprit après l'audition d'un mot ou d'une phrase, on trouve très souvent des traces de ce langage intérieur, dans des expressions comme celle-ci: *je me suis dit*. Du reste, les deux enfants ont remarqué explicitement qu'elles pensent avec des mots.

Conséquemment, on a pu supposer que, dans les parties où elle se passe d'images, la pensée se compose essentiellement de langage intérieur, elle est un monologue. C'est ce qu'a supposé et dit comme en passant William James, ce grand psychologue intuitif qui a si profondément étudié le mécanisme de la pensée. Lui aussi il a été frappé de constater quelle petite part l'image prend dans la pensée (2), bien qu'il soit arrivé à cette conclusion surtout par des raisonnements théoriques, et rarement par des observations; c'est la seule critique que je puisse faire à son beau chapitre sur « The Stream of Thought ». Citant l'observation curieuse d'un de ses amis qui peut raconter le menu de son repas, et ce qu'il y avait sur la table, parce qu'il le *sait*, et sans rien visualiser de la table et des plats,

(1) L'image, comme la sensation, est ce qui réfléchit le mieux le monde extérieur; le langage, au contraire, est ce qui réfléchit le mieux la logique de la pensée; et je crois qu'il serait utile de faire cette distinction-là quand on étudie le rôle du mot dans la pensée.

(2) *Psychology*, I, 472.

il suppose que cette description se fait uniquement en mots, et que les mots sont, dans ce cas particulier, les substituts des images absentes (1). Il donne cette interprétation sans insister. S'il avait examiné la question un peu plus longuement, un esprit fin comme le sien se serait aperçu que l'explication est tout simplement impossible. A moins de supposer que le convive a appris par cœur le menu de son repas, et le récite mentalement de mémoire, il faut bien admettre qu'il a d'abord eu la pensée de chaque plat, avant d'en penser le mot; la pensée doit nécessairement précéder le mot. On peut faire la même remarque à propos de beaucoup des observations que nous avons recueillies.

Rappelons quelques exemples. Armande, à qui j'ai dit le nom de F..., pense à cette personne, elle pense que cette personne n'est plus ici (chez nous), mais a changé de domicile; elle a donc une pensée assez complexe, qui se rapporte à son domicile, à son existence. Cette pensée, de quelle nature est-elle? D'une part, elle est dépourvue d'images sensorielles; Armande dit qu'elle ne se représente rien; d'autre part, si en réalité elle s'exprime par des mots, ce qui suppose des images verbales, il est bien certain que les images verbales ne sont qu'une expression de la pensée déjà amorcée; la pensée est antérieure; pour qu'Armande me dise ou se dise que « F... n'est plus ici, mais ailleurs », pour qu'elle trouve cette phrase, il faut qu'elle ait eu d'abord la pensée correspondante, si atténuée que soit cette pensée. Ainsi, c'est une pensée qui se forme sans images, et même sans images verbales. Voilà le point important. De même, il faut admettre que bien des réflexions qu'une personne fait spontanément supposent une pensée antérieure aux mots qui l'expriment, une pensée dirigeant les mots et les organisant. Ceci soit dit sans diminuer en rien l'importance du mot, qui doit singulièrement influencer, par choc en retour, la nature de la pensée.

(1) *Psychology*, I, 265, et II, 58.

J'ai essayé d'étudier avec les deux fillettes cette question délicate entre toutes ; je ne me flatte pas d'avoir trouvé une solution précise ; mais il m'a semblé que mes deux sujets font assez bien la distinction entre la pensée et les mots. Avec Marguerite j'ai fait des expériences en la priant de lire à haute voix, ou de calculer, ou de siffler, ou de répéter une phrase ou une syllabe, pendant que je lui adressais une question qu'elle devait comprendre et à laquelle elle devait trouver une réponse. Quelques-uns de ces artifices l'ont empêchée d'avoir du langage intérieur, surtout au premier essai ; car on s'habitue vite à toutes les situations ; et quand on répète plusieurs fois de suite l'expérience, on arrive à avoir involontairement du langage intérieur, même pendant qu'on occupe activement ses organes d'articulation ; dans les cas les plus favorables, où l'inhibition s'est produite d'une manière satisfaisante, Marguerite a eu des images visuelles, et, en outre, comme elle l'a répété souvent, elle a éprouvé un *sentiment*, par exemple le sentiment que la personne dont on lui parlait dans la phrase lui était familière ou le sentiment qu'elle devait répondre *non* à la question posée ; elle a ce sentiment avant de se dire tout bas le mot *non*. Avec Armande, je n'ai pas fait d'expérience analogue ; je me contentais de lui poser une question, elle répondait, puis je lui demandais d'analyser sa réponse. Un exemple particulier vaudra mieux qu'une explication longue. — D. Où se trouve en ce moment ton chapeau ? — R. Celui que nous mettrons aujourd'hui se trouve dans le cabinet aux lampes. — C. Comment vient-elle, cette phrase ? — R. Elle est préparée par plusieurs pensées. Je ne prépare pas la parole. Elle est presque comparable à une image. La réponse en mot m'apparaît comme une image qui coupe la pensée. La pensée, c'est quelque chose que je sais brusquement sans l'avoir cherché par des mots ; elle m'apparaît comme un sentiment quelconque. Je ne sais que dire. » A propos d'un autre exemple elle dit, parlant du sentiment de la négation, qui précède chez elle la négation verbale : « Ce sentiment assez vague, mais dont je suis sûre, c'est une pensée sans mots. »

Autre exemple encore : — D. Quand auras-tu 22 ans? — R. Dans dix ans. — D. Epluche cette réponse. — R. D'abord il y a la question qu'il a fallu que je comprenne. Puis il a fallu que je calcule. Puis j'ai eu le sentiment qu'il fallait que je réponde dans dix ans. (Après réflexion) la pensée, je ne m'en rends pas compte, mais je me rends compte de ce qu'elle me fait éprouver. » Je suis bien certain de n'avoir fait aucune suggestion, n'ayant sur cette question délicate de la pensée sans paroles aucune idée préconçue. De ces conversations, il semblerait résulter que la pensée sans paroles est connue comme un sentiment, et on se rend compte surtout qu'on l'éprouve, beaucoup plus qu'on ne sait ce qu'elle est.

Je suppose que le mot, comme l'image sensorielle, donne de la précision à ce sentiment de pensée, qui sans ces deux secours, celui du mot et celui de l'image, resterait bien vague.

Je suppose même que c'est le mot et l'image qui contribuent le plus à nous en donner conscience ; la pensée est un acte inconscient de l'esprit, qui, pour devenir pleinement conscient, a besoin de mots et d'images. Mais quelque peine que nous ayons à nous représenter une pensée sans le secours des mots et des images — et c'est pour cette raison seulement que je la dis inconsciente — elle n'en existe pas moins, elle constitue, si l'on veut la définir par sa fonction, une force directrice, organisatrice, que je comparerais volontiers — ce n'est probablement qu'une métaphore — à la force vitale, qui, dirigeant les propriétés physico-chimiques, modèle la forme des êtres et conduit leur évolution, en travailleur invisible dont nous ne voyons que l'œuvre matérielle.

CHAPITRE VII

Quelques caractères de l'Imagerie visuelle.

I

Dans le chapitre précédent, nous avons surtout étudié les relations de l'image et de la pensée; changeant de point de vue, nous examinons maintenant l'image en elle-même, nous l'isolons par l'analyse de tout ce qui n'est pas elle, et nous cherchons à déterminer ses caractères propres, sa substance en quelque sorte, en nous occupant spécialement des images visuelles.

Il y a deux manières de juger une image : la première manière, la plus usitée, consiste à rechercher si l'image est nette, si elle est intense, si elle a de la vigueur, de l'énergie, du ton, de la vivacité, de la force. Hume, dans sa psychologie très simpliste, a fait un abus de ces expressions; c'est par la vivacité des images qu'il distinguait conception et croyance, et qu'il distinguait aussi mémoire et imagination. On a souvent remarqué qu'on ignore ce que ces expressions signifient au juste. Il s'agit d'une impression d'ensemble, pour laquelle on ne cherche pas autre chose qu'un jugement en bloc. Une seconde manière de juger l'image consiste à l'analyser, en forçant le sujet à la décrire en détail : c'est une méthode qui est employée beaucoup moins souvent.

J'adopterai d'abord le premier de ces points de vue; je

demanderai à mes sujets une impression d'ensemble sur leurs images.

Le fait essentiel et dont on ne peut pas douter, c'est que certaines gens ont la conviction, quand ils ont des images, de presque revoir la réalité : « c'est comme si je voyais l'objet, » dit-on souvent; d'autres images ne sont nullement accompagnées de ce sentiment de satisfaction; on dit qu'on se représente mal, ou même qu'on ne se représente pas du tout. Le terme de comparaison qu'on emploie d'ordinaire pour rendre compte de l'intensité d'une image est fourni par la perception des sens.

On compare la représentation d'un objet, comme vivacité, richesse en détails, etc., à la sensation ou perception qu'on aurait si l'objet était là, présent à nos sens, posé matériellement devant notre œil ouvert; chacun peut faire cette comparaison avec ses propres images, en y mettant plus ou moins de soins et de discernement, et décider si, pour lui, la représentation mentale égale la sensation. Chacun donne ainsi le résultat de son examen individuel. On est allé plus loin : confrontant ces divers examens individuels, on a conclu que la puissance de représentation mentale est tout à fait inégale chez les différents individus, puisque les uns affirment que leurs images sont aussi fortes que la réalité, au moins dans certaines conditions, tandis que d'autres affirment que leurs images ont une vivacité bien plus faible.

J'ai prié mes fillettes de donner une appréciation sur l'intensité des images qu'elles forment à la suite des mots que je prononçais devant elles. Puisque ces deux sujets ont des types intellectuels si différents, que l'un est observateur et l'autre imaginatif, il était très intéressant de savoir lequel des deux avait les images les plus nettes, dans n'importe quel domaine.

Dois-je dire, avant d'exposer les expériences, le résultat auquel je m'attendais? Il me semblait qu'Armande ayant plus d'imagination que sa sœur — j'entends plus d'imagination créatrice — ses images devaient être plus vives. Des personnes à qui j'ai montré des phrases que mes deux sujets écrivaient, comparant le caractère pratique des phrases de Marguerite à la poésie d'Armande, supposaient, comme je l'avais fait, que, chez Armande, l'imagerie était très intense. Cette opinion préconçue repose peut-être sur une confusion de mots, sur la ressemblance entre les mots image et imagination. Beaucoup d'imagination semble être synonyme de grande vivacité d'images. Il y a aussi une opinion très répandue d'après laquelle les images intenses se rencontrent chez les femmes et les enfants, tandis que ceux qui ont l'habitude de l'abstraction, les adultes réfléchis, n'ont pas de belles images de la réalité, mais de pauvres fantômes sans couleur et sans relief. Je suppose que toutes ces questions sont un peu embarrassées d'idées préconçues; ce ne sont point là des observations régulières, et il ne faut pas s'y arrêter trop longtemps. Je préfère à des vues générales, mais contestables, des faits exacts, quoique de portée restreinte.

Avant d'entrer en matière, je citerai quelques observations que j'ai faites sur moi-même.

J'ai dit plus haut que je me suis occupé de ce problème il y a plusieurs années, ayant trouvé un procédé très commode pour comparer les images de souvenir avec les images d'imagination. Ce procédé consiste à utiliser les images de lecture. Il m'arrive parfois, quand je lis un roman, d'identifier un des personnages du livre avec un individu que je connais ou que j'ai vu; cette identification, involontaire chez moi, se produit soit parce que les deux personnages ont le même nom ou le même caractère, ou une ressemblance quelconque, soit pour une raison qui m'échappe, soit enfin sans raison.

Le personnage ainsi identifié, et qui est un souvenir, peut dans certains cas rester à l'état d'obsession pour moi, sans aboutir à une image visuelle bien nette. Ainsi, en lisant un roman, j'avais toujours l'idée qu'un des héros ressemblait à un de mes collègues de la Sorbonne ; mais cette idée n'a pas produit son plein effet ; d'autres fois, le souvenir s'incorpore dans le roman, il figure parmi les personnages fictifs, et je me suis aperçu qu'il possède dans ce cas un relief, un fini de détail qui repoussent bien loin en arrière, comme des ombres, les autres personnages du même roman, que je crée avec les seules ressources de mon imagination.

Je me rappelle qu'en lisant *les Demi-vierges*, de Prévost, j'avais donné instinctivement au héros du livre l'image d'un jeune gandin que je voyais tous les soirs au casino de Saint-V... où je villégiaturais à ce moment-là ; la taille du petit jeune homme, son costume de cycliste, ses yeux bleus, son grand nez, son front blanc et ses joues hâlées, tout cela s'enlevait avec une vigueur extraordinaire sur le fond neutre du roman : les autres personnages n'étaient pas représentés, ou l'étaient vaguement, sans caractères individuels.

Il arrive parfois que cette incarnation d'un souvenir de la réalité se fait au profit d'un personnage tout à fait secondaire, qui doit à cette circonstance de passer au premier plan.

Mon regretté ami, Jacques Passy, que j'avais prié d'analyser ses images *visuelles* pendant la lecture des *Trois Mousquetaires*, m'écrivit l'observation suivante, où se retrouve, à propos de Rochefort, le fait dont je viens de parler.

« Les images mentales pendant la lecture des *Trois Mousquetaires*, et bien que ce livre m'ait causé un plaisir extrêmement vif, — manquent en général de netteté, de force et de précision. Il me serait impossible par exemple de dire la couleur des yeux, la forme du nez, etc., des principaux personnages ; il y a même certains détails donnés par l'auteur, comme le teint blanc et rose d'Aramis, que je retiens, mais qui ne sont pour moi qu'un souvenir verbal, et non une image visuelle. Je serais dans l'impossibilité de les dessiner d'imagination ; je dois remarquer, à ce propos, que j'ai une très mauvaise mémoire visuelle et que je serais également incapable de dessiner de mémoire les personnes de ma famille à moins d'avoir fait en les regardant un effort d'attention tout particulier.

« Cependant je me représente mieux certains personnages que d'autres ; Athos, par exemple, qui porte toute sa barbe, peut-être parce qu'il est associé au souvenir d'une personne réelle. Quant au personnage qui porte le nom de *Rochefort*, il m'apparaît avec la barbiche et les traits du directeur de *l'Intransigeant;* cette fusion avec un souvenir réel a donné à ce personnage accessoire une netteté incomparablement plus grande. Il en est de même du personnage de *Raoul*, dans *Vingt ans après;* il a pour moi les traits d'un de mes amis, du nom de Raoul, et dont l'âge et la figure pouvaient prêter à ce rapprochement ; il est infiniment plus distinct que les autres, il a des cheveux, des yeux, une taille déterminée, enfin les attributs un peu effacés d'une personne réelle.

« Je reviens aux autres ; en cherchant à démêler ce qui reste de ma vision, il me semble que cela se résume en des expressions de physionomie ; ainsi p. 55 :

« Ma foi, je me bats parce que je me bats, répondit Porthos en rougissant.

« Athos, qui ne perdait rien, vit passer un fin sourire sur les lèvres du Gascon.

« Je vois Porthos rougir, je vois le sourire de d'Artagnan et le coup d'œil d'Athos. Pendant un dialogue insignifiant je ne vois rien ; puis, si les personnages expriment des passions ou agissent, je verrai un sourire, une expression de colère, de fureur, un mouvement, et tout cela sans que le sourcil qui se fronce, la bouche qui rit, ou le bras qui se lève aient rien de bien individuel. »

On voit donc que l'image de souvenir a, pour employer le mot consacré et si vague, plus d'intensité que l'image d'imagination, quand il est possible de les juxtaposer, comme par l'artifice précédent, et lorsqu'on les aperçoit du même coup d'œil mental.

Mais si cette conclusion est incontestable, on peut objecter qu'elle ne vaut que dans les limites très précises où elle a été faite ; c'est une imagination bien mécanique, bien modeste, que celle qui consiste à créer d'après une description de livre. Peut-être n'a-t-on pas le droit de comparer cette imagination de lecteur à celle de l'auteur qui compose le roman ; pourquoi celle-ci, qui est plus échauffée, n'arriverait-elle pas à plus de puissance dans ses créations (1)?

J'arrive maintenant aux expériences faites sur mes deux fillettes. Je veux d'abord étudier d'une manière générale l'intensité de leur imagerie mentale, sans tenir compte de l'espèce des images. Nous entrerons ensuite dans le détail.

Pour donner plus de précision à leurs appréciations (je ne dis pas : plus d'exactitude), je leur ai recommandé d'attribuer à chaque image une cote, de 0 à 20, le 0 représentant une image de l'intensité la plus faible, le 20 correspondant à l'intensité de la sensation réelle. Cette convention a été acceptée sans résistance, ainsi que je m'y attendais ; les enfants font moins de réserves que les adultes. Mes fillettes commencèrent par me décrire ce qu'elles se représentaient ; d'ordinaire, c'est seulement quand la description était terminée, ce qui avait permis

(1) En réalité, je dois dire que dans l'enquête que j'ai faite avec Jacques Passy sur l'imagination créatrice, nous n'avons jamais rencontré d'artiste nous ayant dit qu'il avait l'hallucination de ses personnages. On a souvent cité les quelques mots que Flaubert a écrits à Taine sur la manière dont l'affectaient les personnages de son roman, et sur le goût d'encre qu'il a éprouvé en décrivant l'empoisonnement de Mme Bovary. Cela est fort pittoresque ; mais Daudet et Goncourt, deux amis intimes de Flaubert, qui l'ont bien connu, nous ont assuré, chacun séparément, qu'il ne faut pas prendre au pied de la lettre la parole de Flaubert ; c'était un grand enfant ; de la meilleure foi du monde, il se contredisait à chaque instant. (*Année Psych.*, I, p, 96).

à l'image d'atteindre son plein développement, qu'elles donnaient une cote. J'ai remarqué que ce chiffre était donné sans hésitation appréciable, et sans expression de doute sur son exactitude. Il est arrivé quelquefois que le sujet a dit 7 *ou* 8, mais c'était bien rare; généralement, on donnait un seul chiffre, et on s'y tenait. Pourquoi cette sécurité? Comment Marguerite, par exemple, n'était-elle pas choquée du contraste entre la précision du chiffre et le caractère bien vague de ce que ce chiffre avait pour but de noter? Je ne sais. C'était peut-être tout simplement de l'obéissance passive; j'avais prescrit une méthode, me dira-t-on, et on la suivait, sans en prendre la responsabilité.

Si, sans faire de distinction entre la nature des images, on regarde l'ensemble des cotes, on trouve que celles d'Armande sont dans l'ensemble très inférieures à celles de Marguerite. Les premières oscillent autour de 5 et dépassent rarement 10 : les secondes oscillent autour de 15, et atteignent souvent 20, le maximum. C'est là ce que j'ai constaté dans une première épreuve, faite en novembre 1900 sur une cinquantaine de mots.

Du reste, ce ne sont pas seulement les chiffres de la cote qui diffèrent; mais la différence existe aussi dans les expressions de langage; Marguerite exprime bien plus souvent qu'Armande la satisfaction de se représenter réellement ce qu'elle pense. Examinons à ce point de vue l'ensemble de leurs réponses.

Armande ne cesse de répéter:« C'est vague, c'est brouillé, je me représente mal. » Très souvent aussi elle dit : « J'y pense, mais je n'ai pas d'image. » Cette absence d'image ne se présente pas seulement pour des idées abstraites, mais aussi pour des objets familiers, pour des personnes qu'elle connaît et qu'on lui nomme; elle dit dans ce cas : « Je pense à elles, mais je ne me les représente pas; » et en effet, elle n'ajoute aucun détail, ne dit pas si les personnes sont de face ou de profil, ce qu'elles font, comment elles sont habillées. D'autre fois, enfin, elle dit qu'elle se représente assez bien. Lorsqu'elle n'a pas d'image, elle refuse de donner une cote quelconque; lorsqu'elle a une image vague, brouillée, sa cote habituelle est 5; enfin si elle dit qu'elle se représente assez bien, sa cote s'élève à 9 ou 10; elle a une fois atteint 12, son maximum. La rapidité de ses réponses, toujours moins grande que celle de Marguerite, n'est point en rapport avec la netteté de ses images; il y a des images qu'elle trouve très nettes, qu'elle commence à expliquer au bout de 8" seulement, tandis que des cotes sans images lui viennent au bout de 4"; il aurait sans doute fallu régler autrement la vitesse de ses réponses pour trouver une relation — que du reste je ne cherchais pas — entre le temps qu'elle met à répondre et l'intensité de l'image qu'elle évoque. Mais en revanche, il apparaît bien nettement que toute image à laquelle elle donne une cote élevée est riche en détails, tandis que les images à cote faible ne contiennent que des détails sommaires.

Marguerite a aussi, mais bien plus rarement que sa sœur, des représentations sans image; dans ce cas, elle refuse de donner une cote. Un certain nombre de fois, elle prétend qu'elle se représente mal, que ce n'est pas net, qu'elle n'est pas en train; sa description est pauvre en détail; la cote va de 5 à 10. Le plus habituellement elle répond qu'elle se représente très bien, que c'est très net, que c'est comme si elle voyait. Son affirmation est précise et rapide; et, d'elle-même, le plus souvent, elle donne beaucoup de détails. Sa cote habituelle, dans ce cas, est de 18 à 20; souvent elle donne 20. On voit, par les renseignements que je viens de donner, que ces cotes ne sont pas aussi arbitraires qu'on pourrait le croire; elles sont en relation avec l'abondance de la description de l'image, abondance que nous pouvons vérifier nous-même. J'ajoute que Marguerite est un esprit calme et posé, qui n'a jamais montré de tendance à l'exagération. Toutes ces raisons peuvent être invoquées en faveur de l'expérience.

Pour faire une nouvelle vérification, j'ai recommencé l'épreuve après dix mois d'intervalle, dans lesquels je n'avais pas parlé aux deux sœurs de leurs images mentales ; en août 1901, je leur ai lu encore une cinquantaine de mots, en les priant de décrire leurs images, puis d'en coter l'intensité. Les résultats ont été identiques aux précédents ; les cotes d'Armande vont habituellement de 5 à 10, et celles de Marguerite vont souvent à 18 et atteignent souvent 20.

Malgré toutes les raisons que je viens de donner, j'avoue franchement que cette dernière cote m'embarrasse beaucoup. Pauvre visuel, me représentant avec un vague désespérant les choses auxquelles je pense et qui ne se précisent que grâce à ma parole intérieure, je suis incapable de comprendre comment on peut dire d'une représentation mentale évoquée les yeux ouverts, et par le seul effort de la volonté, qu'elle égale la sensation en intensité. Et cependant, je suis bien obligé d'admettre ce que je ne comprends pas, car tout récemment encore j'ai étudié minutieusemennt des personnes adultes dignes de foi, bien capables de s'observer, et qui avaient la même aptitude que Marguerite à se représenter les objets comme elles les voyaient, et qui en outre cotaient 20 leurs images. « Cela ne peut pas être plus net, » me disait l'une de ces personnes.

Nous pouvons donc résumer tout ce qui précède en adoptant cette conclusion, qui n'exprime en somme qu'une réserve de prudence : le pouvoir d'imagination créatrice n'implique pas nécessairement une grande intensité des images mentales dans les domaines autres que celui de l'imagination créatrice.

Examinons maintenant si l'intensité des images varie d'après leur nature de souvenirs ou d'actes d'imagination.

Je commence par Marguerite. En cherchant à grouper ses images d'après leurs cotes, et aussi d'après leurs autres qualités, on trouve à faire trois groupes bien distincts :

1° Le groupe où la cote est de 20, ou rarement inférieure, et très peu inférieure;

2° Le groupe où la cote va de 10 à 15;

3° Le groupe où la cote va de 3 à 6.

1° Le groupe des cotes de 20 comprend seulement des souvenirs. Ce sont des souvenirs de personnes, ou d'objets, ou de sites, par conséquent des souvenirs de choses matérielles; ce sont des souvenirs dont les objets sont bien connus de Marguerite; enfin, et cette condition est la plus importante de toutes, ce sont des souvenirs récents, parfois datant seulement de quelques minutes. Toutes ces conditions se trouvent réalisées d'elles-mêmes quand le mot que je prononce devant Marguerite est le nom d'une personne qu'elle voit fréquemment (1). D'autres mots sont des termes généraux, que Marguerite individualise de suite; ainsi, pour chien, elle se représente aussitôt et uniquement notre chien; pour misère, elle se représente dans la misère une paysanne que nous connaissons et voyons très souvent. Tous ces souvenirs ont le double caractère d'être tout récents, et de se rapporter à des personnes bien connues. La cote qui leur est donnée est le plus souvent de 20. Exemple : « *Un chien?* — R. 20. J'ai pensé à Friquet (notre chien). — D. Comment te l'es-tu représenté? — R. Comme je l'ai vu en entrant, couché au soleil. » — « *Mour?* — R. 10. Quand il sortait, comme nous l'avons vu la dernière fois, il était de face, il sortait de sa maison. » — « *Luc?...* — R. Ah! ben, comme je viens de la voir, assise sur un banc de pierre, lisant son journal. Oh! 20. » Souvenir récent, objet familier, ce sont

---

(1) On a soutenu que l'image mentale d'un objet familier est souvent confuse. Ce n'est pas exact pour Marguerite. On a fait trop souvent la description des images mentales sans tenir compte des types individuels.

deux motifs pour que l'image soit bien nette. Même netteté pour des souvenirs de paysage vus récemment. Exemple : « *La caverne des brigands* (site de la Forêt de Fontainebleau, visité 2 jours auparavant). — R. Très net, 20. » Même netteté encore pour les images d'objets présents. « *Epingle*. — R. Ah! ben oui, mon épingle à chapeau. Très net. 20. La grise, la plus noire. » — « *Boucle d'oreille*. — R. Je pense aux miennes. Oh! 20. Je les vois très bien. J'ai pensé en même temps à celles d'une femme qui était hier près de moi, sur le banc. »

Ainsi, voilà un premier groupe d'images qui sont toutes des souvenirs récents et bien connus, et qui presque toutes ont reçu la cote 20. Ce sont du reste les seules qui ont mérité une cote aussi élevée. Pour donner une idée de la régularité de cette distribution, je reproduis la cote de tous les souvenirs de cette catégorie : 18—20—20—20 —20—18—20—18 ou 17—20—20—20—17.

2° Le deuxième groupe, pour lequel la cote va de 10 à 15, est aussi composé de souvenirs concrets ; il comprend des endroits et des personnes connus ; mais ce ne sont pas des souvenirs récents ; les personnes n'ont pas été vues la veille, les lieux n'ont pas été visités dans l'année. C'est très nettement le recul du souvenir dans le passé qui en affaiblit la vivacité. La loi opère avec une régularité curieuse. Exemple : « *Paris?* — R. Oh! ben la place Saint-Germain-des-Prés, près de l'Ecole. 15. » La cote est plus faible que pour le souvenir de la caverne des Brigands. Marguerite n'a pas vu la place Saint-Germain-des-Prés depuis environ 2 mois. — « *Bi...* (personne bien connue)? — R. 15. Je me la représente dans la cuisine, comme la dernière fois à Paris, elle était en corsage rose, jupe marron qui ressemblait aux nôtres, je l'ai vue de profil. » La cote est 15; Marguerite n'a pas vu la personne en question depuis 2 mois. Autre exemple, encore plus frappant. Il s'agit de Marie, autre personne que Marguerite n'a pas vue depuis

4 mois. « *Marie?* — R. Oui. Je vois Marie de face, le corps un peu de profil. Je ne sais pas en quel endroit. 10. Je ne la vois pas trop bien. » Dernier exemple. « *Une fête ?* — R. fête de S..., pas celle de cette année. Celle de l'année dernière. 10 ou 11. » Le nombre de ces souvenirs plus anciens n'est pas grand, parce que Marguerite a une tendance à évoquer surtout les souvenirs les plus récents.

3° Le troisième groupe, celui des images faibles, est plus pauvrement représenté encore. Il comprend des souvenirs de lecture, de récits entendus, et des représentations imaginaires qui sont restées très vagues. Je donnerai des exemples de ces trois genres de représentations. Souvenir de récit : « *Un cheval échappé?* — R. Ah ! ben, c'est d'après le récit que Luc... m'avait fait d'un cheval échappé à Meudon, 3 ou 4. Je ne peux pas bien me le représenter. » Souvenir de lecture : « *Modestie?* — R. Oh ! j'ai pensé à une petite fille dans un conte de fées, qui s'appelait Modeste. — D. Combien? R. — Oh ! 5. » Représentation imaginaire : « *Une petite fille cueillant des coquelicots?* — R. c'est que je ne me représente pas du tout ça. Oh ! 4. Ce que je me le représente mal ! » — « *Une tempête de grêle?* — R. 5 ou 6. Je ne me représente pas trop bien. »

Il est impossible de ne pas remarquer que la vivacité de l'idéation chez Marguerite est soumise à une loi d'une régularité parfaite; c'est presque schématique; l'esprit de Marguerite fonctionne comme un appareil enregistreur bien réglé, en effet; l'intensité de l'image qu'elle évoque est presque toujours inversement proportionnelle à son ancienneté; tout se passe comme si ses images étaient des lumières que la perception allume et qui perdent progressivement de leur éclat, à mesure que le temps s'écoule, jusqu'au moment où elles finissent par s'éteindre. Cet effacement régulier des images paraît du reste un fait très naturel et très logique; on comprend que l'évolution se produise ainsi, quand aucune cause extérieure ne vient nila troublernilacompliquer. Ce sont les irrégularités qu'il faudrait expliquer, et non la régularité. Ajoutons, pour ceux qui craindraient de la suggestion, que la forme de l'expérience ne conduisait pas à ce résultat, nous ne nous doutions pas de ce résultat, et c'est bien longtemps après avoir terminé l'expérience que nous avons constaté l'existence chez Marguerite d'un effacement des images, si rigoureusement en fonction du temps. Remarquons aussi que, chez elle, les images fictives sont plus faibles que les images de souvenir.

Etudions maintenant la vivacité de l'idéation d'Armande. Nous ne trouvons pas dans son imagerie une relation constante entre l'intensité des images et leur date de souvenir, soit que ce rapport soit, objectivement, moins marqué et moins constant chez Armande, soit que celle-ci le juge moins exactement. J'ai essayé de retrouver dans ses réponses les trois catégories que j'avais établies dans les réponses de Marguerite, en me guidant d'après les cotes des images. La première catégorie, on s'en souvient, est celle des souvenirs tout à fait récents ; la seconde, celle des souvenirs un peu plus anciens ; la troisième, celle des souvenirs de lecture et de récit, et des images fictives et abstraites. Je ne trouve point chez Armande qu'il existe une différence bien nette entre les trois catégories ; la date du souvenir n'influe pas sur la vivacité de son image. Voici les chiffres des cotes :

1re *Catégorie. Souvenirs récents.* 2.6.7.4.5.5.8.12.7.

2e *Catégorie. Souvenirs non récents.* 4.1.5.5.0.8.3.9.9. 2.4.10.10.6.

3e *Catégorie. Souvenirs de lecture, de récit, images abstraites, images fictives.* 3.2.1.4.4.

Je vais citer quelques exemples. Voici des images de la 1re catégorie, des souvenirs tout récents et familiers. « *M.M* ? (un voisin que nous voyons très souvent) — R. 2. Je me le suis représenté en plusieurs tableaux successifs,

très rapidement. » Une cote 2 pour un souvenir aussi récent est assez bizarre. — « *Luc ?* (personne avec qui nous
demeurons) — R. 6. Je la vois de profil, je ne la vois pas
dans une occupation particulière ». — « *La caverne des
Brigands ?* (site visité quelques jours auparavant.)—R. Je
vois l'entrée, un trou noir, 5. » —« *Jon?* —(Un ami qui nous
a rendu visite quelques jours avant) — R. Je me souviens,
quand il est venu ici, que tu avais fait sa photographie. 8. »
    Voyons maintenant des souvenirs plus anciens,
    « *Paris* (qu'on a quitté depuis deux mois) ? — R. Oh ! je
me représente Paris, comme quand nous venons de S...;
ce va-et-vient paraît singulier quand on est resté longtemps sans le voir, 9. » Ainsi cette cote d'un souvenir
ancien déjà est plus élevée que celle d'un ami qu'on a vu
quelques jours avant. Dernier exemple. « *Napoléon?* — R.
J'ai vu le Bois de Boulogne, au champ de course, nous
avions essayé de nettoyer un sou pour le rendre brillant.
Assez net, 9. »
    Je cite, pour terminer, deux images fictives ; elles sont
très faibles toutes deux. *Une petite fille cueillant des coquelicots?* — R. Je ne vois cela qu'en gravure, ça change
continuellement. 3. » — « *Une tempête de grêle?* — R. 1.
Oh ! ça, c'est très vague. Une journée qu'il grêlait. »
    Il n'y a pas arbitraire absolu dans la cote de ces images;
les images de fantaisie, les souvenirs de lecture sont certainement plus faibles que les images de souvenirs de la
vie réelle ; mais, pour ceux-ci, je ne trouve point comme chez
Marguerite, une proportion entre l'éclat du souvenir et sa
nouveauté. Il n'y a rien de régulier. La régularité manque souvent dans la psychologie d'Armande, et il est fort
difficile d'expliquer pourquoi.

II

    Dans le paragraphe précédent, nous sommes restés sur
l'impression d'ensemble que donnent les images. Nous

devons maintenant chercher à en faire l'analyse, et par conséquent nous demanderons à nos sujets de nous donner une description de tout ce que l'image contient.

A ce propos, nous allons étudier les points suivants :

1º Coexistence de l'image et de la réflexion ;
2º Caractère analytique de l'image ;
3º Défaut de précision de l'image;
4º Images latentes.

Coexistence de l'image et de la réflexion

Marguerite n'éprouve point d'hésitation à faire la description de son image, parce qu'elle peut, à ce qu'elle assure, décrire l'image tout en la gardant devant la conscience ; elle peut à la fois contempler l'image et faire des réflexions. Ainsi, elle se représente son déjeuner ; elle visualise un bol bleu, et elle se rend compte que les fleurs du bol sont d'un bleu plus foncé que le fond. D'autres fois, cependant, la réflexion ne vient qu'après la fuite de l'image ; et peut-être est-ce de cette manière que les phénomènes d'idéation se produisent d'ordinaire ; l'image, puis les réflexions, puis l'image, et ainsi de suite en consécution rapide. Par exemple, je dis à Marguerite le mot: côtelette. Au bout de 3″, elle répond :« J'ai d'abord entrevu la chair un peu rouge, avec des morceaux de gras blancs... ça, c'était tellement vite... Je ne me suis même pas dit qu'il y avait des morceaux de gras blanc. Je ne me suis rien dit en les voyant. » La description verbale, avec sa précision toujours si remarquable, s'est donc produite bien après l'image.

Cette succession est de règle chez Armande, dont les images sont bien plus faibles. Armande m'a donné de curieux détails sur les relations de l'image et de la pensée.

Je transcris quelques mots d'une conversation sur des images : « Il faut que je n'aie plus rien à penser, pour que j'aie des images. —D.Développe un peu cette idée que les images et les idées s'excluent. —R. Elles sont séparées les unes des autres et ne viennent jamais ensemble. Je n'ai jamais d'images quand un mot me suggère un très grand nombre de pensées. Il faut que j'attende un certain moment. Lorsque sur ce mot j'ai épuisé toutes les pensées, alors les images me viennent, et si les pensées recommencent, l'image s'efface, et alternativement. Les images, j'en ai beaucoup moins, mais elles durent beaucoup plus longtemps que les pensées.»

Outre la difficulté très spéciale qu'elle éprouve à décrire ses images, Armande explique encore que les images sont extrêmement nombreuses, quelques-unes tout à fait insignifiantes, et qu'elles sont pour la plupart frappées d'amnésie, quand elles ont disparu.

Je transcris le passage suivant : il est curieux comme analyse exécutée par une fillette de quatorze ans.

« Je crois que j'ai des multitudes d'images chaque fois; seulement elles sont tellement vagues, et me laissent si peu le temps d'y penser que je les oublie aussitôt. D'habitude, je ne dis que les images dont je me souviens. Il y en a une multitude d'autres qui sont très vagues, et mêlées aux réflexions. — D. Que te rappelles-tu le mieux, les réflexions ou les images? — R. Je me rappelle mieux les réflexions, car je me parle, je formule les mots, tandis que, pour les images, il n'est pas possible que je m'en souvienne beaucoup. Quelquefois, elles ont l'air de venir ensemble, et je ne puis les séparer. Quand je cherche une image, il y en a beaucoup qui s'en vont avant que j'en aie trouvé une.

« Les images qui restent sont celles dont je me suis aperçue, que j'ai vues quand elles sont venues. Les autres, je n'en ai pas conscience ; je ne les vois qu'après qu'elles sont parties, quand c'est fini. Au moment même, je ne m'aperçois pas que je les ai. »

Je fus un peu sceptique, quand je recueillis ces réponses; mais plus tard j'ai pu me convaincre qu'Armande a bien raison. J'admets qu'il existe une sorte d'antagonisme entre l'image et la réflexion, surtout quand l'image est bien intense, car, d'une part, Galton et d'autres ont constaté que les images sont plus belles chez les femmes et les enfants que chez les adultes les plus cultivés, qui excellent dans la réflexion, comme si la réflexion développée leur nuisait; et, d'autre part, nous voyons que c'est surtout pendant les états mentaux où la réflexion est suspendue, comme la rêverie et aussi le rêve, que les plus belles images prennent leur essor. Autre confirmation : Marguerite me dit spontanément, au cours d'une expérience, que l'image qui se présente toute seule est beaucoup plus vive que celle que l'on cherche. Armande m'apprend également que si elle a des images pendant qu'elle écoute une phrase avec l'intention de se faire des images, elles sont moins vives que les images qui viennent d'elles-mêmes, en écoutant une phrase sans aucun souci d'imagerie. Semblablement, dans un tout autre genre d'expériences, M. C..., psychologue professionnel, me disait que les images mentales qui lui viennent pendant la lecture d'un roman sont bien plus vives lorsqu'elles ne sont pas dictées directement par le texte. Il est donc très vraisemblable que ces deux modes d'activité psychologique, l'imagerie et la réflexion, sont essentiellement différents et antagonistes.

Une autre observation d'Armande est à retenir : on se rappelle mieux les réflexions que les images. Je puis citer à l'appui une observation personnelle. J'ai des images mentales assez vives si je m'étends sur un canapé dans une pièce silencieuse; j'ai alors une série de rêveries; au bout de quelque temps, je reviens à moi, c'est-à-dire à l'état de réflexion, je ne me rappelle presque aucune des images que je viens de contempler, si ce n'est la dernière ; pour fixer dans ma mémoire une des images, il faut que je la prenne comme objet d'une réflexion.

Caractère analytique de l'image.

D'après de longues et minutieuses questions que j'ai posées à Marguerite, un des caractères de l'image visuelle, comparée à la vision, est d'être *une analyse*. C'est moi qui emploie le mot, non la fillette ; mais c'est bien son idée que ce mot exprime. Je donne quelques exemples. Dans une expérience, elle pense à la blanchisseuse, et, sur ma demande, elle dit, décrivant cette image : « Si j'avais vu la blanchisseuse en nature, je crois que j'aurais distingué comment elle était habillée, ce qui l'entourait, ce qu'elle faisait ; je n'aurais pas vu qu'elle. Je n'ai vu que sa tête, je crois ; si j'ai vu sa personne entière, je l'ai vue tout à fait imparfaitement. » — Une autre fois, elle se représente un coin de cour, et comme je lui demande quelle différence avec la réalité, elle dit : « La réalité, j'aurais vu des choses que je n'ai pas vues ; des pierres sur la route, un tas de choses comme ça. » — Dernier exemple. Dans l'épreuve qui consiste à écrire des séries de 20 mots, elle écrit une fois des mots comme *cristallin, guidon*. Je l'interroge, et elle m'apprend qu'elle s'est représenté, pour cristallin, l'œil de notre chien, et pour guidon, le guidon de sa bicyclette. Elle a très peu visualisé le reste, par exemple la tête du chien ; et pour la bicyclette, elle n'a vu ni la selle ni la roue de derrière. Je lui demande encore les différences avec une vision réelle, et elle répond, non sans quelque embarras : « Si je voyais la bicyclette, je ne verrais pas qu'un guidon, je verrais tout. C'est la même chose pour notre chien ; s'il était sous mes yeux, j'aurais vu le corps tout entier, et j'aurais eu l'idée de mettre (dans la série de mots qu'elle écrit) autre

chose que l'œil, par exemple les poils, le nez, la langue. »
En résumé, il n'y a que l'élément dont on a besoin qui
devient saillant dans l'image, ou, si l'on préfère cette autre
manière de parler, l'image ne contient que quelques éléments nets, et ce sont les seuls qui fixent l'attention. Conséquemment, les portions marginales de l'image sont vagues.

Le contour extérieur de l'image, ce qui la limite, ne
peut pas être défini comme forme. C'est Armande qui m'en
fait spontanément la remarque ; on ne peut pas dire — ce
sont ses expressions, — si le tableau mental est rond ou
carré.

Défaut de précision de l'image.

L'image, en général, est imprécise, et nous verrons
tout à l'heure pour quelle raison nous ne nous en apercevons pas. Cette qualité de l'imprécision varie beaucoup,
évidemment, suivant les cas. Certaines images seraient,
quoiqu'on ait soutenu le contraire, dessinables.

Ainsi, Marguerite, priée de penser à sa sœur, se représente son nom ; elle voit le nom écrit, elle voit que c'est
écrit en caractères cursifs, un peu droit, elle peut reproduire l'A, elle le trace et se trouve contente de son dessin,
qui représente un A majuscule un peu spécial ; elle hésite
seulement sur un point, elle ne sait pas si la barre trans-
versale de l'A dépassait de peu ou beaucoup les deux lignes
montante et descendante. Si cette image est assez précise,
il en est d'autres dont l'indétermination est poussée à un
degré extrême, ce que montre du reste la description
qu'on nous en fait. Je dis à Marguerite *caravane*. Elle
répond : « Il y a toujours quelque chose d'indistinct avant.
Je vois une rangée ; c'est mon imagination, ça ne peut pas
s'appliquer à quelque chose que j'ai vu. Puis, j'ai vu distinctement après un tableau du Louvre, représentant une
caravane avec des chameaux, et ce que j'ai mieux vu c'est

un Arabe qui était perché dessus (sur un chameau). » On remarquera combien doit être vague une image à laquelle convient cette description singulière : « Je vois une rangée. » Aussi, Marguerite, priée de coter, dit que cette image ne compte pas, et lui donne la note 1 ou 2. Il y a vraisemblablement beaucoup d'images de ce genre, presque indistinctes, auxquelles nous ne prêtons pas d'attention, et qui sont comme *la poussière de l'imagerie*. Armande en fournit un autre exemple, tout aussi topique ; je lui cite le nom de notre chien, Friquet, et elle a une réponse assez longue, que je ne reproduis pas, dans laquelle elle dit qu'elle a eu « *une lueur de Friquet* ». Laissons ces images tellement indistinctes qu'elles sont inexpressibles pour la parole, et venons-en à des images mieux développées, et pour ainsi dire plus intellectuelles, que le sujet décrit comme si c'était un tableau. Si, au lieu de lui laisser prendre l'initiative de la description, on lui pose des questions, si on lui demande des renseignements sur tel objet qui figure dans son image, alors, très souvent, mes fillettes répondent : « Je ne sais pas. »

Cette réponse m'est donnée pour les parties les plus importantes de l'image.

Marguerite se représente M. M..., personne qui lui est bien connue : « Il était un peu de profil, il avait son teint jaunâtre. » — D. Avait-il un chapeau ? — R. Je ne sais pas s'il avait un chapeau ou non. »

Armande se représente un chien, elle ne sait pas si elle a vu la tête ou s'il n'en avait pas. Une autre fois, elle se représente Mme A..., assise sur son canapé ; je demande quel est le costume de Mme A..., s'il était blanc ou noir ; elle répond qu'elle ne peut pas dire, elle ignore la couleur du costume et sa forme. Mais quand je lui demande si du moins Mme A... est habillée, alors elle se récrie, elle est certaine que Mme A... est habillée. Une des preuves les plus curieuses que l'on puisse citer de cette imprécision de l'image est la suivante : Plusieurs fois mes sujets m'ont dit qu'ils ne savaient pas au juste s'ils se représentaient la personne vivante ou une photographie de cette personne. De même pour les tableaux. Je prie Marguerite de se représenter la statue de Carnot; elle se représente bien la femme allégorique assise au piédestal et admire encore une fois la beauté de son attitude (que je lui avais fait remarquer autrefois), mais elle ignore si c'est la vue réelle qu'elle se représente ou une carte postale avec une vue de la statue. Combien il faut que l'image soit vague pour permettre une pareille indécision !

Remarquons bien que si nous réussissons à recueillir toutes ces imprécisions de l'image, c'est parce que nous demandons à notre sujet de nous décrire l'image dans la forme où celle-ci a fait son apparition, sans rien y ajouter. En effet, s'il était permis au visualisateur de retoucher son œuvre, il préciserait ce qui est vague, il mettrait un chapeau à M. M..., ou dessinerait son crâne avec soin, il définirait par raisonnement ou par appel à la mémoire le costume de Mme B..., ce serait une image travaillée, raccommodée, redessinée, repeinte.

Dans une de ses réponses, Marguerite me paraît avoir trouvé la vraie raison pour laquelle nous ne nous apercevons pas du défaut de précision de nos images. Je viens de lui dire le mot : *les instruments*, en lui demandant les images que ce mot a évoquées ; sa réponse est embarrassée ; elle ne s'attendait pas à cette question ; « j'ai pensé aux instruments avec lesquels tu piquais (esthésiomètres), puis j'ai pensé qu'il y avait des instruments de chirurgie. J'ai vu des choses noires, c'était assez embrouillé, des choses assez indistinctes, noires, et je savais que c'étaient des instruments... — D. Plutôt que tu ne le voyais ? — R. Oh ! oui, parce que ça n'avait pas beaucoup de formes. » Voilà la vraie raison ; on se contente d'une image imprécise parce qu'on *sait* ce qu'elle représente.

9

Images latentes.

Il faut toujours faire bon accueil aux faits qui sont en opposition avec nos théories. Tout ce que nous avons décrit jusqu'ici tend à une même conclusion : la dépréciation de l'imagerie en général, et de l'imagerie visuelle en particulier. C'est une raison de plus pour je n'omette pas un certain nombre de faits que j'ai recueillis autrefois, dans des recherches déjà mentionnées sur des *images de lecture*. Ces recherches ont montré que nous avons, en lisant, des images bien plus précises que nous le supposons. Ce sont des images de position, de mise en scène. En lisant une description qui nous intéresse, par exemple dans un roman d'aventures, nous situons les acteurs les uns par rapport aux autres, et nous faisons une plantation du décor ; tout cela se fait sans idée arrêtée, sans intention ; et ensuite, lorsqu'on demande au lecteur s'il s'est représenté une mise en scène de roman, il déclare spontanément que non ; il faut lui dessiner un plan de la scène, lui dire que tel personnage vient par le fond, pour qu'aussitôt il prenne conscience de sa mise en scène personnelle, qui est en contradiction avec celle que nous lui indiquons. C'est à peu près de la même manière qu'on révèle parfois à une personne son audition colorée ; à la question : les lettres ont-elles des couleurs ? elle répondra négativement ; mais si on insiste en lui disant : l'a n'est-il pas rouge ? Elle se récrie et déclare qu'il est noir. J'ai fait dessiner par plusieurs personnes un grand nombre de ces mises en scène à demi inconscientes, dont elles avaient commencé par nier l'existence. Je donne la description écrite que m'en a fournie Jacques Passy.

« Questionné sur le point de savoir si en lisant je fais la mise en scène, si je vois la topographie des lieux et la position des personnages, j'ai répondu : non! sans hésiter. Ce n'est que lorsque M. Binet a insisté sur ce point que j'ai découvert avec un véritable étonnement que j'avais inconsciemment toute cette mise en scène, et cela d'une façon bien positive, car j'y tiens, et, si l'on m'en propose une autre, elle me paraît erronée et presque choquante.

« Quant à la position des personnages, je la vois généralement dans les scènes à deux ; ainsi chez Milady, d'Artagnan est du côté de la porte, elle au fond.

« Au Colombier-Rouge, Athos est près de la porte, elle près de la fenêtre ; d'une façon générale il me semble que la position des personnages est la plus simple possible ; je ne me mets pas en frais ; le dernier venu est près de la porte, et les personnages s'arrangent en général pour faire le moins de chemin possible. Dans une scène à plusieurs, je ne vois pas tous les personnages à la fois, mais ceux dont j'ai momentanément besoin.

« Ainsi pendant le duel des mousquetaires avec les gardes du Cardinal, je vois successivement : D'Artagnan et Jussac, — Athos, Cahusac et d'Artagnan — enfin Porthos et Bicarat.

« Quant à ma propre position, elle n'est pas invariable ; je me déplace avec les acteurs suivant les besoins du récit.

« Ainsi pendant la scène du Colombier-Rouge j'arrive avec les mousquetaires et trouve l'auberge à droite ; je lui fais face, j'entre et reste en bas regardant les trois amis autour du tuyau de poêle; puis, le Cardinal reparti avec son escorte, je monte avec Athos et trouve Milady en face de moi; je la vois partir vers la gauche du papier, je me retourne, suis le galop d'Athos ; arrivé à hauteur des autres, je les lâche pour rejoindre le Cardinal, et au bout d'un instant je trouve Athos en face de moi. »

« J'ai essayé également de dessiner le lieu où se passe l'exécution de Milady ; il m'est arrivé alors une chose assez curieuse : la position de la maison par rapport à la rivière pendant le jugement et celle des personnages par rapport à la rivière pendant l'exécution étaient contradictoires ; il me semblait que les personnages avaient dû traverser la rivière dans l'intervalle. J'ai relu le passage sans en tirer aucun éclaircissement ; deux explications sont possibles ; ou bien j'ai eu en lisant un vertige de direction, comme j'en ai parfois dans la vie réelle. Ou, plus simplement, comme j'ai lu deux fois le roman, j'ai eu deux représentations différentes qui se sont brouillées. »

L'exemple précédent, auquel je pourrais en ajouter bien d'autres, mais ce n'est pas nécessaire, montre bien l'importance de ces constructions d'images relatives à la position des objets. Je dis : *images*. Il s'agit bien en effet de choses vues, d'images visuelles, et non de langage intérieur. Il peut donc se produire en nous, sans que nous y prêtions grande attention, beaucoup de développements imaginatifs : et c'est là tout simplement ce que je voulais démontrer.

CONCLUSIONS ET HYPOTHÈSES

Dire que l'image mentale est vague, c'est faire une constatation qui à première vue paraît banale, et qui à la réflexion paraît équivoque ; qu'est-ce en effet que le vague ? Est-ce l'indéterminé ? Alors, en quoi consiste l'indétermination ? Sans nous perdre dans la spéculation *a priori*, revenons un moment aux faits d'observation très simples que nous venons de recueillir. Il y a, dans les réponses de nos sujets, deux traits qui m'ont frappé ; le premier n'est peut-être qu'une forme de langage ; j'ai remarqué que mes sujets ne décrivent pas l'image en elle-même, mais plutôt leur perception de l'image ; ils emploient les mots *j'ai vu* ou *je n'ai pas vu*. Ainsi, ils ne diront pas, décrivant l'image mentale d'une prairie : dans ce champ, il n'y a pas de coquelicots, mais bien : je n'ai pas vu de coquelicots. En second lieu, et ce deuxième fait a une signification probablement plus précise que le premier, ils répondent très souvent : *je ne sais pas*. Ce je ne sais pas revient si fréquemment qu'il finit par paraître naturel ; il est cependant curieux, car il révèle une ignorance de la personne relativement à l'objet de sa pensée ; que signifie cette expression de doute? Elle montre que le sujet prend l'attitude de perception. Une chose, en elle-même, n'est pas douteuse ; elle est comme ceci ou comme cela. Prenez un dessin, une esquisse, qu'y a-t-il de douteux dans les traits? Ils sont ce qu'ils sont ; ils n'ont rien d'informe ; le doute est en nous, il est mental, il provient d'un équilibre entre des pensées contraires, ou d'un état particulier d'émotion (1). Lorsque, par conséquent, le sujet refuse de répondre à une question capitale relativement à son image — par exemple ce chien qu'il visualise avait-il une tête ou non? — le doute vient du spectateur, qui se rend mal compte de l'image et la perçoit mal. Celle-ci ne contenait pas d'éléments suffisants pour permettre une interprétation dans laquelle on aurait confiance. Si bien réellement, comme je l'ai montré, nous pouvons avoir des doutes sur tel ou tel détail contenu dans une de nos images, et si ces doutes viennent de ce que nous les interprétons, il s'ensuit très logiquement que de temps en temps nos interprétations peuvent être fausses : il est possible que nous

(1) Dans un curieux passage de sa psychologie, Rabier déclare impossibles des formes d'idéation que nous venons de décrire. « Tout ce qui est. dit-il, est déterminé, dans la pensée non moins que dans la nature. L'indéterminé, suivant une parole célèbre de Hégel, est égal au néant, dans la pensée comme dans la nature » (*Psychologie*, p. 308.) — Et, en note, le même auteur ajoute : « Il importe de distinguer l'indéterminé de l'inachevé. Un dessin ébauché est indéterminé par rapport au dessin achevé; mais pris en soi et hors de toute comparaison, il est aussi déterminé que le dessin achevé lui-même. Car il n'y a en lui rien de vague, rien d'uniforme, puisque, aussi bien que le dessin achevé, il est fait de traits absolument arrêtés et précis. — Ainsi de toutes choses. »

nous trompions sur la signification d'une image. Sans
doute, ces erreurs doivent être rares. Le sujet représenté
par l'image, nous le connaissons d'avance quand il s'agit
d'idéation volontaire ; et par conséquent nous avons toute
facilité d'interpréter exactement ce que nous visualisons ;
il en serait tout autrement, à ce que je suppose, si l'i-
mage, au lieu de répondre à l'appel de son nom, venait
d'elle-même se présenter, comme un inconnu qu'il faudrait
dévisager et reconnaître ; alors il serait possible qu'on se
trompât sur l'identité de ses images. C'est ce que j'ai vu
autrefois chez des hystériques à qui je donnais des images visuelles en excitant certaines régions insensibles de
leur corps ; la sensation tactile n'était pas sentie, mais
continuait à provoquer les images visuelles appropriées,
et celles-ci, apparaissant dans la conscience sans être pré-
cédées d'un pensée volontaire, étaient souvent l'objet
d'une erreur d'interprétation. Ainsi, quand j'agitais plusieurs fois le doigt d'une main anesthésique (en dehors de
la vue de la malade) celle-ci croyait voir des colonnes en
mouvement ; une piqûre sur la peau insensible donnait
lieu à l'image d'un point brillant, et ainsi de suite. Ces
exemples étaient du reste assez rares ; quand on mettait
un objet dans la main anesthésique, en général le sujet
recevait l'idée exacte de l'objet.

Enfin, je ferai remarquer que notre conclusion relative
à l'indétermination des images, telle que nous l'avons
définie, est contraire à cette opinion, vraiment surannée
aujourd'hui, qui admet que l'introspection est infaillible
parce qu'elle est un mode direct de connaissance.

CHAPITRE VIII

La pensée abstraite et ses images.

Dans un précédent chapitre, nous avons étudié les relations de la pensée et de l'image sans nous préoccuper de savoir si cette pensée était abstraite ou concrète; en réalité, nous avons donné plusieurs exemples de pensée abstraite. Mais comme la question de savoir en quoi consiste la pensée abstraite et de quelles images on se sert quand on généralise, est une question très importante pour la psychologie, nous allons y revenir en détail, et y consacrer un chapitre particulier; de tout ce qui précède, nous conservons seulement la conclusion que d'ordinaire la pensée est plus riche que l'image, et que parfois la nature des images n'est pas adéquate à la nature de la pensée. Nous sommes donc déjà inclinés à admettre que la relation entre la pensée abstraite et les images ne doit pas être bien serrée.

Sans souci des théories, faisons l'analyse des documents.

En les feuilletant, nous rencontrons un certain nombre d'exemples de pensées générales et abstraites; analysons-les.

Compréhension des mots.

Nous avons vu précédemment qu'on peut comprendre le sens d'un mot sans rien se représenter, c'est-à-dire sans avoir aucune image. Nous avons présenté ce phénomène comme une des étapes de l'idéation, dans les expériences de suggestion d'idée par des mots; c'est la seconde étape; la première est l'audition du mot; la troisième est l'effort pour avoir une image et la quatrième et dernière est l'image ou la pensée précise. Mais il est arrivé souvent que le phénomène de l'idéation s'est arrêté en chemin et n'a pas dépassé la deuxième étape, et que le sujet s'est borné à comprendre le sens du mot. Cet arrêt de l'idéation s'est produit très nettement dans deux expériences : d'abord, lorsque je disais moi-même le mot ; mon sujet qui m'écoutait s'efforçait de trouver une image et d'appliquer le mot à un objet ; mais quelquefois ce travail n'aboutissait pas, l'image n'était pas trouvée ; il y avait eu cependant, dans ce cas, quelque chose de plus que la compréhension du mot ; on avait pu faire choix d'un objet auquel le mot était appliqué. Dans une autre circonstance, où l'arrêt de l'idéation était plus net, le sujet écrivait et par conséquent inventait lui-même les mots ; mais n'allant pas jusqu'au bout de sa pensée, il ne se représentait aucune image en relation avec le mot écrit ; si même une image survenait, il la négligeait, il coupait court à son développement en passant à un autre mot ; et la plupart du temps, il ne faisait aucun effort pour appliquer le mot à un objet. Je donne la description précédente d'après beaucoup de remarques qui m'ont été communiquées par les deux fillettes. Je transcris un dialogue échangé avec Armande, qui est un esprit d'élection pour ces études, car chez elle ce genre de mots est tout à fait fréquent.

J'ai écrit scrupuleusement le texte du dialogue que j'ai échangé avec elle, pour être absolument certain de ne pas la suggestionner. Sur ma demande, elle écrit d'abord 12 mots ; je l'arrête et je l'interroge rapidement ; je constate que, sur ces 12 mots, il n'y en a eu que 3 qui n'ont pas eu de représentation précise, particulière. Voici tout ce qu'elle peut dire sur ces mots ; elle est très embarrassée. « Je ne sais pas à quoi j'ai pensé ; ça m'est venu, comme un autre mot, c'est le premier qui s'est présenté à mon esprit; je l'ai pris alors, et j'ai passé à la recherche d'un autre mot, ce qui m'a empêché de me le représenter. » Comme le souvenir s'efface vite, je prie Armande de recommencer à écrire des séries de mots; cette fois, la série contient 7 ou 8 mots qui ne sont pas particularisés. Voici ce qu'elle en dit : « Dans ces mots que j'écris presque inconsciemment, l'image ne vient qu'après que le mot est écrit; elle vient, s'il y en a une, et, dans ce cas, elle est très vague, et elle est souvent effacée par la recherche du mot suivant. Quelquefois, pour ne pas perdre de temps, j'écarte moi-même l'image et je tâche de penser à autre chose. — D. Si tu ne l'écartais pas? — R. J'aurais une image plus vive. » Telles sont textuellement les expressions dont Armande s'est servie. En résumé, il est possible, — et c'est là le fait psychologique intéressant — que dans certaines conditions l'esprit se borne à comprendre le sens des mots et que les phénomènes d'idéation qui se surajoutent à cette compréhension du sens des mots, recherche de l'application à un objet, et formation de l'image, soient accessoires, atténuées, ou même manquent tout à fait; dans ce dernier cas, l'état de conscience se bornerait à l'intelligence d'une signification.

Il reste à savoir comment nous devons interpréter cette sorte d'idéation écourtée; à ce propos, j'ai commis une erreur dans laquelle je suis resté pendant toute une année, quand je faisais mes expériences dans les écoles; voulant savoir au juste à quoi l'enfant avait pensé, je lui posais une question maladroite. Si j'avais par exemple prononcé le mot chapeau, je demandais, précisant une suggestion dangereuse : « A quel chapeau avez-vous pensé? Avez-vous pensé à un chapeau en général, ou à un chapeau particulier? » J'admettais implicitement que ce qui n'est pas particulier est général, et vice versa, comme M. Jourdain qui admettait que ce qui n'est pas prose est vers, et que ce qui n'est pas vers est prose. Les dilemmes sont de terribles machines à suggestion. Mes sujets les acceptaient de confiance, avec la docilité habituelle des enfants d'école et ils ne trouvaient rien de mieux pour exprimer ce qu'ils avaient pensé que de dire : « J'ai pensé à chapeau en général, » ou encore : « j'ai pensé à n'importe quel chapeau. » C'était la réponse la moins fausse qu'ils pouvaient me faire. Elle n'a du reste aucune valeur, puisqu'elle a été suggérée. Armande, que j'ai interrogée sur ce point délicat, m'a fait une réponse très claire : « C'est mal dit *en général* : je cherche à me représenter un de tous ces objets que le mot rassemble, mais je ne m'en représente aucun. »

Nous retrouvons ce genre d'idées très fréquemment dans le test de la recherche des 20 mots.

Toutes les fois qu'on hâte l'expérience des 20 mots, en forçant le sujet à aller plus vite, le nombre de ces mots que je viens de définir augmente. J'ai cité plus haut l'expérience que j'ai faite sur mes deux fillettes ; en pressant leur allure, on les oblige à réduire le nombre de mots à sens individuel, et on augmente le nombre de mots à signification pseudo-générale. J'ai répété cette expérience dans les écoles avec les mêmes résultats ; et du reste cette expérience n'a rien d'artificiel ; elle reproduit simplement en y ajoutant quelque précision ce fait familier à tout le monde qu'il nous faut un certain temps pour réaliser le sens des mots et que lorsque nous parcourons vivement un livre ou écoutons distraitement une personne, nous n'avons que des idées vagues.

Je sais bien qu'on tend à admettre aujourd'hui (1) que l'abstraction n'est pas toujours une fonction d'élaboration exigeant des opérations multiples, que l'abstraction peut avoir lieu sous une forme rudimentaire et animale, et qu'il

(1) Conférer Rabier, *Psychologie*, p. 299; Ribot, *Evolution des idées générales*, préface. pp. 27 et seq.; pp. 5 et seq.; Titchener, *Outlines of psychology*, pp. 295 et 303.

existe ce que Ribot a proposé d'appeler des « abstraits inférieurs ». Néanmoins, il me semble que même ces abstraits inférieurs doivent être plus élevés en dignité que des idées concrètes; et c'est pour cette raison qu'il me paraît difficile de voir de l'abstraction dans de simples avortements de pensée. Si l'on devait appeler générales ou abstraites les idées naissant dans les conditions hâtives que nous avons indiquées, et si on devait leur donner ce nom simplement parce qu'elles n'ont pas une individualité précise, il faudrait en conclure qu'il suffirait de penser vite pour penser du général; en un mot toute circonstance qui diminue le travail intellectuel, et détourne l'attention des phénomènes serait favorable à la généralisation. Je crois être plus près de la vérité, en admettant que ce sont là des pensées indéterminées, des pensées arrêtées dans leur développement, restées embryonnaires.

Imagerie provoquée par un terme abstrait ou général.

Dans mes expériences de suggestion d'idées par des mots, il m'est arrivé souvent d'employer des mots abstraits ou généraux; je vais rechercher quels sont les phénomènes d'idéation que ce genre de mots a donnés à mes deux fillettes. C'est une étude pour laquelle nous avons eu un illustre devancier, Ribot. Par une recherche expérimentale faite sur 103 personnes, Ribot a voulu analyser ce que nous avons dans l'esprit lorsqu'on prononce devant nous un terme général, dont nous comprenons le sens. « Je vais prononcer plusieurs mots, disait l'expérimentateur; je vous prie de me dire immédiatement et sans réflexion, si ce mot n'évoque rien dans votre esprit, ou s'il évoque quelque chose, et quoi (1)? » Les mots prononcés

(1) *Op. cit.*, p. 131.

formaient une série de 14, dont je cite les suivants : chien, animal, couleur, forme, justice, bonté, cause, force, infini ; etc.

Les représentations conscientes que l'audition de termes abstraits, jointe au désir de répondre quelque chose, a suscitées dans l'esprit de ces 103 personnes, ont été réparties en trois catégories ; et révèlent trois types mentaux différents, qui sont : 1° le type auditif ; 2° le type visuel typographique ; 3° le type concret.

Le type auditif est celui des personnes qui, après l'audition du mot répondent, qu'elles ne se représentent *rien* ; elles comprennent du moins le sens du mot, elles ont aussi très probablement des pensées en mots, des discours intérieurs ; mais elles n'ont aucune image sensible, et c'est pour cette absence d'image qu'elles donnent leur réponse. Le type visuel typographique est celui qui se représente le mot écrit, comme s'il le lisait. Le type concret est double, général ou individuel ; cela ressort des exemples que Ribot cite ; il existe des personnes qui se représentent une image générale, indéterminée, ou quelque chose d'analogue ; par exemple pour forme, un peintre se représente un bloc rond, une épaule élégante de femme, tandis qu'une autre personne nomme une personne belle (1) ; dans ce dernier cas, c'est bien une image individuelle.

Après ce court rappel de l'étude de Ribot, je vais exposer les réponses que j'ai obtenues de mes fillettes. D'ordinaire, les termes abstraits et généraux les embarrassent beaucoup ; elles se plaignent de ne pas savoir qu'en faire, elles ont incontestablement plus de peine et mettent plus de temps à convertir ces mots en images. Les réponses qui nous sont données peuvent être groupées de la manière suivante :

1° Aucune image ;

(1) *Op. cit.*, p. 129.

2° Image visuelle typographique;

3° Image particulière;

4° Image générale.

1° *Aucune image*. — Le sujet, quoique sollicité à plusieurs reprises, répond toujours qu'il ne peut rien se représenté. C'est la réponse *rien*, qui d'après Ribot est présente, en si faible proportion que ce soit, dans les réponses de toutes les personnes. Il ne faut pas, je crois, prendre ce *rien* au pied de la lettre; il signifie simplement « aucune image ». Mais l'imagerie n'est pas toute l'idéation, comme on a trop souvent une tendance à l'admettre implicitement, et comme les sujets de Ribot, j'ignore pourquoi, l'ont compris; Ribot leur demandait *ce que tel mot évoquait en eux*; et cette demande comprenait non seulement les images, mais les pensées; la personne qui, après l'audition d'un terme abstrait n'a pas réussi à se former une image a néanmoins compris le sens du mot; elle peut avoir eu des idées plus ou moins vagues relatives au sens de ce mot, ou s'être tenu un discours intérieur. De plus, il arrive assez souvent que le mot entendu continue, comme son, à retentir dans la mémoire.

2° *Une image visuelle typographique*. — Nos sujets nous en ont donné plusieurs exemples. Je n'insiste pas, si ce n'est pour remarquer que ces images sont souvent teintes de couleurs d'audition colorée, et que parfois elles se présentent combinées à d'autres images.

3° *Image particulière*. — C'est assez fréquent; Marguerite à qui je dis: *chien*, se représente notre chien.

4° *Une représentation générale*. — Le dernier cas est le plus intéressant de tous, à cause de sa portée philosophique; car il y a longtemps qu'on discute sur la question de savoir si on peut se former une image générale. Des auteurs ont soutenu qu'il y a là une impossibilité psychologique. Selon notre habitude, nous citerons d'abord, et avec abon-

dance, les réponses de nos sujets ; ensuite, nous discute-
rons les théories.

Je commence par Armande. Je lui dis les mots suivants :
L'hiver à M... C'est un genre de pensée que je lui emprunte
car elle affectionne ces idées un peu vagues ; et il y a environ un an, elle a écrit parmi les 10 souvenirs demandés
dans un test : « Je me rappelle l'hiver à M... »

Malheureusement cette proposition a été écrite sans que
je lui demande de l'analyser. Voici maintenant sa réponse
(10 juin 1902). « Je me représente le rez-de-chaussée, la
salle à manger (de la maison de M...) le jardin couvert de
neige, et la lueur blanchâtre qui éclaire les pièces. — D.
Tu es là dedans ? — R. Ah ! non, j'ai vu l'appartement
vide. — D. Ça se rapporte à un souvenir spécial ? — R.
Un souvenir en général. — D. Comment sais-tu que ce
n'est pas tel jour ? — R. Parce qu'il n'y a rien de particulier, dans cette scène-là, il n'y a rien de différent entre
ce que j'aurais pu voir la veille ou le lendemain. — D.
C'est volontairement que tu as pensé à un jour *anonyme* ?
— R. Non, ce n'est pas volontaire. L'image s'est présentée
tout d'un coup, je ne m'y attendais pas. — D. Dans l'état
d'esprit où tu étais, tu auras pu avoir une image d'un jour
particulier ? — R. Je ne crois pas, parce que j'avais à me
représenter tout l'ensemble de l'hiver ; alors, je ne devais
pas me représenter un jour particulier ; et puis le mot
hiver m'avait donné l'idée de neige ; alors tout le jardin
était rempli de neige. »

Est-ce là une représentation générale ? Elle l'a été,
certes, d'intention, puisque Armande nous dit qu'elle
« avait à se représenter tout l'ensemble de l'hiver » ; elle
a donc préparé, aiguillé ce genre d'image, et ce n'est pas
par hasard qu'une image générale s'est formée, elle était
cherchée. Mais en quoi cette image était-elle générale ?
Elle ne l'est pas en ce qui concerne le lieu de la scène, qui
est tout particulier ; elle l'est en ce qui concerne la date

où ce lieu est représenté ; l'idée est générale, relativement au temps.

La réponse de Marguerite à la même question est un peu différente « J'ai pensé d'abord à une photographie que nous avons, qui représente le jardin couvert de neige. Puis j'ai vu la neige qui tombe... en général... ce n'était pas très net... — D. Qu'entends-tu par en général ? — D. Ce n'est pas un jour que j'ai remarqué... J'ai en outre l'image de M. P... (un voisin) qui revenait du train... il n'avait pas de parapluie, il était tout blanc de neige par devant. Il y avait du vent qui soufflait de par là. — D. Quelle est la vision la plus nette des deux ? — R. Oh! M. P...! 16 à 18, tandis que l'autre, 3 ou 4 (1). — D. A quoi t'aperçois-tu que l'une est un souvenir et que l'autre n'en est pas un ? D'abord dis-moi, t'attends-tu à une vision générale, puis à une vision particulière ? — R. Je ne sais pas reconnaître si c'est volontaire ou involontaire... Je ne me suis pas dit d'avance : je vais faire une pensée générale. D. Alors quand elle se produit, à quoi reconnais-tu qu'elle est générale ou particulière ? — R. L'image de la neige est générale, parce qu'il n'y a rien qui correspond, qui se rattache, et qui donne une idée précise. »

La représentation générale de Marguerite est moins nette, dit-elle, qu'une représentation particulière ; elle n'est pas *cherchée*, et sur ce point elle diffère de celle d'Armande, quoique ce ne soit pas certain ; reste la question de savoir pourquoi cette image est générale ; il semblerait que c'est parce que cette image est capable de représenter n'importe quel jour, ou tous les jours de l'hiver, car elle ne renferme pas de détails particuliers à un jour spécial.

Je dis : *Les statues*. Marguerite répond : « Je crois

_____

(1) Ce sont des cotes analogues à celles données dans le précédent chapitre.

que j'ai vu une statue quelconque. Non, c'était une statue de la Vénus de Milo, mais pas la nôtre. (Dans notre
salon, il y a une Vénus de Milo de couleur grise). —
D. Pourquoi pas la nôtre? — R. Parce qu'elle n'avait pas
la même couleur. Elle était blanche, vague. Ensuite, j'ai
pensé à une autre qui est un peu jaunâtre. C'est celle de
Mme La... (une amie). — D. Bien! Voilà donc une image-
souvenir (celle de Mme La...) précédée par une autre image
qui n'est pas un souvenir. Pourrais-tu dire la différence
entre ces deux images? — R. Non, je ne pourrais pas. —
D. Laquelle est la plus nette? — R. La deuxième (celle
de Mme La...) sûrement. — D. Tu pourrais coter? — R. La 2e,
12 ou 13, l'autre 7 ou 8. — D. A quoi reconnais-tu l'une
pour un souvenir, et l'autre pour ne pas en être un? —
R. Parce qu'en pensant à la seconde j'ai pensé aussi à ce
qui l'entourait. Peut-être j'ai entrevu Mme La... et sa fille.
Mais je ne suis pas sûre. — D. Dans la première image, il
n'y avait rien autour de la statue? — R. C'était un brouillard, voilà. »

Cette image de la statue est générale parce qu'elle n'est
point entourée d'un décor qui la spécialise, et aussi parce qu'elle n'a pas une couleur qui la fasse reconnaître
comme étant telle ou telle. Ainsi, elle renferme en elle-
même des caractères négatifs. Maintenant, est-ce aussi
parce qu'elle est attribuée par un acte de l'esprit à l'ensemble des statues qu'elle est générale? Non, cela ne semble
pas exact. Cette image générale est venue là fortuitement,
entourée d'images particulières ; c'est donc un hasard
d'idéation qui l'a fait naître; elle doit surtout à son absence
de détermination d'être considérée comme générale.

Autre question à Marguerite : *Un cheval?* « J'ai vu
n'importe quel cheval qui avait l'air de s'en aller avenue
Jacqueminot. Il était brun. C'était n'importe quel cheval.
Il n'était pas harnaché, en tout cas. Il semble qu'il y avait
quelqu'un à côté. — D. Comment le voyais-tu? — R. Je

le voyais de dos, comme si j'étais plus haute que lui. —
D. Pourquoi dis-tu n'importe quel cheval? — R. C'est
pour la même raison que tout à l'heure... Ce n'est pas un
cheval que je connaisse. Comme je sais comment sont faits
les chevaux, je puis très bien m'en représenter un. »

Dans cet exemple, l'image reste générale; cependant,
elle contient beaucoup de déterminations, le cheval est
brun, il n'est pas harnaché, il monte l'avenue Jacqueminot. Malgré ces déterminations, l'image reste générale,
c'est n'importe quel cheval, ce qui veut dire tout simplement que l'image n'est pas un souvenir particulier.

Voilà les faits. Nous les interpréterons dans un instant.

Imagerie provoquée par des noms désignant des personnes ou des objets particuliers

C'est par comparaison avec la série précédente, où nous
avons étudié l'imagerie produite par des noms généraux,
que nous allons chercher ce qui se passe lorsque la pensée
se spécialise sur une personne ou sur un objet. On s'attend
sans doute à un contraste, mais il est moins grand qu'on ne
pourrait le croire. Le plus souvent, quand les deux fillettes sont bien disposées, elles ont une image précise de
la personne qu'on leur nomme, et cette image vient assez
facilement; mais il n'en est pas toujours ainsi. Si on classe
les réponses assez variées qu'on obtient en répétant un très
grand nombre de fois l'expérience, on trouve que cette
classification, la proportion des réponses étant mise à
part, ne diffère point de celle que nous avons faite pour
les idées générales. Ainsi, parmi les différentes réponses,
nous signalerons :

1° L'absence d'images. On pense à la personne et on
n'arrive pas à la voir. Le sujet répond *rien*, exactement
comme dans l'enquête de Ribot sur les idées générales;

2· L'image visuelle typographique. On pense à une personne, par exemple, et on voit son nom écrit ;

3° L'image particulière de la personne ;

4° Une représentation générale.

Ceci nous prouve déjà combien l'image est peu importante, et comme on aurait tort de s'en servir pour distinguer la pensée abstraite de la pensée concrète.

Entrant dans le détail, je passe sur l'absence d'images et sur l'image visuelle typographique, qui ne présentent ici rien de spécial ; je m'arrêterai un moment sur l'image particulière, puis sur l'image générale.

L'image particulière. C'est le plus souvent une série d'images particulières, qui se présentent ensemble ou successivement, et dans lesquelles la personne ou l'objet figure avec des poses diverses et dans des décors différents. Ici se présente un problème assez intéressant. Les psychologues se sont demandé en quoi consiste l'image mentale d'une personne que nous connaissons familièrement, et pour laquelle notre esprit a emmagasiné un grand nombre de perceptions différentes. On a fait surtout une étude théorique de cette question, on s'est demandé ce qui devait être, plutôt que de rechercher tout simplement ce qui est.

Partant de ce principe, qu'un objet perçu un grand nombre de fois laisse comme résidu toute une série d'images particulières, individuelles, on a admis que ces images doivent se combiner entre elles et fournir une image unique, qui serait quelque chose comme une moyenne des images particulières.

L'idée de cette combinaison, qui est toute gratuite, car personne n'a pu l'observer, appartient à Huxley, qui a donné une forme très originale à son hypothèse en comparant la formation des idées générales à ces photographies composites que Galton a obtenues en superposant sur une même plaque les images de plusieurs objets un peu analo-

gues, par exemple plusieurs médailles différentes de la même
effigie, les frères et sœurs d'une même famille, ou plusieurs
malades atteints de la même affection. Ces photographies
sont un peu floues, surtout sur les contours, et on ignore
si elles sont bien réellement des moyennes, ou si au contraire la dernière ou la première image posée ne prend
pas une importance illégitime dans l'aspect d'ensemble.
C'est ce qu'a soutenu dernièrement Nadar. L'explication
de Huxley fut d'abord acceptée avec faveur, généralisée
sans retenue, et finalement elle a été réduite par Ribot à
un rôle plus modeste, consistant à expliquer tout simplement ce que cet auteur appelle les abstraits inférieurs.

Voulant savoir ce qui en était, j'ai demandé à mes deux
sujets, qui n'ont jamais entendu parler d'images composites, de se représenter des personnes connues que je leur
nommais. Je n'ai point rencontré chez elles d'images dans
lesquelles se marquerait avec évidence la combinaison de
plusieurs perceptions différentes. Voici comment les images se sont comportées. Si mon sujet pense à une personne et continue pendant quelque temps à fixer son attention sur cette personne, il se produit une, puis deux, puis
trois images de cette personne, parfois même un plus
grand nombre; dans certains cas, la succession de ces
images est lente, et on peut bien s'en rendre compte; quelquefois aussi, c'est très rapide, c'est comme un tourbillon.
Ainsi quoique la personne soit une, l'idéation n'arrive pas,
par coordination ou autrement, à réaliser ce caractère
d'unité. Les images restent distinctes les unes des autres;
ce sont des visions séparées par des pensées. C'est ce que
nous expliquerons plus loin par des exemples.

Parmi ces images, il en est de deux espèces : les unes sont
datées, elles ont surtout le caractère de souvenirs; tout se
passe comme s'il s'agissait d'un objet qu'on aurait perçu;
les autres sont plus sobres en détail, elles ne sont pas datées,
elles ne sont pas rapportées à une perception particulière.

Etudions les premières images. Je cite à Marguerite le nom d'*Armande*, sa sœur, qui vit à côté d'elle et qu'elle voit continuellement. S'il doit se faire une totalisation d'images, c'est bien pour une personne aussi connue. Il n'en est rien. Marguerite répond : « J'ai vu le mot Armande, cela ne me disait rien du tout. Puis je l'ai entrevue auprès de son piano, puis j'ai vu son nom écrit en bleu pâle ; ou plutôt, ça avait une teinte bleue, mais en regardant de près les lettres étaient un peu noires. » Je dis à Marguerite le nom de Mme L...., paysanne qu'elle connaît bien. Elle répond : « Je la vois sur une photographie. Puis je la vois ensuite avec sa marmotte, comme nous l'avons vue la dernière fois. » Le nom de sa grand'mère donne lieu à la même succession de portraits indépendants : « Je l'ai vue sur la photographie, en noir, sur le banc. Puis je l'ai encore vue avec sa robe de chambre violette et blanche. »

A Armande je demande de se représenter M... : « Je me représente une photographie — et puis ensuite M... dans le petit salon, hier soir, non, ce matin, c'est quand elle est descendue. » Le nom de Mme L... la vieille paysanne lui donne deux images successives : « Je me représente 2 images, l'une vient, puis l'autre. L'une est au carrefour de la Fourche (en forêt), où nous l'avons vue ; l'autre est à la croix (à l'embranchement des deux routes), où elle nous a parlé. — D. Quelle est la couleur de cette image ? — R. A la Fourche, c'était assez vert, et il y avait une route d'un jaune blanc, un peu ensoleillé. La croix, je peux moins donner de détails dessus. — D. Elle remuait, la mère L...? — Oh! tout le temps, elle allait de la croix à la Fourche. » C'est ou une métamorphose ou une substitution rapide.

Marguerite, dans un cas analogue, m'a dit qu'elle voyait bien distinctement les deux images à côté l'une de l'autre. Je lui dis le nom d'une ancienne domestique de la famille, *Clo*. Elle répond : « Je la vois de deux manières, dabord avec son petit chapeau noir, et puis avec son petit tablier et nu-tête. Je remarque surtout ses pommettes un peu saillantes, ses yeux enfoncés et son teint un peu jaune.— D. C'est successif? — R. J'en ai vu un seul (portrait), puis le second est venu et le premier n'est pas parti. — D. Cela veut dire que tu voyais deux *Clo*? — R. Oui, il me semble bien; il y en avait une au-dessus de l'autre; je ne les voyais que jusqu'aux genoux. Celle qui avait le chapeau était en dessus. » J'ai souvent demandé aux deux sœurs si ces images peuvent se fusionner en une seule; elles répondent toujours non, et Armande ajoute que les images sont trop différentes pour se fondre.

J'ai encore interrogé longuement Marguerite sur le mode de formation des images, les unes par rapport aux autres. Je discerne un grand nombre de procédés : d'après l'un, le plus simple, ce sont des images bien séparées qui se suivent et se chassent, s'excluent; elles n'ont aucun rapport les unes avec les autres; d'après un second procédé, une première image est continuée par une seconde; ainsi, on se représente un commencent de chemin, puis on continue le chemin, on en poursuit la visualisation; y a-t-il un autre procédé? J'interroge Marguerite : — « D. Tel détail vu d'abord devient-il plus net? — R. C'est fini pour lui; les choses s'ajoutent, mais lui n'a pas bougé. — D. On verrait, par exemple, une surface indistincte, grise ou verte; puis là dessus, peu à peu, des détails plus précis? — R. Oh! c'est sûrement pas ça. Il s'ajoute des choses nouvelles, mais ce qu'on a vu avant ne bouge pas. »

L'observation de deux sujets ne suffit pas pour nier la possibilité des images composites; elle suffira toutefois pour faire naître un doute, d'autant plus que l'admission de ces images composites est une simple hypothèse qui n'a jamais été démontrée. Il est donc à souhaiter que d'autres auteurs cherchent à faire des observations sur ce point;

seulement je récuse d'avance les observations qu'on ferait sur des sujets avertis et instruits en psychologie.

Représentation générale. — Il arrive assez souvent que mes deux sujets à qui je nomme une personne bien connue s'en forment une représentation générale. J'emploie ce terme comme étiquette, sans y impliquer une théorie quelconque. Dans une expérience, je cite à Marguerite le nom de M... Elle répond : « J'ai vu M... de dos, en robe noire, et j'ai gardé volontairement mon image. C'est M... en général, cela. — D. Pourquoi? — R. Parce que ce n'est pas un moment dont je me souviens. » Exactement même idéation pour B. M ... : « Je l'ai vue sur la photographie, en noir, sur le banc. Puis je l'ai vue avec sa robe de chambre violette et blanche. — D. Ce sont des images particulières ou générales? — R. Celle de la robe violette, je l'ai vue souvent, et je ne peux pas dire le moment qui m'a frappé et que j'ai retenu ». Je cite le nom de Luc, une bonne, et la réponse est assez curieuse : « J'ai vu Luc avec son corsage gris et la figure assez joyeuse ; elle était de trois quarts. Je crois que je l'ai vue une seconde fois quand elle était près de la table, tout à l'heure et baissant la tête en riant. — D. Quelle différence y a-t-il entre ces deux images? — R. Je vois (2e image) Luc comme ça, c'est une position qu'elle avait en particulier ; mais quand je la vois comme la première fois, c'est une position que je sais qu'elle prend, seulement que je n'ai pas remarquée en particulier. — D. Dis encore. — R. (avec embarras) Quand je l'ai vue (Luc), qui avait les mains sur la table, c'est une position qui m'est restée ; quand je me la représente ensuite dans cette position-là, c'est une image réelle. La première image, c'est une chose qui se rapporte à une autre chose, qui a presque un sens ; je peux expliquer pourquoi elle (Luc) était comme ça, ce qu'elle faisait. Tandis que la seconde, je ne sais pas à quoi se rattachait la position qu'elle avait. »

Pensée dont l'objet est un ensemble.

Voici une catégorie importante de pensées auxquelles je crois qu'on peut appliquer le qualificatif de générales, parce qu'elles portent sur un ensemble. Je n'en ai jamais rencontré de cette espèce chez Marguerite; Armande en a fourni plusieurs exemples dans son test sur les 20 mots; elle m'a en outre appris que dans ses rêveries il lui vient beaucoup de pensées analogues. Elle pense, ai-je dit, à tout un ensemble; par exemple l'ensemble de la journée, l'ensemble d'un hiver passé à Meudon; ou le temps écoulé depuis telle époque; elle a une fois aussi pensé à l'ensemble du règne de Napoléon Ier. J'ai malheureusement négligé de lui demander quelles sont les représentations qui lui viennent pendant qu'elle a ces pensées. Il est probable que ce sont des représentations très vagues. Je crois que dans ce cas nous avons un type excellent de pensée générale; elle l'est d'intention, elle l'est par la direction même de la pensée, puisqu'au lieu de s'arrêter à un détail on contemple un ensemble. Mais il est juste d'ajouter que cette pensée ne se conforme pas d'une manière précise à la définition de l'idée générale, qui suppose une multiplicité d'éléments identiques. ✗

CONCLUSIONS ET HYPOTHÈSES

En cherchant à adapter les faits qui précèdent à une théorie quelconque, on arrive à des conclusions qui sont en faveur de l'éclectisme. En effet, si nous mettons à part les images génériques de Galton-Huxley, sur l'existence desquelles il faut conserver des doutes, nous rencontrons chez nos sujets de quoi donner raison à tous les systèmes psychologiques qui ont été imaginés et soutenus : le *nominalisme* sous sa forme la plus tranchée, moyen-âgeuse, le *nominalisme mitigé* des modernes, le *réalisme*, et enfin le *conceptualisme*. La possibilité de systèmes aussi opposés montre en somme que la question des images est moins importante qu'on ne l'a cru pour la formation de la pensée, surtout de la pensée abstraite, et que William James a vu clair, quand il a affirmé qu'on peut penser avec n'importe quelle matière mentale : *Thougt possible in any kind of mental material* (1). C'est ce que je vais essayer de justifier en quelques mots.

Le *nominalisme absolu* peut se considérer comme démontré par les réponses où le sujet, quoique comprenant le sens du terme abstrait, ne se représente rien de sensible ; dans ce cas, qui se réalise bien souvent, le mot prend une importance prépondérante, le mot compris, bien entendu.

Nous admettons également le *nominalisme mitigé*, dans lequel le mot éveille un défilé d'images particulières, ou une image unique, avec le sentiment que d'autres vont suivre. C'est le nominalisme de Taine, par exemple, c'est aussi celui de Fouillée et de bien d'autres.

Il est même possible d'admettre le *réalisme*, puisque la pensée peut se fixer sur des objets extérieurs pris comme ensemble ; une année, une heure, un règne ; des réserves doivent être faites cependant sur l'application du mot généralisation à des cas de ce genre.

Je parlerai plus longuement du *conceptualisme*, car c'est surtout à propos de ce système que les plus durs combats ont été livrés ; on sait que Berkeley est l'auteur d'une charge à fond de train contre le conceptualisme ; il a soutenu que nous ne pouvons pas nous représenter un homme en général, parce que l'homme qu'on se représente est toujours grand ou petit, blanc ou jaune ou noir, et ainsi de suite, et que, par conséquent, l'image sensible ne peut

---

(1) *Principles of psychology*, I, 265.

pas être générale. L'argument paraît formidable, il n'est que spécieux. Si, au lieu de faire de la logique, Berkeley avait fait des observations psychologiques, il aurait vite remarqué son erreur. Nous avons vu deux circonstances au moins — et il y en a probablement davantage — où une image n'est pas particulière : 1° l'image est précise, mais notre esprit se sent incapable de l'attribuer à un fait ou objet particulier, parce qu'elle manque d'éléments qui permettent de les particulariser, de la dater, de la rapporter à une perception individuelle ; c'est, par exemple, une image de la Vénus de Milo, qui apparaît sans décor la circonscrivant, qui est quelconque. La signification de l'image est négative.

L'esprit, mis en présence de cette image, peut lui dire : vous ne me rappelez rien de particulier, je ne puis pas vous rattacher à une perception qui aurait lieu tel jour, vous manquez de réalité concrète, vous êtes une image incomplète. C'est donc bien une image abstraite, si par là on entend une image appauvrie des éléments qui permettraient de la particulariser. C'est pour des raisons sensorielles qu'elle est abstraite.

2° Dans d'autres circonstances, l'image n'est pas précise, et c'est son défaut de précision qui empêche de la rapporter à un événement antérieur, et de la particulariser. Je crois que nous pouvons nous représenter un homme qui ne serait ni petit, ni grand, ni blanc, ni jaune, ni etc. Chez un de mes sujets, nous avons vu se réaliser spontanément une image, qui a la même imprécision : une dame qui est habillée, mais on ne peut pas dire de son costume s'il est blanc ou noir, clair ou foncé ; c'est bien là un *experimentum crucis* qui répond au défi de Berklley.

Tout ceci nous montre qu'une image sensible peut se prêter à un acte de généralisation, quand elle ne contient pas en elle-même une particularisation précise. Je ne pense pas que les images de ce genre sont dues à plus de réflexion, d'élaboration que les images concrètes ; dans un acte d'idéation, elles précèdent plus souvent qu'elles ne suivent les images plus détaillées.

Maintenant, de telles images constituent-elles en elles-mêmes une pensée générale ? Je ne le crois pas ; pour qu'il y ait pensée générale, il faut quelque chose de plus : un acte intellectuel consistant à utiliser l'image. Notre esprit, s'emparant de l'image, lui dit en quelque sorte : puisque tu ne représentes rien en particulier, je vais te faire représenter le tout. Cette attribution de fonction vient de notre esprit, et l'image la reçoit par délégation. En d'autres termes, la pensée du général vient d'une direction de la pensée vers l'ensemble des choses, c'est, pour prendre le mot dans son sens étymologique, une *intention* de l'esprit.

En fin de compte nous voyons que tous les théoriciens de la généralisation ont eu raison ; s'il existe une âme de vérité dans les systèmes les plus opposés, c'est que les formes d'images dont la pensée se sert pour arriver au général ne sont qu'un accessoire ; la pensée générale n'est expliquée, à proprement parler, ni par le nominalisme, ni par le réalisme, ni par le conceptualisme, mais bien, qu'on me passe ce mot nouveau, par l'*intentionisme*.

CHAPITRE IX

L'Imagerie spontanée et l'Imagerie volontaire

Galton, l'anthropologiste anglais, a écrit un livre de psychologie [1]: *Inquiries into Human Faculties*, qui sera toujours consulté pour l'étude de l'idéation ; ce livre n'a pas l'aspect brillant d'une étude synthétique, c'est une série d'observations, de valeur inégale, sur des questions très particulières ; quelques-unes sont insignifiantes, d'autres ont la plus haute valeur.

Ainsi, à propos du pouvoir de l'imagination, Galton a signalé comme en passant ce fait que certaines personnes sont capables de modifier à leur gré leurs images mentales, tandis que d'autres personnes n'ont pas ce pouvoir.

Il cite quelques exemples curieux de ce pouvoir de l'imagination, mais n'insiste pas. Il n'a point vu toutes les conséquences de la question. C'est pour lui une particularité de l'imagination, comme, par exemple, l'audition colorée ou les schèmes visuels qu'il a été le premier à signaler à l'attention des psychologues. Moi-même, en reprenant son idée, j'ignorais combien elle était féconde, et je ne me rends pas du tout compte pour quelle raison je l'ai reprise, car je ne trouve rien dans les documents que j'ai recueillis jusqu'ici chez mes deux jeunes filles qui m'indiquât qu'elles ont un pouvoir différent de l'imagination. C'est une curieuse leçon pour nous. On peut, pendant une année, analyser assidument la structure d'un esprit sans s'apercevoir d'une propriété mentale de prime importance, que l'échange fortuit d'une question et d'une réponse suffit à découvrir en moins d'une minute.

Je vais donc parler en détail du pouvoir de la volonté sur l'imagerie mentale. Lorsqu'on étudie l'origine d'un phénomène psychologique dans ses relations avec la personne de celui qui l'éprouve, on voit que trois sortes d'origine sont possibles : le phénomène peut être spontané, ou volontaire, ou en opposition avec la volonté.

Parmi les phénomènes spontanés, je citerai la rêverie; on peut parfois, par un acte de volonté, se mettre à rêver; mais le plus souvent l'origine de la rêverie est spontanée.

Un autre phénomène spontané est la division de conscience qui se produit parfois pendant qu'on lit; les yeux continuent à lire machinalement, la pensée est ailleurs. Cette division se fait spontanément; il m'est impossible de la provoquer pleinement par un acte volontaire, et tous ceux que j'ai interrogés et à qui j'ai demandé de faire l'épreuve devant moi ont échoué, malgré les divers artifices qu'ils employaient.

Les phénomènes volontaires sont ceux qui se produisent à la suite d'une réflexion; c'est par là qu'ils s'opposent aux phénomènes spontanés. La définition des phénomènes contraires à la volonté ne demande aucune explication (1).

Dans les expériences précédentes, nous avons vu, à propos des images, que les unes naissent spontanément, et d'autres sont cherchées, et par conséquent voulues. Nous allons étudier chez nos deux sujets quelles différences présentent ces deux modes de formation des images.

Voici le compte-rendu textuel des observations.

Je dis à Armande (18 sept.) : « Je vais te demander de te représenter, les yeux fermés, une chose quelconque, puis d'y faire les additions que je t'indiquerai; et tu me diras si tu y réussis, si la transformation est nette, et

---

(1) La définition du phénomène volontaire que donne la psychologie n'a rien de commun avec la définition juridique et sociale.

combien de temps il te faut pour la réaliser. » J'insiste un peu sur cette explication première; puis nous commençons. Je donne intégralement notre conversation, puisque ce n'est que par là qu'on peut se faire une idée des modifications que subit l'idéation d'Armande.

« D. Représente-toi un singe qui fume sa pipe. Peux-tu? — R. Difficilement. Je me représente le singe du Bas-S... (souvenir). — D. Veux-tu lui mettre un chapeau haute-forme? — R. C'est plus difficile. Oh! non, je ne vois même plus le singe. — D. Représente-toi Mme Lé... (une paysanne du pays). Tu peux? — R. Oui, très bien, je la vois devant sa porte, parlant avec une autre femme. — D. Représente-la-toi assise, jouant aux cartes avec Lu... — R. Non, je ne peux me la représenter que debout. Je me représente Lu..., mais pas elle. — D. Assieds-la dans l'herbe. — R. Il n'y a pas moyen. Je ne peux pas m'imaginer quand on me dicte. — D. Pense à M. B... (vieil habitant du pays). — R. Ah! je vois la mère L... assise, maintenant, seulement, elle découpe à manger. Non, je ne me représente pas bien M. B..., je vois son jardin, mais pas lui. — D. Tu ne le vois pas encore? — R. J'entends plutôt sa voix. Oui, je le vois un peu dans le jardin qui monte. Je te vois avec lui. — D. Bien, fais le monter à bicyclette. — R. Alors, je me le représente comme un maître d'école (souvenir d'un maître d'école qu'elle a vu à bicyclette). Non, je ne peux pas... je le vois tombant. — D. Pense à notre jardin de M... Une grande troupe de chiens se bat sur la pelouse; ça va? — R. Je ne sais pas, il y a une peau de lapin qui y est mêlée... J'ai d'abord pensé près de Brolle, les chiens... (souvenir), puis j'ai pensé à une gravure qui représentait un enfant qui se battait avec un loup... il y avait un manteau, ou bien c'était le loup qui ressemblait à une peau, et la peau du loup s'est mise à se démener sur notre pelouse. » On voit combien le développement de cette imagerie est involontaire. Armande ne réalise pas ce que je veux, et, de plus, elle réalise ce qu'elle ne veut pas. Supposant qu'Armande était surtout indocile à mes suggestions, je lui demande le lendemain : — D. Est-ce que tu pourrais faire ces transformations, volontairement, si tu en avais l'idée toi-même? — R. Non, c'est le hasard qui dicte ce que je dois voir. Ce n'est pas moi du tout. Je ne peux pas volontairement me représenter telle chose, même si cette idée vient de moi. — D. Veux-tu essayer? — R. Oui... c'est que quand je veux m'imaginer, je ne m'imagine rien du tout. Je me représente la rue Grande à Fontaibebleau, quand nous passions à bicyclette avec M... Je voudrais voir Marguerite tombant de bicyclette... Je ne peux pas la voir... Je veux me représenter la croix de Toulouse... J'y parviens un peu. — D. Transforme. — R. Oh! malgré moi, ça change... Je vois une vieille mansarde avec des murs blancs, et une vieille femme qui est devant la cheminée à se chauffer les pieds. — D. Transforme.— R. je voudrais m'imaginer qu'elle se lève... Non, elle reste assise. — D. Demande-lui autre chose. — R. Qu'elle batte dans ses mains! Je ne peux pas, elle est trop paisible ; qu'un chat vienne se frotter contre sa chaise?... Je vois un chat... il reste au milieu de la pièce... il vient se frotter contre une autre chaise... Maintenant ça disparaît... Je voudrais me représenter le bois d'Elennemare... là, ça y est... Je voudrais me représenter un bœuf attelé à une voiture qui passe... Je ne peux pas... Je vois le bœuf sur le pont de Fontainebleau. — D. En somme, tu ne peux pas conduire ton image à ta volonté? — R. Je puis me représenter les objets que je désire, seulement ils sont à d'autres endroits. »

Ce serait exagéré de dire qu'Armande ne commande pas du tout son imagerie. Elle est capable de se représenter ce qu'on lui dit ou ce qu'elle veut; mais la représentation n'est jamais complète, elle boite par quelque endroit, et, de plus, elle contient maint détail qu'Armande n'a ni prévu, ni désiré.« C'est le hasard, dit-elle,qui dicte ce que je dois voir. »

L'idéation, chez Marguerite, est au contraire remarquablement docile aux ordres de la volonté. Je lui donne la même explication qu'à sa sœur, et aussitôt la conversation s'engage (18 sept. 19...) (1).

« D. Ainsi, représente-toi une singe qui fume sa pipe. Peux-tu? — R. Oh! oui. — D. Veux-tu lui mettre un chapeau haute forme? Tu peux? — R. Oh! oui. — D. Comment as-tu fait? — R. Je n'en sais rien. Je me suis représenté un singe que je connaissais déjà, que j'ai déjà vu. — D. Représente-toi Mme Lè... Tu peux? — R. Oh! très bien. — D. Assise, jouant aux cartes avec Lu... Tu peux? — R. Oh! oui. De profil à droite, et Lu... un peu penchée vers la table. Elle a l'air très sérieux. — D. Assieds-la dans l'herbe. Tu peux? — R. Oui, à la Fourche, de face, contre un arbre, comme nous l'avons vue. — D. Pense à M. R... Tu peux? — R. Oui. — D. Donne des détails. — R. Je pense quand il était assis sur le tabouret de piano, qu'il a cassé. — D. Fais-le monter à bicyclette. Tu peux? — D. Oh! très bien. Seulement, je te vois à côté, courant après, vers la maison d'Annette, allant vers la forêt. — Pense à notre jardin de M... Une grande troupe de chiens se bat sur la pelouse. — R. Çà, c'est plus compliqué... Ce n'est pas très net... C'est un peu un fouillis informe. — D. Donne des détails. — R. C'est très peu net. »

Le lendemain, je demande à Marguerite si elle peut choisir elle-même d'avance les transformations qu'elle fera subir à son image. Elle est étonnée de ma demande, tant la chose lui paraît facile. On fait l'essai. — « R. Le singe. Je peux très bien le voir avec un petit paletot... sans chapeau, ni pipe. — D. Transforme encore. — R. Je ne vois

(1) L'expérience sur les deux sœurs a été faite successivement sans désemparer, pour éviter toute confidence et indiscrétion.

pas ce qui peut m'arrêter : il peut faire tout ce qu'il veut, ce singe. Quand on lui présente une canne, il se précipite dessus. — D. Transforme la mère Lé... — R. Quand elle marche dans la rue avec son panier à la main. Il me semble que je la verrais très bien pendue à un arbre pour attraper des cerises, ou bien conduisant son âne. — D. Bref, tu peux te représenter à peu près tout ce que tu veux? — R. A peu près, oui. »

Ainsi, il n'y a pas de différence entre le cas où c'est Marguerite qui a l'idée d'une représentation et le cas où c'est moi qui lui souffle cette idée ; quelle que soit l'origine de l'idée, Marguerite réalise avec la même facilité, semble-t-il, sa représentation. C'est juste le contraire d'Armande. Armande ne peut se représenter clairement et nettement une image ou une modification d'image ni par mon ordre ni par le sien ; ou, du moins, la réalisation est toujours incomplète, et Armande s'en aperçoit bien. Il serait difficile de trouver un contraste plus grand que celui que nous présentent ces deux sœurs. Là où Marguerite déclare : « c'est très facile, » Armande dit : « je ne peux pas y arriver. »

Avant de tirer des conclusions sur ce pouvoir si différent de l'imagination, je vais rendre compte d'une autre observation que j'ai faite du reste après la précédente sur Armande et sur Marguerite. Dans ce second interrogatoire, je voulais connaître les transformations involontaires, spontanées, des images, lorsqu'on n'intervient pas pour les modifier, et qu'on se laisse aller au cours de ses pensées. J'ai donc prescrit à mes deux sujets de choisir une représentation quelconque, puis de fixer son attention dessus, et d'observer toutes les transformations que l'image pourrait subir spontanément, en dehors de la volonté. Il fallait garder les yeux fermés, pour mieux concentrer son attention, et il fallait aussi me décrire les transformations d'image, à mesure qu'elles se produiraient.

Voici ce qu'Armande a dit, et ce que j'ai noté en l'écoutant. Elle a les yeux fermés. La succession d'images a été très rapide : « Je vois le salon de M... — il n'arrive rien, c'est si calme! — Ça ne continue pas. — Je vois un drapeau — qui me fait penser à une grande plaine où il y a un bastion (le bastion des Trois-Mousquetaires). — — Je vois la place près de J... (marchand de bicyclettes à F...). Ça brille beaucoup, je mène ma bicyclette à réparer. Je vois des poissons accrochés, je ne sais pas où. — Rien.— Dans la rue Grande, Camille arrivant et tombant de bicyclette. — Je vois la gare de M..., près du pont. — Je vois très bien un parapluie. — Rien. — Un jeu de quille devant la fenêtre de notre maison à Saint-V... — La maison fait une ombre très noire qui se projette très loin sur le quai. — Pas une idée ne se suit — c'est comme haché. (Après réflexion, ouvrant les yeux.) Je vois le tableau d'une ville, une rue, une place, et tout d'un coup, à la place, je vois autre chose. — D. Ce n'est pas une transformation ?—R. Non. Ce n'est pas une transformation. Ça a l'air de se mettre devant, et le fond a l'air de s'effacer. » Le lendemain, je l'interroge longuement, et elle m'apprend que ces défilés d'images lui sont familiers, viennent l'assaillir pendant qu'elle est toute seule à rêvasser, et qu'elle a les yeux ouverts; les images se succèdent rapidement, elles sont différentes, et Armande ne s'attend pas une seconde auparavant à celle qui lui apparaît. Ce défilé l'amuse; mais parfois, pendant une occupation sérieuse, quand elle apprend par cœur, cette prolifération la gêne. « Il faut alors, dit-elle, que je tâche d'avoir des images de ce que j'apprends, que je me représente ce que signifie un vers, pour chasser les autres images. Mais le plus souvent ce sont des pensées et non des images. Je pense à des choses que je ne vois pas. »

Bien qu'il semble facile de faire ces analyses psychologiques de l'idéation, car elles exigent seulement du papier, de l'encre et un peu de complaisance, j'en ai rarement rencontré des exemples dans la littérature.

Le seul exemple que j'en connaisse a été donné par Galton et je l'ai reproduit dans ma *Psychologie du raisonnement* (p. 104). C'est une observation qu'un clergyman a faite sur lui-même. Il raconte que, fermant les yeux, il voit une série d'images, qui se succèdent ; ces images procèdent directement les unes des autres ; elles se transforment, au sens réel du mot. Chez Armande, comme elle le dit elle-même, l'image ne se transforme pas ; il y a un défilé d'images différentes, qui se chassent. Je ne crois pas cependant qu'on puisse affirmer qu'il y a toujours succession et jamais métamorphose. Le lendemain, j'ai répété l'épreuve, en priant Armande de bien vouloir coter ces images, car je supposais qu'elles devaient être très intenses, mais je me trompais. Voici cette nouvelle série :

(Elle ferme les yeux)... « Je vois un caniche qui fait le beau — seulement il se transforme en un dessin de tapisserie... Je le vois avec les yeux sans le penser... Je ne sais pas comment le faire — D. Choisis une première image, et puis vois ce qu'elle devient. Par exemple, l'église de M...—R. Je vois surtout le bijoutier d'en face —je vois toujours la place sans que ça change... il y a un chien qui traverse dans le lointain, maintenant je vois des petites maisons sur une route isolée. C'est imaginaire... Je vois une quantité considérable de parapluies. — Je vois une vieille gravure (ici des détails que je n'ai pas eu le temps de marquer). — maintenant je me représente la broderie de Marguerite. Oh ! elle s'amplifie, cette broderie, elle devient immense... Je vois un panier sur une chaise... — D. Essaye de coter cela comme intensité. — R. Je ne me souviens plus. — D. Les maisons sur la route isolée ? — R., 5 à 8. — D. La quantité de parapluies ? — R. Oh ! 3 — D. Souvenir de gravure ? — R. 6. — D. Et puis, qu'y avait-il après ? — R. Je ne me souviens pas... une broderie de Marguerite, 10. »

Cette seconde série d'images a été donnée environ en 2 minutes. Armande ne parle pas continuellement, elle note ce qu'elle voit, puis se tait : et son silence est figuré dans le texte précédent par un trait. On ne peut se défendre d'une comparaison. Cette succession d'images visuelles ressemble beaucoup à ces « dissolving views » obtenues en projetant sur un écran avec une lanterne, une première image, puis une seconde image, qu'on éclaire progressivement pendant qu'on obscurcit la première. Ce n'est là qu'une comparaison bien incomplète avec un phénomène tout physique ; et cependant cette comparaison me paraît juste aussi comme impression morale. Armande est bien devant son image mentale comme si elle était assise devant l'écran du cinématographe; je suppose qu'on lui demandât de décrire ce qu'elle verrait pendant les projections, elle ne parlerait pas autrement que lorsqu'elle analyse sa pensée.

Rappelons-nous certaines de ses expressions. « Je vois toujours la place sans que ça change... il y a un chien qui traverse dans le lointain. » N'est-ce pas une description bien cinématographique? J'entends par là une description d'images qui semblent extérieures à l'esprit d'Armande. Autre comparaison, aussi nécessaire que la précédente. L'idéation d'Armande rappelle les exercices de *cristal-vision*. On sait en quoi ils consistent. Une personne douée pour cela — j'ignore si tout le monde y est apte — regarde longuement avec fixité une surface brillante, par exemple une facette de cristal taillé, ou une boule de verre; au bout de quelque temps de contemplation, le sujet voit se former dans le cristal de petites images, qu'il décrit comme des tableaux d'un détail très fini, et de couleurs brillantes ; ces images sont des objets de fantaisie, ou bien au contraire elles retracent des scènes de la vie passée du sujet. Leur caractère essentiel, c'est qu'elles se développent en dehors de sa pensée volontaire ; il y assiste en spectateur, il ne les appelle pas, ne les modifie pas volontairement. Il y a une littérature très abondante sur ces exercices de *cristal-vision*. On la trouvera presque entièrement réunie dans les curieux *Proceedings of the Society for Psychical Research*, de Londres. Si ces exercices ont été pratiqués avec tant d'assiduité, surtout par des dames anglaises, c'est parce qu'il s'y attachait un intérêt pour cette chasse au surnaturel qui a séduit tant d'esprits en Angleterre. On a trouvé dans le *cristal-vision* une méthode pour fouiller le domaine de la sous-conscience, méthode comparable à celle de *l'écriture automatique*. On a constaté, ou cru constater, que, parmi ces images, il y en avait de prophétiques, qui figuraient des événements à venir ; d'autres faisaient revivre des souvenirs complètement effacés, ou pouvaient apprendre des faits entièrement ignorés, par exemple la place d'un objet perdu. La préoccupation du surnaturel a détourné les esprits de la psychologie de ces images spéciales, de même que le culte du spiritisme n'a point porté les adeptes à étudier l'état mental des médiums ni le mécanisme de leurs mouvements.

J'ai donc été un peu étonné de rencontrer chez Armande, qui n'a jamais lu d'études de ce genre ou entendu parler de *cristal-vision*, une idéation ayant un caractère aussi particulier. J'ai cru d'abord qu'en fermant les yeux et en formant ces séries d'images elle se mettait sans le savoir dans un état un peu artificiel ; mais elle m'a assuré que c'est là sa manière habituelle de penser, quand elle pense avec des images.

Passons maintenant à Marguerite ; si elle s'applique à une représentation mentale, elle en perçoit bien le détail, et cette image a une grande netteté, puisque Marguerite lui attribue souvent la vivacité de la sensation réelle ;

mais cette image ne change pas, elle reste fixe et Marguerite est bien étonnée que je lui parle de transformations spontanées. Voici le dialogue. Elle choisit comme image la représentation du jardin voisin et de ce qui s'y passe. —
« R. La construction des T ... à côté ? — D. Bien. — R. Le père T... se promène dans le jardin et surveille ses ouvriers. Il y a des tapisseries au fond. Mais ce n'est pas une scène qui peut changer beaucoup. Je vois toujours la même chose... Un ouvrier qui tient une grande planche. Je ne sais plus quoi dire. — D. Regarde ton image. — R. Elle ne change pas. — D. Veux-tu en prendre une autre? — R. La foire de S... — Je ne vois pas ce que tu veux dire. Que veux-tu que je dise de plus? — D. Est-elle remplacée par autre chose? — R. Mais non (un peu impatientée), pas du tout. — D. Alors elle reste toujours pareille? — R. C'est plutôt dans les rêves que ça change... Mais quand on y pense, ça ne change pas beaucoup. — D. Je ne me suis pas bien expliqué peut-être. En pensant à une image, comme la fête de S..., n'y a-t-il pas une autre pensée, une autre image qui vient la changer, l'effacer, la remplacer? — R. Non, pas du tout. — Enfin, de la fantaisie, tu comprends? — R. Oui, mais il n'y en a pas. — D. Veux-tu m'en prendre une autre? — R. La promenade à bicyclette à Ury. Mais c'est difficile... Le pont de... — D. Penses-y et dis-moi ce qui se passe dans ton esprit. — R. Il ne peut pas changer... eh bien, je vois le trolet, les voitures qui vont et qui viennent. — D. Est-ce que ça change? — R. Mais c'est toujours la même chose... Je ne comprends pourquoi tu me demandes ça... C'est toujours le pont de Fontainebleau. »

Ainsi, Marguerite exerce une action volontaire très forte sur ses images ; mais en revanche ses images n'ont pas une vie propre ; elles ne changent point, tant que Marguerite n'intervient pas elle-même pour les modifier.

Tout ce qui précède peut se résumer simplement en

disant que ce qu'il y a de plus développé chez Armande, c'est l'imagerie spontanée, et chez Marguerite l'imagerie volontaire. Armande a la conscience très nette que lorsqu'elle pense, lorsqu'elle fait un travail de réflexion, ce travail peut se composer de deux parties, une partie image, qui a lieu involontairement, et une partie de réflexion, qui est tout à fait son œuvre. Voici en effet comment elle trouve les 20 mots à écrire dans une expérience que j'ai décrite longuement : « Je cherche et je vois des images qui défilent devant moi comme quand je n'ai rien à faire. Alors je vois une image, et je réfléchis que je peux prendre un mot qui s'y rapporte. Je vois un œil, et j'écris regard. Si je vois une forêt avec le ciel, un ensemble, j'écris paysage, et s'il y a de l'eau j'écris liquide — « D. Alors l'opération se compose de deux parties — R... (interrompant). D'une partie qui m'apparaît sans que je cherche et j'arrange ça avec des réflexions pour en tirer des mots. — D. De ces deux parties, y en a-t-il une qui est plus volontaire que l'autre ? — R. Mais il y en a une qui est involontaire, puisque c'est malgré moi que les images arrivent. L'autre est naturellement la plus volontaire. » J'aurais pensé qu'il en est de même pour les images auditives, et qu'Armande pouvait bien entendre des paroles, comme cela arrive, par exemple, à Curel quand il compose (1), mais Armande m'a assuré qu'elle n'entend rien, que c'est « elle qui parle pour ses images ».

Les explications données par Marguerite pour ses images visuelles sont toutes différentes : elle a, dit-elle, pendant un travail intellectuel, des *réflexions imagées* (le mot est d'elle), mais ces images lui paraissent toujours volontaires : elle a conscience de les chercher, de les provoquer, elle n'est point étonnée de leur apparition. Sa personnalité psychique paraît donc plus cohérente, mieux

(1) *Année psychologique*, I, p. 119.

cordonnée que celle d'Armande ; la volonté joue chez elle
un rôle plus grand.

J'ai essayé de faire des observations analogues sur d'autres
personnes, mais je n'ai point obtenu des résultats aussi
précis ; ces personnes n'arrivaient pas à se rendre compte
si le développement de leurs images se faisait volontairement ou non ; et, de plus, le développement était toujours médiocre, insignifiant. Ainsi Cam.., jeune fille sans
culture, cuisinière de son état, arrive à se représenter
très nettement une route connue ; je lui demande de continuer à regarder mentalement la route pour voir ce qui
s'y passera ; il ne s'y passe rien de bien remarquable ;
elle voit un omnibus, des voitures, des gens qui cueillent
des fleurs sur le bord de la route. Cela ne ressemble en rien
au développement des images d'Armande ; et Cam... me
répond tour à tour qu'elle produit volontairement les images, ou que les images se produisent toutes seules. Même
incertitude en interrogeant Mlle C..., artiste peintre, de 40
ans, femme intelligente et cultivée qui, malgré son choix
d'expressions artistiques, ne dit rien de plus clair que C..., la
cuisinière. Je cite ces faits pour prévenir ceux qui pense-
raient que l'étude de l'imagerie involontaire chez les gens
éveillés est chose facile ; c'est une dissection mentale qui
demande des sujets de choix.

CHAPITRE X

Des phrases

Au lieu de faire écrire des mots sans suite, faisons écrire des phrases. Ce n'est plus du tout la même expérience. Lorsqu'on écrit des mots sans suite, on n'est pas obligé de lier ses idées, on se contente d'idées plus ou moins incohérentes ; tandis que lorsqu'on compose une phrase qui a un sens, on est obligé de faire un peu de logique, à moins, bien entendu, qu'on se contente de reproduire une phrase apprise par cœur, ou de paraphraser un lieu commun. Il était intéressant de savoir ce que cette expérience nouvelle donnerait avec nos deux sujets habituels. L'une des fillettes est toute observation et mémoire précise ; l'autre a plus d'idées vagues et de fantaisie; c'est ainsi qu'elles se sont montrées à nous, quand nous avons analysé les mots qu'elles écrivaient. Retrouverons-nous le même type mental dans des phrases complètes?

Le travail intellectuel qu'on peut susciter avec des phrases est très divers ; on peut soit faire écrire des phrases entières, soit faire terminer des commencements de phrase, soit faire mettre une fin à des commencements de phrases, soit faire remplir des lacunes, soit faire composer des phrases avec quelques mots donnés. Je n'ai tenté que deux de ces expériences ; j'ai fait écrire des phrases entières, et j'ai fait terminer des phrases commencées.

1° Phrases à écrire.

Je dis à chacun de mes sujets, après l'avoir fait asseoir : « Veux-tu écrire une phrase quelconque, n'importe laquelle ? » Je suis assis à quelque distance, trop loin pour voir ce qu'on écrit. La fillette est parfois un peu étonnée, elle me regarde, voudrait me poser une question, mais elle sait que je ne réponds jamais à ses demandes, elle réfléchit, hésite et finalement commence à écrire. Je note discrètement la durée de l'hésitation, c'est-à-dire le temps qui s'écoule entre le moment où on reçoit l'invitation à écrire et le moment où on commence à écrire ; je note également la durée de rédaction. Quand la phrase est complètement terminée, je m'abstiens de la lire, pour ne pas effaroucher la pudeur littéraire des fillettes et je demande une seconde phrase n'ayant pas de rapport avec la première ; je note encore, comme ci-dessus, la durée de l'hésitation et la durée de l'écriture. Après la 2e phrase écrite, j'en demande une 3e et ainsi de suite. Cette épreuve est répétée 10 fois dans les mêmes conditions ; elle n'a provoqué aucun agacement, mais seulement un peu d'impatience de la part de Marguerite, qui avait hâte de sortir pour faire une course à bicyclette. L'épreuve a eu lieu le jeudi 8 octobre, entre 9 heures et 10 heures 1/2 du matin, sur chacun de mes sujets pris isolément. C'est la première fois que je les soumets à cette épreuve.

Marguerite et Armande ont donné des résultats très différents. D'abord, Marguerite hésite toujours un peu avant d'écrire ; voici ses temps d'hésitation comparés à ceux de sa sœur, qui est beaucoup plus rapide.

Temps d'hésitation

Marguerite : 30″ — 0 — 20″ — 45″ — 0 — 30″ — 10″ — 50″ — 30″ — 20″.

Armande : 0 — 0 — 5″ — 5″ — 5″ — 0 — 30″ — 0 — 5″ — 8″.

La différence est extrèmement nette, et montre chez Armande une grande supériorité dans la vitesse d'idéation. Il ne faut pas prendre au pied de la lettre les temps égaux à 0 ; car ces temps ont été pris avec une montre à seconde, et ne sont exacts qu'à une seconde près ; de plus, le sujet commençait à chercher sa phrase pendant que je lui disais : « veux-tu écrire la 5e ou la 6e phrase ? » Enfin il est arrivé souvent, Armande me l'a appris, que, même en écrivant une phrase, elle avait déjà la pensée de ce qu'elle écrirait pour la phrase suivante. Ces diverses circonstances montrent la difficulté qu'il y aurait à prendre une mesure exacte du temps de réaction pour l'idéation, dans les expériences du genre de celle que je décris. Ce qu'il suffit de souligner pour le moment, c'est qu'en moyenne Armande est 4 ou 5 fois plus rapide que sa sœur ; il lui est arrivé pourtant une fois de chercher pendant 30 secondes avant de trouver une idée de phrase. Je note aussi qu'Armande a le développement plus court ; la moyenne du nombre de ses mots, pour 10 phrases est de 12, celle de Marguerite est de 24, juste le double. Nous pourrons du reste remarquer dans toutes les épreuves que Marguerite a le développement plus abondant que sa sœur.

Mais ce sont là des questions moins importantes que le contenu de phrases écrites.

Les phrases de Marguerite ont toutes les pieds par terre ; ce sont ou des souvenirs datant de la veille, ou des allusions à des faits récents, ou des réflexions sur des faits récents. Marguerite n'est donc pas allée chercher bien loin ses inspirations ; elle reste dans le domaine de ses pensées habituelles, elle reste ce qu'elle s'est montrée dans

---

(1) Une fois, au moment où Armande allait écrire, je lui ai dit de changer de sujet de phrase, ce qu'elle fait aussitôt ; elle a eu une hésitation de 5 secondes.

l'épreuve sur les mots, très attachée au monde extérieur, à la réalité tangible ; esprit d'observation et mémoire, voilà ce qui domine sa psychologie dans la composition des dix phrases.

Je vais du reste en analyser quelques-unes.

Première phrase écrite par Marguerite. — P... nous avait permis hier d'aller chercher ce matin un porte-plume à la ville, à bicyclette, mais je n'ose plus redemander la permission, A... et moi nous sommes bien ennuyées.

Cette phrase contient deux parties : d'abord le souvenir exact d'un fait récent, puis la constatation d'un état d'esprit actuel. Il s'agit de faits réels, journaliers, et le tout a une forme pratique.

2e phrase. — Gyp a très bien aboyé hier au soir, lorsque A... frappait aux volets, nous sommes dans l'espérance qu'il deviendra un bon chien de garde.

Cette seconde phrase est le rappel d'un fait de la veille. On vient d'acheter un chien, et on a frappé le soir aux volets de la pièce où il est enfermé pour savoir s'il aboierait au bruit. Encore un fait de la vie réelle, qui est exposé avec simplicité. La troisième phrase est du même genre ; je ne la publie pas parce qu'elle contient des faits personnels d'un intérêt médiocre, et qu'il serait trop long d'expliquer. Je transcris les phrases 4, 5, 6, 8, 9, 10.

Ce matin, P... m'a dit de venir immédiatement après mon petit déjeuner pour faire des expériences.

Je me demande qu'est-ce que me dira P... lorsqu'il aura lu ma première phrase.

Comme cette pauvre Armande doit s'ennuyer en m'attendant pour aller à bécane !

L'autre jour nous sommes allées avec M... chercher des rouleaux neufs chez P....

Nous allons aller déjeuner avec P... chez Bonne-Maman, et nous espérons aller après à l'Exposition.

P... m'a promis que c'était là, la dernière phrase, seulement

P... ne m'a pas permis cette course à bicyclette (ou du moins n'en a point parlé.)

Toutes ces phrases sont du même genre; ce sont des affirmations, ces affirmations sont relatives toujours à des faits exacts; il y a des souvenirs récents, ou des dispositions du moment. Je ne pense pas forcer les conclusions en disant que Marguerite reste ici fidèle à son type; cette abondance de souvenirs récents, elle l'a montrée dans la recherche des mots; en outre, quand on l'obligeait à écrire des mots, elle nommait des objet présents; ici, il est vrai, on ne trouve pas une seule phrase de description des objets présents. L'inspiration est un peu différente; ce que Marguerite exprime avec insistance, c'est sa préoccupation actuelle; elle a fort envie de faire une course à bicyclette, et revient sans cesse à ce désir, qu'elle exprime de toutes les façons. Peut-être faut-il attribuer à cette circonstance le tour particulier que ses idées ont pris ce matin-là; en tout cas, si ce n'est pas là, à proprement parler, une tendance à observer les objets du milieu extérieur, c'est au moins une tendance à vivre de la vie réelle et actuelle, et il me semble que ces deux tendances ont quelque analogie : c'est de l'esprit positif et pratique.

Le contraste avec Armande est amusant. Armande n'a écrit que des phrases d'imagination, il n'y a dans cette littérature aucun rappel de la vie réelle de cette fillette; on ne saurait y trouver aucune idée de ce qu'elle est ni de ce qu'elle fait. Quelques-unes de ces phrases sont banales, d'autres me paraissent poétiques, pittoresques, et réellement assez bien réussies. Je reproduis la série entière; je n'y ajoute aucun commentaire, il n'y a rien à expliquer, puisque tout cela est faux.

Dix phrases écrites par Armande. — Le soleil brille et les moutons paissent dans la prairie.

Une voiture s'arrêta brusquement devant l'église.

Dans un grand parc, à l'ombre des arbres, on peut s'asseoir.

Sur les flots, on voit dans le lointain de petites barques secouées par le vent.

Il neige, et les toits sont tout couverts de son grand manteau blanc.

L'aube naît, les oiseaux chantent, les fleurs s'entr'ouvrent.

De la pauvre maison au toit démoli, on entend les gémissements.

En passant dans les bois, j'ai vu un oiseau tombé de son nid.

Les parapluies s'ouvrent, la pluie commence à tomber et mouille les rues et les jardins.

Il est nuit, quelques étoiles brillent discrètement dans la nue, la lune tremblante se cache sous un nuage.

On le voit, les inspirations des deux sœurs sont absolument différentes. Cependant, ce qu'on découvre ici chez Armande n'est point tout à fait ce qu'on avait observé avec le test des 20 mots. Nous avions vu chez Armande, comme contraste avec sa sœur, des idées vagues en abondance et quelque peu d'images fictives ; les souvenirs et les observations des objets présents étaient au second plan ; dans les phrases qu'elle vient d'écrire, on trouve encore l'effacement complet des souvenirs et des objets présents ; on remarque aussi l'absence de préoccupation personnelle ; les idées vagues, à demi inconscientes, ont aussi disparu, et c'est bien logique ; car on n'écrit pas de phrases sans y penser un peu ; c'est un éveil de l'attention qui diminue nécessairement le domaine des phénomènes inconscients ; en revanche, l'imagination fantaisiste d'Armande, qui se montrait à peine dans les 20 mots, s'épanouit dans les phrases avec une richesse inattendue. En comparant les deux tests l'un à l'autre, on voit qu'ils ne se répètent pas, on voit même qu'à tout prendre ils ne se confirment pas ; il serait plus exact de dire qu'ils se complètent en montrant sous des jours différents le développement d'un même type mental : avec ce nouveau test, Marguerite est surtout *pratique*, Armande est surtout *poétique*.

Une objection. N'y a-t-il pas eu quelque circonstance extérieure, accidentelle, qui a déterminé chacune des deux sœurs à composer dans un ton différent? On est plus ou moins journalier, tel est poétique aujourd'hui, et pratique le lendemain. Pour analyser ces dispositions mentales, j'ai interrogé mes deux sujets, aussi discrètement que possible, sur les phrases qu'elles avaient pu éliminer après en avoir eu l'idée. M... avait pensé aux automobiles, dont on parle assez souvent devant elle; Armande avait pensé à la foudre. Armande était du reste peu contente de ce qu'elle avait écrit. Voici un bout de dialogue échangé entre nous, quand elle a écrit sa dernière phrase. Je respecte, comme toujours, les incorrections de la parole.

Armande.. Mais je ne crois pas que 'ce soit comme ça que tu veux qu'on fasse des phrases. — D. Pourquoi? — *Armande.* Parce que ça n'a pas l'air de phrases. Je commence toujours la même chose. Il faut qu'elles aient un sens... On ne peut pas parler... Enfin, non, je ne sais pas... — D. As-tu eu l'idée d'écrire des phrases différentes? — *Armande.* Oh! oui, j'avais pensé à mettre autre chose. — D. Quoi ? — *Armande.* J'avais pensé à la foudre.. Je ne me souviens plus très bien. J'avais remarqué que je ne pouvais pas démarrer du soleil, du temps qu'il faisait.

Il est bien singulier qu'Armande continue à écrire des phrases d'imagination, bien qu'elle soit persuadée que ce n'est pas là ce que je demande.

Le lendemain du jour où j'avais fait cette expérience, je prends à part chacun de mes sujets, et je lui fais encore écrire 5 phrases, sans ajouter aucune observation; j'étais curieux de savoir si Marguerite continuerait à énoncer des faits réels et Armande des faits imaginaires. J'ai été frappé de constater que, même dans le petit détail, les observations de la veille se sont répétées. Ainsi, Marguerite a eu des temps d'évocation plus longs que ceux de sa sœur. Voici la série de ces temps : 40″ — 15″ — 1″ — 3″ — 30″ — 10″, et pendant ses hésitations, elle disait à demi voix : « J'ai de la peine, je ne trouve pas. » Les

temps d'évocation d'Armande sont à peine appréciables ;
leur durée est la suivante : 7″ — 8″ — 5″ — 5″ — 5″.
Voilà donc une première différence qui se maintient malgré l'exercice et l'adaptation. De plus, la longueur des
phrases reste différente; celles de Marguerite ont en
moyenne 3 lignes, et celles d'Armande n'en ont qu'une et
demie. Voici les phrases qui ont été écrites par les deux
jeunes filles.

Cinq phrases écrites par Marguerite (9 novembre 1900) — Mlle X...
vient aujourd'hui, et je suis ennuyée, car je n'ai pas pu faire mon
piano ce matin, et ne le saurai peut-être pas.

Ce matin j'ai renvoyé Friquet (un chien) de la salle à manger, car
il empêchait la chaleur d'entrer en se collant contre la bouche du
calorifère.

Aujourd'hui, le temps est bien vilain, il pleut et il y a beaucoup
de vent, c'est bien étonnant, car il a fait hier un temps magnifique.

Cette nuit j'ai rêvé beaucoup de personnes mortes sur le revers
d'une route, elles avaient été attaquées là.

Leurs cadavres étaient très pâles, et ils semblaient durs comme
du bois.

Nous sommes tout de même allées, Armande et moi, à la ville, à
bicyclette, et nous avons rapporté à P... un porte-plume jaune et
vert.

Cinq phrases écrites par Armande (9 novembre 1900). Il pleuvait,
c'était l'hiver et les arbres secouaient tristement leurs branches
mouillées.

Dans une gracieuse gondole, à Venise, on voit quelques têtes de
passagers.

L'enterrement défile en silence et glisse le long des rues détrem-
pées par la pluie.

Les corbeaux passent dans la nuit en croassant.

C'est le soir : la fumée blanche s'échappe des toits des maison-
nettes.

Le caractère de ces phrases est le même que celui des
phrases de la veille ; Marguerite ne s'occupe que de faits réels
appartenant à sa vie privée, elle pense à sa leçon de piano,

à ce qu'elle a fait la veille, à la pluie qui tombe pendant qu'elle écrit ; elle n'entre dans le domaine de l'imaginaire que pour raconter un de ses rêves. Armande continue à décrire de petits tableaux fantaisistes. Je pense que les deux genres de rédaction étant ainsi amorcés, j'aurais pu continuer indéfiniment sans obtenir de mes sujets autre chose ; chacun s'était orienté dans un sens bien spécial. Il me parut évident que les phrases d'imagination étaient ce qu'il y avait de plus facile à écrire pour Armande ; la rapidité avec laquelle Armande trouvait chaque phrase en était la preuve.

L'idée me vint alors de troubler cette habitude en voie de formation, je donnai donc à mes sujets une indication un peu vague ; je leur demandai de m'écrire dorénavant « *des phrases d'un genre un peu différent* ».

Armande éprouva beaucoup de difficultés, elle devint plus lente, elle hésita beaucoup plus avant d'écrire ; ses temps d'évocation, qui précédemment étaient de 5 à 7 secondes, augmentèrent dans des proportions énormes ; ils ont été de 3″ — 50″ — 30″ — 0 — 10″ ; le seul temps égal à 0 tient à ce que sujet avait préparé d'avance sa phrase. Même en tenant compte de ce cas, on obtient une moyenne de durée d'évocation qui est très forte, de 20 secondes. Ce prolongement de l'hésitation, en dehors de tout autre signe, serait la preuve que nous obligeons Armande à quitter la voie qui lui est la plus naturelle. Du reste, pendant qu'elle écrivait elle était embarrassée et poussait force soupirs. Voici les 5 phrases qui lui ont coûté tant d'efforts.

Phrases écrites par Armande
(avec la suggestion de changer son genre).

La colère est un défaut qui nous occupe souvent.
Une table de bois blanc très simple.
Les bois de Fontainebleau sont très grands et très beaux.
Les murs d'une vieille maison suintent lorsqu'il pleut.
Les livres sont souvent fort inutiles et souvent fort utiles.

Sur ces 5 phrases, il y en a 2 qui expriment de purs tableaux d'imagination, et malgré elle Armande est revenue à son genre favori ; les 3 autres phrases sont des sentences, une seule de ces phrases, la troisième, pourrait être considérée comme un souvenir, mais c'est un souvenir singulièrement vague et banal.

Marguerite a eu moins de peine et d'hésitation à abandonner le genre qu'elle avait adopté dans ses premières phrases : ses temps d'évocation ou d'hésitation ont été bien longs aussi ; 25″ — 18″ — 20′ — 1′45″ — 15″, soit une moyenne de 39 secondes ; la moyenne de ses hésitations précédentes était plus petite, de 31 secondes seulement ; il est vrai que la différence n'est pas considérable. Marguerite a plus complètement changé son genre que ne l'avait fait Armande.

Phrases écrites par Marguerite
(avec la suggestion de changer son genre).

Un petit garçon qui se promenait avec son chien eut la douleur de le voir écrasé par une lourde charrette.

Un jeune homme qui descendait d'un omnibus, alors que celui-ci allait très vite, glissa sur un rail, et se démit le pied.

Rue du Bac, deux fiacres s'accrochèrent très brusquement et une femme qui se trouvait dans l'un d'eux eut la tête broyée contre le trottoir.

L'hiver à la sortie d'un théâtre une jeune dame prit froid, huit jours après elle était morte, victime du plaisir.

Toutes ces phrases roulent sur des faits imaginaires, mais l'imagination qui a fabriqué ces phrases-là n'est pas du tout du même genre que celle d'Armande ; elle consiste dans l'invention de faits particuliers et précis, et l'ensemble du récit a la tournure d'un fait-divers.

On voit que le contraste entre les deux jeunes filles n'est pas aussi grand qu'on aurait pu le supposer *a priori.* Armande est imaginative et rêveuse, Marguerite est pratique ; mais s'il est difficile à Armande de devenir prati-

que, il est au contraire assez facile à Marguerite de faire
œuvre d'imagination.

2° Phrases à compléter

Frappé des résultats que l'on obtenait en obligeant les
sujets à changer le genre de leurs phrases, j'ai cru utile
de continuer les recherches dans cette voie après les avoir
rendues plus méthodiques ; pour obliger les sujets à écrire
un certain genre de phrases, il m'a paru préférable de
faire moi-même le commencement de la phrase, le sujet
étant chargé de la terminer. Le commencement de certaines phrases commande presque nécessairement un développement logique ; dans d'autres, c'est un développement poétique ou imaginatif qui est suggéré. Ainsi, le
mot : « Le soir » ou « l'étoile » éveille naturellement
des images poétiques, tandis que le membre de phrase :
« Quand on est obligé » suscite plutôt un effort de raisonnement ou de mémoire. Dans un premier tâtonnement,
comme celui-ci, on n'est jamais certain d'atteindre le
but ; je crois cependant que l'expérience est bonne.

J'ai écrit à l'encre noire le commencement de 20 phrases
sur 4 feuilles de papier écolier ; chaque commencement
de phrase est séparé du suivant par environ 2 cm. 5, afin
que le sujet ait la place nécessaire pour écrire environ
3 lignes. Le sujet écrit à l'encre rouge ; il a chaque commencement de phrase recouvert d'une feuille blanche, et il
ne le découvre que lorsqu'il a fini d'écrire la phrase précédente ; je note avec une montre à secondes le temps qui
s'écoule entre la lecture du commencement de phrase et
le moment où le sujet se met à écrire ; c'est le temps de
recherche, il ne représente pas toujours exactement ce
qu'on veut mesurer ; parfois mes deux fillettes, après avoir
écrit 2 ou 3 mots, se sont mises à réfléchir longuement
avant de trouver le reste de la phrase.

Je commence par donner quelques-unes des 25 phrases qu'Armande a écrites pendant la séance d'expériences. Le commencement de la phrase, qui avait été composé par moi-même, est en italiques, le reste, qui est écrit par Armande, est en caractères ordinaires.

(Armande, 11 novembre 1900)

1. *Je suis entré dans* la campagne par un sentier couvert.

2. *Il faut avoir de la patience,* car on vient à bout de toute chose avec cette qualité.

3. *Il pleut,* et le sol est glissant, la rue est détrempée.

4. *La maison* s'élève sur une hauteur d'où l'on voit un précipice, puis une ville et son bruit sourd et lointain arrive faiblement.

5. *Lorsqu'on est obligé de* faire une chose qui vous ennuie, il faut la faire avec de la bonne volonté.

6. *La foudre qui tombe* peut tuer bien des personnes qui auront eu l'imprudence de s'abriter sous un arbre qui l'attire.

7. *C'était le soir,* il neigeait en silence et de temps à autre j'entendais le vent qui ronflait dans la cheminée et je m'effrayais de sa violence.

8. *Je me dépêche* de vous écrire, car je n'ai plus guère de temps à vivre.

9. *Sourire,* par complaisance et sans en avoir envie.

10. *Si vous ne* sortez pas, il faudra me le dire.

11. *Car* l'humidité vient vite au bord de l'eau.

12. *L'étoile* brillait et semblait me conduire, lorsque je me sentais découragée, je la regardais et alors je reprenais ma route solitaire.

13. *Si par hasard quelqu'un* vous marche sur le pied il ne faut rien dire.

14. *Vous vous trompez,* voyez, le soleil brille déjà, les nuages sont dissipés.

15. *J'écoutais,* le menton appuyé sur la main, cette vieille histoire, racontée avec émotion dans une veillée.

16. *En grognant,* les vieux soldats marchaient toujours sous la pluie.

17. *L'aile* du corbeau s'ouvrit et il s'élança dans l'espace semblant défier les airs.

18. *Si* est assez souvent bémol.

19. *Jamais le courage* ne devrait nous abandonner.

20. *Le souffle* du zéphyr agitait doucement les boucles de ses cheveux.

Armande a toujours trouvé rapidement la phrase à écrire; cet exercice lui paraît « facile, amusant, parce qu'on peut mettre ce qu'on veut » ; il y a beaucoup de temps de recherche de 2″, ce qui représente presque le maximum de rapidité ; quelques autres sont plus longs de 5, de 7″ ; il y en a, mais assez rarement, de 15, de 20, et même de 28″ secondes ; dans un cas, la recherche a duré 70″, et elle n'a même pas abouti, Armande n'ayant rien trouvé. J'ai marqué le temps à la suite de chaque phrase. La moyenne qu'on pourrait extraire de temps aussi irréguliers ne serait guère représentative. Je préfère dire que, sur 25 expériences, Armande a eu 12 fois des temps de recherche au-dessous de 5″ ; 4 fois, entre 5 et 10″ ; et 6 fois de 10 à 20″. Je l'ai priée de juger elle-même, par le souvenir, en relisant chaque phrase, si le travail d'invention lui avait paru facile ou difficile : et j'ai écrit textuellement sa réponse, dans le moindre détail; ces appréciations étaient faites sur les 5 dernières phrases qu'elle venait d'écrire. J'ai été surpris de la sûreté avec laquelle elle a porté ses jugements; en général, sauf de rares exceptions, elle a trouvé facile toute phrase dont la recherche a duré moins de 10 secondes. Il y a donc eu, chez elle, une relation presque constante entre le sentiment subjectif de facilité qu'elle éprouve à composer certaines phrases et la durée du temps de recherches.

La nature des phrases écrites par Armande est bien particulière; je note 12 phrases qui contiennent des tableaux imaginaires, les tableaux sont tout à fait dans sa manière habituelle. Ce sont les phrases 1, 3, 4, 7, 12, 14, 15, 16, 17, 20, 23, 24. Les autres phrases contiennent des assertions vagues, des aphorismes ou des banalités. Or, en rapprochant chaque genre de phrase du temps qu'il a coûté on trouve que les phrases contenant des tableaux poétiques sont celles qu'Armande a écrites le plus vite ; sur les 12 phrases appartenant à ce genre, il y en a 10 qui ont été trouvées en 5 secondes et moins, 1 seule après 6 secondes, une seule encore après 15 secondes ; les autres genres de phrase ont, en moyenne, pris un temps beaucoup plus long.

Il est donc évident, d'après ce qui précède, que les phrases poétiques, les petits tableaux de nature, sont les pensées qui viennent le plus vite, et par conséquent le plus facilement à Armande.

Les phrases de Marguerite que je reproduis sont seulement au nombre de 20.

PHRASES À COMPLÉTER (Marguerite)

1. *Je suis entré dans* une épicerie et j'ai acheté pour 2 sous de chocolat.

2. *Il faut de la patience, car* elle vient à bout de toute chose.

3. *Il pleut* et nous n'avons pas de parapluies!... (Inventé.)

4. *La maison* est chauffée par un bon calorifère (a pensé à notre maison).

5. *Lorsqu'on est obligé de* sortir lorsqu'il y a de la boue, il faut retrousser son pantalon de peur de le salir.

6. *La foudre qui tombe* peut causer de grands ravages.

7. *C'était le soir* d'un jour d'été que je me suis cassé la jambe (tout à fait imaginaire).

8. *Je me dépêche de* finir mes devoirs, pour avoir le temps de jouer ensuite.

9. *Sourire...*

10. *Si vous ne* me payez pas je vous ferai saisir (en écrivant, a pensé à un jeu de mots lu dans un journal amusant).

11. *Car...*

12. *L'étoile* polaire fait partie de la petite Ourse.

13. *Si par hasard quelqu'un* venait me voir, je n'y suis pas.

14. *Vous vous trompez*, je suis plus riche que vous (tout à fait imaginaire, ne s'est représenté personne).

15. *J'écoutais* d'un air distrait le sermon du curé (s'est représenté l'église de M..., c'était encore assez net).

16. *En grognant* j'ai donné un sou à un aveugle (imaginaire).

17. *L'aile* du perdreau que nous avons mangé était cassée sans doute par le plomb du chasseur (imagination).

18. *Si* je suis libre demain, j'irai à l'exposition.

19. *Jamais le courage* n'est blamâble. même lorsqu'il est poussé trop loin (a pensé un peu à L..).

20. *Le souffle* du vent a effeuillé la dernière rose (a pensé un peu au jardin d'ici).

Marguerite a mis beaucoup plus de temps à trouver le complément des phrases écrites ; elle a un seul temps de recherche inférieur à 5″; elle a 7 temps de recherche inférieurs à 10″; le reste est au-dessus, et souvent les temps sont très longs, de 20, 25, 50 et même 70″. Si on lui demande d'apprécier la facilité avec laquelle el lea trouvé les phrases, on est surpris de l'entendre dire qu'elle a jugé le travail facile pour des phrases qui lui ont coûté 20 et même 28 secondes d'efforts; il est évident que les points de comparaison qui servent à ses jugements sont tout autres que ceux d'Armande; un temps de recherche, qui paraît long à Armande, et qui représente pour elle un effort pénible, est au contraire court pour Marguerite. Le caractère des phrases écrites diffère sensiblement de ce qui a été trouvé par Armande. Les phrases ne sont pas dépourvues d'imagination cependant, mais cette imagination est moins abondante et surtout moins poétique. Ainsi le mot « l'étoile », qui est essentiellement poétique et avait suggéré un petit tableau assez réussi à Armande, ne réveille chez Marguerite qu'un souvenir d'érudition : « l'étoile polaire fait partie de la petite Ourse ». Quelques commencements de phrases évoquent un simple souvenir. « La maison est chauffée par un bon calorifère, » ce qui est vrai de la maison que nous habitons. D'autres fois, il se produit un développement imaginatif, mais combien ce développement ressemble peu à celui d'Armande. La première phrase : *Je suis entré dans...* et qu'Armande finit par les mots : *dans la forêt par un sentier couvert,* incite Marguerite à écrire pratiquement *dans une épicerie et j'ai acheté pour deux sous de chocolat*. Même contraste pour les phrases 3, 7, 15, 17. Marguerite, tout compte fait, n'a composé qu'une seule phrase poétique, la 20e « *le souffle de la brise a effeuillé la dernière rose* ». Nous voyons donc s'accuser encore, dans cette expérience, la différence mentale si caractéristique de nos deux sujets. Marguerite est moins portée que sa sœur à faire usage de son imagination, et son imagination est de nature toute différente : plus précise, plus pratique, plus rapprochée de la vie réelle et, par conséquent, moins vague, moins poétique, moins émotive.

Un an après. — C'est exactement la même expérience que je reprends en vue d'un contrôle. Cinq commencements de phrase sont donnés pour être terminés. Armande a des temps de recherche qui restent toujours plus rapides que ceux de sa sœur ; ils vont de 1" à 2" ; ceux de Marguerite vont de 5" à 33". Sur les cinq phrases écrites, Armande a deux phrases machinales, sans pensée spéciale, un souvenir datant de quatre ans, et deux phrases évoquant des tableaux imaginaires. Marguerite a trois phrases machinales, aucune invention, une phrase ambiguë qui peut être un souvenir, et un souvenir datant de 3 jours. Le temps n'a donc pas modifié le mode d'idéation des deux sœurs, autant qu'on en peut juger par cet examen rapide.

3o Sujets à développer

Je donne le sujet par écrit.

Ce travail a été fait sous forme de rédaction ; il a tout à fait le caractère d'un travail scolaire. L'exercice répété ne m'a pas paru aboutir à un résultat bien nouveau. Le développement de Marguerite est toujours plus copieux que celui d'Armande. La comparaison des idées est à peu près impossible; et tout ce qu'on pourrait faire, c'est de la critique littéraire.

Prenons par exemple la rédaction sur le sujet suivant : *La mort d'un chien.*

Voici le commencement de la rédaction de Marguerite.

6 heures du soir, à Paris...
Il pleut, c'est un vilain temps d'hiver, on est au mois de janvier...
La boue couvre la chaussée, les trottoirs sont de vrais ruisseaux...
Les passants sont rares, et ceux qui passent encore n'ont pas un regard de pitié pour l'être malheureux qui gît à terre souillé de boue, grelottant de froid sous un banc de bois qui lui sert d'abri...
Un seul cependant lui jette un regard de compassion en murmurant :
— Pauvre bête !...

Le récit de Marguerite a 8 pages bien remplies; il a l'allure d'un feuilleton de petit journal, avec ses petits points, ses phrases coupées, ses détails précis et pratiques, et un ton de mélodrame.

Voici le commencement du récit d'Armande :

La mort d'un chien, durée : 16 m. 15 secondes. — C'était par une froide matinée du mois de janvier. La neige et le givre couvraient les chemins, les maigres arbres étendaient avec désespoir leurs branches dépouillées vers le ciel. La Seine était gelée, on aurait presque pu patiner dessus. A l'angle d'un pont se tenait blotti contre la froide pierre un vieillard aveugle. Il s'emmitouflait de son mieux dans un fichu humide de brouillard et tout percé par le temps.
D'un moment à un autre il baissait la tête comme s'il regardait à terre; comme si ses yeux eussent pu voir encore.
De temps à autre aussi un faible gémissement s'échappait de ses lèvres glacées.

La rédaction d'Armande est plus brève et plus vague que celle de sa sœur; c'est moins un récit d'événement qu'un tableau; il y a quelques expressions curieuses, beaucoup de banalité comme dans la rédaction précédente, peu de faits précis, un ton émotionnel évident (1).

_____

(1) J'ai essayé d'étudier les procédés imaginatifs de mes deux sujets en leur faisant imaginer des objets et des formes avec des taches d'encre. Ce

4° Evocation libre de souvenirs.

L'épreuve de recherche des mots nous a montré que Marguerite écrit surtout des mots se référant à des souvenirs récents, tandis qu'Armande préfère les souvenirs anciens. Cette différence de date n'est peut-être pas apparente dans la lecture d'une série isolée, mais elle apparaît nettement dans le calcul total de souvenirs faisant partie de nombreuses séries. J'ai voulu confirmer le fait, en demandant à mes sujets d'évoquer des souvenirs. Sur ma demande, les fillettes ont écrit chacune une liste de 10 souvenirs, avec cette seule recommandation de ne pas faire figurer sur la liste des souvenirs du jour même; je leur ai fait répéter cette épreuve quatre fois, les obligeant ainsi à consigner sur leur papier 40 souvenirs. Il fallait éviter de faire faire de suite cette série d'évocations, pour que chaque sujet ne se laissât pas guider par une orientation d'idées particulières qui aurait influencé la nature de tous les souvenirs. J'ai donc divisé l'expérience en quatre essais que j'ai espacés pendant le cours d'une année entière; le premier essai date du 5 avril 1901, et le dernier essai a eu lieu le 30 août de l'année suivante. La différence de date des souvenirs que les deux sœurs ont évoqués est extrêmement frappante. Je ne puis présenter une moyenne, qui serait dépourvue de toute signification; mais des exemples sont bons à citer. Dans la dernière série écrite par Marguerite, il y a 5 souvenirs qui se réfèrent à des événements de la veille, 4 qui datent d'une quinzaine de jours, et le plus ancien remonte à 2 mois. Tout cela est donc bien récent, c'est du passé immédiat. La série

test, quoique longuement continué, ne m'a point réussi, en ce sens que les images perçues par les deux enfants sont analogues. Mais je n'en conclurai pas que ce test est mauvais d'une manière générale; avec des enfants d'école, il m'a donné des résultats bien intéressants.

d'Armande est plus archaïque; elle comprend 2 souvenirs de 8 jours, un souvenir de quinze jours, 3 souvenirs de 7 à 8 mois, 1 souvenir de plus d'un an, 2 souvenirs de plus de deux ans, et enfin un souvenir de 4 ans. Même différence dans la série écrite le 5 avril 1901; celle de Marguerite se réfère tout entière a de menus incidents de la journée de la veille, tandis que celle d'Armande contient un seul souvenir de la veille, les autres datent de 8 mois, 1 an, 2 ans, 3 ans, et même 5 ans.

Je vais donner, comme exemple, les deux séries écrites en août 1901. Je fais suivre chaque souvenir de sa date. La date n'est pas écrite par le sujet, mais par moi; pour plus de prudence, je ne l'ai pas écrite sous les yeux du sujet; je ne voulais pas exciter son attention sur ce point et lui montrer que j'y attachais quelque importance Voici les souvenirs évoqués par Marguerite :

1. Notre retour hier à bicyclette.
2. La photographie avec A... (hier).
3. F..., quand nous y étions seules hier.
4. M... sur son canapé (hier).
5. Gyp tondu (à M... il y a 2 mois).
6. Quand nous sommes tombées Camille et moi (il y a 8 jours).
7. Le pont de F... le jour de la fête de Valvin (il y a 15 jours).
8. La place de S... avec ses baraques (hier).
9. Le Château de F... avec M. J... (il y a 8 jours).
10. L'encrier que j'ai renversé (il y a 15 jours).

Comme cette expérience était la dernière que j'avais l'intention de faire, j'ai attiré l'attention de Marguerite sur la date toujours récente des souvenirs qu'elle avait évoqués; je lui ai demandé pourquoi elle n'avait pas écrit des souvenirs plus anciens. Voici du reste, textuellement, le dialogue échangé; je supprime seulement quelques mots inutiles.

D. Je remarque que ce sont tous des souvenirs récents. Pourquoi n'en as-tu pas éveillé de plus anciens? — R. Je n'y ai pas pensé. — D. Avais-tu remarqué que c'étaient tous des souvenirs récents? — R. J'y ai pensé seulement quand tu as commencé à m'interroger. — D. Peux-tu me donner une raison de ce choix? — R. J'ai de la peine à trouver des souvenirs, je ne sais pas pourquoi. — D. Tu ne t'étais pas dit : j'ai de la peine, donc je vais citer des faits récents? — R. Oh! non. J'avais de la peine aussi parce que je ne voulais pas noter les choses que tu ne connaîtrais pas toi-même (N.-B. — exemple d'adaptation à la personnalité de l'expérimentateur) ou qui seraient trop insignifiantes. — D. Tu aurais eu plus de peine à mettre des faits datant de Saint-V...? (où nous avons fait un séjour il y a 4 ans). — R. Oh! non, j'aurais pu en mettre tout de même, seulement la pensée ne m'en est pas venue.»

Voici maintenant la série écrite par Armande :

1. A une montée, que nous tirions la voiturette (8 jours).
2. Une après-midi, je tâchais d'attraper une libellule avec mon chapeau (il y a un an ou deux).
3. A M... un jour de neige (cet hiver).
4. Un jour que je dessinais chez B... (cet hiver).
5. Une pièce de théâtre, un drame à M... (cet hiver).
6. A S... dans la remise, une après-midi que nous causions (il y a 15 jours).
7. A Paris, devant une bijouterie, M...allait faire arranger sa montre (il y a 4 ans).
8. Un soir que je dessinais (il y a 2 ans 1/2).
9. Vers le jour de l'an, le soir où l'on nous a donné le phonographe, je me rappelle le moment où nous l'avons entendu (il y a 2 ans 1/2).
10. Une lecture (il y a 8 ou 10 jours).

J'ai posé à Armande les mêmes questions qu'à Marguerite. Je lui demande : pourquoi n'as-tu pas mis des souvenirs d'hier? — R. Il n'y a pas d'image qui m'en est restée. Il y a des scènes qui n'ont aucune importance, et qui me restent mieux que des scènes plus importantes, et même des scènes anciennes me restent mieux que des scènes très récentes. Ainsi, M... devant le bijoutier... il y a 4 ans. Je ne me rappelle rien ni avant ni après; je me souviens d'un petit tableau... nous, arrêtés devant Leroy (le bijou-tier). — D. Tu ne t'es pas dit : je vais prendre les scènes les plus anciennes? — R. Oh! non, je n'ai pas cherché, j'ai attendu qu'elles me viennent à l'esprit. » Il est bien clair que les deux fillettes n'ont pas intentionnellement choisi des souvenirs ayant telle ou telle date. Chacune a pris les souvenirs qui lui venaient le plus facilement — ce qui ne signifie pas qu'elle n'a pas fait un choix; et il apparaît que chez Marguerite les souvenirs récents, ceux de la veille surtout, sont les premiers à répondre à l'appel, tandis que pour Armande les souvenirs anciens sont plus révivis-cents que les modernes.

Nous remarquons encore une autre différence; celle-ci n'était point cherchée. Le souvenir de Marguerite est pré-cis comme un fait-divers; celui d'Armande est beaucoup plus vague, au moins dans sa forme; rappelons-en quel-ques exemples : une lecture — à M... un jour de neige — la journée d'hier, — un soir que je dessinais P..., etc. Je lui demande, cherchant à préciser sa pensée, ce qu'elle veut dire par « la journée d'hier » a-t-elle pensé à un détail particulier? Elle répond :

« J'ai pensé vaguement à toute la journée; les positions que nous avions le plus souvent. » Pour l'hiver à M..., elle explique ainsi : « Ça, c'est vague parce que je n'ai pas vu un jour en particulier; j'ai vu tout l'hiver, ce que nous faisons. » Autre différence encore, que nous avions remar-quée dans le test de suggestion par des mots : les idées d'Armande sont plus cherchées, plus compliquées que celles de Marguerite.

CONCLUSION

Notre conclusion sera un court résumé des résultats précédents. Nous avons vu se dégager de toutes ces phrases écrites un caractère différentiel qui se traduit par deux mots différents : l'attention et l'orientation des idées chez Marguerite est *pratique*, chez Armande elle est *poétique*. Ces expressions seraient très vagues, si elles étaient des appréciations arbitraires ; pour nous, elles résument un très grand nombre de faits précédents, elles n'en sont que le signe représentatif.

CHAPITRE XI

Des descriptions d'objets.

Nous cherchons à compliquer l'expérience, à exiger de nos sujets une élaboration intellectuelle de plus en plus grande, pour savoir si, dans ces nouvelles conditions, où l'effort intellectuel devient plus intense, les types mentaux que nous avons reconnus à nos deux fillettes conserveront leurs caractères distinctifs. En ce moment, nous mettons nos deux sujets aux prises avec un objet matériel, qu'il leur faut décrire.

Je rappellerai d'abord ce qu'on sait déjà sur l'expérience de description d'objets :

Dans ces dernières années, j'ai eu souvent l'occasion de constater que si l'on demande à un groupe de personnes de faire une description écrite d'un objet qu'on place sous leurs yeux, on obtient des descriptions qui présentent de très grandes différences individuelles. Avant de rechercher ce que signifient ces différences, je crois qu'il est préférable de montrer, par des exemples multipliés, leur existence permanente.

Rendons une personne témoin d'un événement quelconque et faisons-lui raconter cet événement ; il est bien certain que les récits varieront beaucoup d'un individu à l'autre, non seulement au point de vue de l'exactitude, mais au point de vue de l'attitude d'esprit qui aura été prise par le témoin. Les unes ont le sens de l'observation plus développé ; les autres ont plus d'imagination ; chez d'autres, la réaction émotionnelle domine, etc. Ce sont des remarques que chacun peut faire tous les jours, mais qui, en général, restent peu précises, et qu'on ne songe pas à coordonner. Le but que nous nous sommes proposé a été de mettre différentes personnes en présence d'un même objet, pour chercher à saisir quels sont les processus psychiques différents que cet objet fera naître suivant les personnes.

Déjà, en 1893, en collaboration avec M. V. Henri, j'avais fait une expérience de ce genre dans une école primaire ; la photographie d'un tableau assez compliqué (c'était un tableau de Neuville, *les Dernières Cartouches*) était présentée pendant 2 minutes aux élèves d'une classe et ils devaient ensuite la décrire de mémoire. Cette épreuve surprit et intéressa vivement les élèves, qui, dans notre système actuel d'instruction, sont si rarement appelés à se rendre compte de ce qu'ils voient. Les copies furent réunies et conservées ; mais engagé dans d'autres recherches, je n'eus pas le temps de les étudier.

Plus tard, j'appris que Miss Bryant, pédagogue anglaise, avait employé sur ses élèves un test analogue et en avait tiré un parti avantageux. Miss Bryant faisait décrire la salle d'études familière aux élèves. L'objet qu'elle a choisi pour la description est un peu complexe ; de plus, comme il n'est pas transportable, il ne pourrait être employé pour des recherches comparatives de psychologie individuelle. Miss Bryant insiste beaucoup sur l'intérêt pédagogique de cette épreuve, et elle a bien raison. Les professeurs d'école primaire devant lesquels j'ai répété l'expérience ont été souvent frappés des renseignements qu'elle fournit sur le caractère et sur la forme d'intelligence des enfants ; et quelques-uns ont regretté que cette épreuve ne figurât pas sur les programmes. On la trouve dans quelques cours de littérature, sous le nom d'*exercice de rédaction d'après des images*.

Les premières expériences de description d'objet que

nous avons faites ont eu lieu en 1896 à notre laboratoire de la Sorbonne et dans une école primaire de Paris, sur des jeunes gens et des adultes, qui se répartissaient en trois groupes : 1° 7 anciens élèves d'une école primaire élémentaire de Paris ; leur âge varie de 13 ans à 20 ans ; parmi ces élèves, les uns suivent les cours d'une école primaire supérieure, les autres exercent déjà une profession (ils sont pour la plupart employés de commerce) ; 2° 5 élèves d'une classe de mathématiques élémentaires d'un lycée de Paris ; il est difficile de faire sur eux une appréciation quelconque, parce que, à eux seuls, ils forment toute la classe ; ils nous ont été amenés au laboratoire par un de leurs professeurs ; 3° des élèves et assistants du laboratoire de psychologie ; ils ont de 25 à 35 ans, sont, par conséquent, plus âgés que les précédents : leur nombre a été de 6.

Comme culture intellectuelle, ces trois groupes de sujets correspondent à peu près à notre division française de l'enseignement en primaire, secondaire et supérieur ; le premier groupe correspond à l'enseignement primaire, le deuxième groupe à l'enseignement secondaire, et le troisième groupe à l'enseignement supérieur. Le nombre total des sujets n'est pas aussi considérable que je l'aurais désiré ; néanmoins, les documents que j'ai recueillis me paraissent indiquer déjà des conclusions intéressantes (1).

L'objet à décrire était une cigarette.

Voici comment l'expérience était conduite. On donnait au sujet une plume et du papier, on le faisait asseoir, et ensuite on lui disait : « Je vais mettre sur la table devant vous un petit objet, par exemple ce couteau ou un porte-plume, etc., et je vous prie de le décrire, l'objet restera sous vos yeux. — Vous comprenez, il ne faut pas le dessiner, il faut en faire une description en mots... Voilà l'objet. »

_____

(1) Ce test a été expérimenté avec la collaboration de M. Holst, qui suivait à cet époque les travaux de mon laboratoire.

Toutes les personnes qui se sont soumises à cette épreuve l'ont bien comprise et se sont mises à écrire sans demander d'autre explication. Il faut remarquer que nous leur donnions une indication très sommaire de ce que nous voulions qu'elles fissent; il s'agissait de *décrire* l'objet; on n'ajoutait aucune autre détermination. C'est volontairement que l'indication est toujours restée vague, afin que chaque personne eût la liberté de l'interpréter à sa façon. En fait, aucun des sujets ne s'est aperçu de la liberté qu'on lui accordait, et chacun, en écrivant, a cru répondre avec précision à la demande qu'on lui avait faite. Le but que nous nous proposions a donc été pleinement atteint.

Le temps réglementaire fixé pour cette épreuve était de 5 minutes; on avertissait d'avance la personne du temps qu'on lui accordait; assez souvent, on a jugé que le nombre de lignes écrites était insuffisant, et on a prolongé le temps de quelques minutes.

En étudiant les copies, on peut se rendre compte de plusieurs qualités distinctes : 1° l'abondance des mots; 2° le nombre de phrases et leur construction; 3° les hésitations d'esprit, indiquées par les ratures et les surcharges; mais ce sont des points secondaires; il est bien plus important de chercher à dégager l'orientation intellectuelle du sujet. C'est ce que nous allons faire en reproduisant un certain nombre de copies caractéristiques, que nous avons classées de la manière suivante :

1° *Type descripteur.*

Observations minutieuses et sèches, sans aucun raisonnement ni conjectures, sans imagination ni émotivité.

(1) Une mince feuille de papier entourant une petite quantité de tabac à fumer, le tout ayant la forme d'un cylindre dont une des extrémités est légèrement aplatie. A l'une des extrémités seulement quelques brins de tabac sortent de la feuille; la feuille de papier est légèrement froissée par place. Le cylindre ainsi formé est de très petit diamètre par rapport à sa longueur.

Ce sujet a eu beaucoup de peine à écrire ces quelques phrases; il ne l'a fait que sollicité et pressé à plusieurs reprises par l'expérimentateur.

Second exemple du même genre :

(2) La cigarette affecte une forme générale de cylindre coupé à l'une des extrémités par un plan incliné. Cette section est déterminée par un plissement du papier.

Elle est bourrée de tabac d'un brun assez foncé. Le papier est strié dans le sens de la largeur : elle est fermée selon une ligne non parallèle à l'une des génératrices. Le papier est légèrement froissé ; le tabac dépasse d'environ 0^{cm}5, l'une des extrémités.

Troisième exemple, chez lequel on remarque la même sécheresse :

(3) Une cigarette : elle se compose de tabac de couleur brun-blond roulé dans un papier fin transparent : le tout forme un cylindre long et mince. — Le tabac dépasse un peu les extrémités du papier et sort du cylindre du papier.

Notre quatrième sujet a un peu plus d'abondance; on a cependant été obligé de le presser plusieurs fois.

(4) Un objet allongé dont l'épaisseur égale la hauteur et dont la longueur est environ huit fois plus grande ; la partie extérieure est blanche et se compose d'une mince feuille de papier ; à l'intérieur, du tabac ; sur l'objet une légère fente. A l'extrémité droite, le tabac dépasse un peu, à l'autre extrémité la feuille est légèrement vidée, et un peu froissée, et se relève un peu en l'air ; la feuille forme sur l'objet des replis plus ou moins accentués. A côté de l'objet des brins de tabac sont tombés sur la table.

Dernière copie appartenant au même type :

(5) Cet objet représente une cigarette. Elle est placée sur une table d'écolier. Elle est formée de tabac à fumer roulé dans un morceau de papier de soie blanc qui est collé à son bord pour qu'elle ne se déroule pas.

2° *Type observateur.*

Observations et tendance à juger, à conjecturer, à interpréter ce qu'on aperçoit. Ce type mental a déjà été signalé par Miss Bryant. Nous en trouvons dans notre recherche 4 exemples bien nets.

Premier exemple : Observations en nombre très grand, conjectures. Aucune espèce d'émotivité, d'imagination ni de poésie.

(6) Objet long, blanc, rond.
Composé d'un cylindre de papier très léger, d'environ 1/2 ou 3/4 centimètres de diamètre, rempli de tabac qui doit être du tabac d'Orient.
Long d'environ 7 centimètres, doit peser environ 6 grammes (en réalité, 2 grammes).
C'est une cigarette mal roulée, inégale, et qui a été remaniée après avoir été collée. En deux endroits, à droite et à gauche du centre, le papier présente des stries comme s'il avait été tordu. D'autres dépressions horizontales montrent qu'il y a eu une pression de haut en bas sur la cigarette.
Je ne vois pas la ligne où cela a été collé; mais elle doit être mal collée.

Deuxième exemple : Mêmes tendances d'esprit, mais moins d'observations et un peu plus d'idées générales.

(7) Une cigarette qui doit avoir été dans la poche sans enveloppe, parce qu'elle semble un peu pressée, et parce que le tabac sort des deux côtés. Je crois qu'elle est assez forte, à cause de la nuance foncée du tabac ; elle semble être roulée à la main, je ne trouve pas de marque ; elle me rappelle que le tabac est malheureusement si cher en France à cause du monopole, de même que les allumettes.

Dans notre troisième exemple, la conjecture conduit à l'illusion des sens.

(8) Un rouleau blanc d'environ 8 centimètres de long, de 1 centimètre de diamètre ; le cercle de ce rouleau qui se présente à ma vue est brun. On voit que ce n'est qu'une mince feuille renfermant une espèce d'herbe sèche ; il est visible que la substance renfermée se trouve serrée comme ayant passé dans un moule, le tube du rouleau blanc paraît fermé à l'autre extrémité, bien que je ne puisse l'affirmer, car je ne vois pas bien distinctement, l'objet étant posé de trois quarts.

En réalité, la cigarette était ouverte à ses deux extrémités.

3° *Type d'érudit*.

Le sujet dit ce qu'il sait, ce qu'on lui a appris sur la cigarette en général ; c'est une leçon qui côtoie le lieu commun et le cliché ; c'est, comme résultat, tout ce qu'il y a de plus impersonnel. Peut-être le test que nous avons choisi ne se prêtait-il pas à la manifestation de ce genre de type intellectuel, qui doit être assez commun. Voici la seule copie pouvant se rattacher à ce type mental.

(9) Nous voici en présence d'une cigarette, voyons de quoi elle est formée :

D'abord, l'enveloppe extérieure est en papier léger, dit de soie. Puis à l'intérieur le tabac ; le tabac est un produit qui croît un peu partout, dans les climats tempérés et chauds ; on récolte les feuilles de cet arbuste qui, après une préparation qui dure environ 4 ans, sont livrées au public sous la forme de poudre, c'est-à-dire le tabac à priser, ou sous la forme de fibres, c'est celui en présence duquel nous nous trouvons ; enfin, les feuilles non hachées servent à faire des cigares.

Cette cigarette a la forme cylindrique ; elle sort des fabriques de l'État (si elle a été vendue en France) qui en a le monopole.

4° *Type imaginatif et poétique*.

Notre quatrième type est complexe, et peut-être devra-t-on le subdiviser. Il représente une négligence de l'observation, et la prédominance de l'imagination, des souvenirs personnels, de l'émotivité.

Nous en citons quelques exemples d'une forme littéraire assez réussie ; le mauvais goût et la sottise peuvent aussi se retrouver dans ce type.

Voici un exemple court, sec.

(10) A la suite d'un banquet au Grand-Orient (raturé).

Cigarette, petit tuyau de papier, rempli de tabac, plus ou moins bon, tu me rappelles les premières joies de l'adolescence, quand...

Second exemple : plus développé ; on y voit quelques observations, mais elles ne s'appliquent pas particulièrement à la cigarette que le sujet avait sous les yeux; développement considérable des idées, de l'imagination, tour poétique.

(11) Objet cylindrique et long. Le tabac, de couleur brune avec ses grains plus ou moins foncés, est délicatement pressé dans une enveloppe de papier pelure blanc comme neige et l'ensemble suggère l'idée d'un corps moelleux et lisse. Des fumeurs y trouveraient matière à des considérations différentes, plus personnelles, plus enthousiastes peut-être, mais le tabac m'indiffère au goût, et la vue de la cigarette n'éveille en moi l'idée d'aucun autre plaisir que celui de la vue du nuage bleuâtre de la fumée qui monte, répandant alentour un parfum agréable.

Dans notre troisième et dernier exemple, les observations existent, mais au second plan ; ce ne sont pas elles qui ont mis en branle l'imagination : esprit, enjouement, beaucoup d'imagination.

(12) C'est une cigarette. Elle est fine, longue, rondelette, un peu plissée. Les plis lui donnent un caractère de désinvolture élégante. Est-ce par elle-même, est-ce par les souvenirs qu'elle évoque qu'elle a quelque chose de polisson? Cette cigarette, là, sur la table, toute seule, me fait penser au collégien mauvais sujet qui va fumer sa cigarette dans un coin, au fond de la cour. Mais il faut décrire la cigarette en elle-même et bannir l'idée du fumeur. Alors les associations gamines s'évanouissent : on n'a plus sous les yeux qu'un petit cylindre long, imparfait, original. Il faudrait décrire les jeux de la lumière : un côté pleinement éclairé ; l'autre, dans l'ombre, et au-dessous, la projection de l'ombre : il faudrait décrire ses extrémités où le tabac dépasse, foncé par endroit, tacheté de chair de l'autre. Mais surtout il faudrait s'arrêter, car il y a déjà 12 minutes que j'écris.

Voici une seconde série de recherches, qui fut faite à peu près à la même époque que la précédente, et sur des sujets beaucoup plus jeunes ; ces sujets étaient des enfants d'école primaire de Paris et de Versailles; le nombre d'élèves qui ont pris part à ces expériences est de 175; ils appartenaient au cours supérieur et au cours moyen ; leur âge varie de 8 à 14 ans; ces expériences étaient faites dans la classe même par le Directeur de l'école, qui, d'après un

plan concerté d'avance, procédait de la manière suivante:
On commençait par faire distribuer à tous les élèves une
feuille de papier, et ils écrivaient en marge, leur nom,
prénom, âge, classe, le nom de l'école. Puis, tous les
élèves croisaient les bras pour écouter, et le Directeur,
tenant en mains une photographie, leur adressait le discours suivant:

Je vais mettre sous vos yeux, pendant 2 minutes, la photographie
d'un tableau représentant le sujet de la fable de La Fontaine *le
Laboureur et ses enfants.*
Vous devrez vous abstenir de tout mouvement pouvant appeler
l'attention de vos voisins sur telle ou telle partie de l'image.
Ayez soin de ne vous occuper en rien de la fable; ne voyez que
le tableau et donnez la description aussi détaillée que possible de ce
que vous y aurez remarqué.
Pour ce travail 10 minutes vous sont accordées.

Comme nous ne disposions que de cinq photographies du
même tableau, chaque élève ne pouvait pas avoir la sienne;
on groupait les élèves par 3 sur le même banc pour regarder
une seule photographie. Malgré l'ordre donné de ne pas
se communiquer les impressions, les enfants d'un même
groupe se parlaient souvent à voix basse et se montraient
du doigt un détail de la photographie. On peut donc supposer qu'il s'est exercé un peu de suggestion dans chaque
groupe, et que les copies des 3 enfants du même groupe
doivent présenter une certaine resssemblaace; pour nous
rendre compte de ce fait, nous avons mis sur les copies
des signes spéciaux indiquant à quel groupe elles appartenaient; mais, après un examen attentif, nous n'avons
constaté que des traces insignifiantes de cette influence,
par exemple le même nom donné à un objet de caractère
douteux.

Lorsque les élèves qui faisaient l'épreuve de mémoire
avaient tous examiné pendant un temps suffisant la photographie, ils se mettaient à écrire, et on n'avait plus à

s'occuper d'eux autrement qu'en les surveillant et en les empêchant de copier les uns sur les autres.

Alors, on s'adressait à une douzaine d'élèves, occupant une région différente de la classe, auxquels on n'avait pas montré les photographies, et on faisait sur eux une épreuve un peu différente ; ils devaient, comme les autres élèves, décrire la photographie, mais sans avoir recours à la mémoire, car la photographie était laissée sous leurs yeux pendant qu'ils décrivaient ; 10 minutes leur étaient également accordées, comme aux précédents. Le but de cette épreuve complémentaire était d'arriver à faire la distinction entre ce qui appartient à la mémoire et ce qui appartient à l'attention directe. Cette distinction deviendra, du reste, parfaitement claire quand nous exposerons nos résultats. Il nous a semblé que le but n'était pas toujours atteint. Beaucoup d'élèves qui savent qu'on leur permet de décrire la photographie en la gardant sous leurs yeux pendant les 10 minutes négligent de la regarder ; ils commencent par l'étudier attentivement pendant 1 minutes ou 2 ; puis ils se mettent à écrire, s'absorbent dans leur page écrite, et ne sentent plus le besoin de revenir à la photographie ; parfois même ils terminent la description sans avoir regardé de nouveau la photographie ; d'autres la regardent à la fin, sans doute pour vérifier quelque détail de minime importance. Ces épreuves sont surtout des épreuves de mémoire. Nous avons tenu compte de cette cause d'erreur, quand nous l'avons remarquée ; mais certainement beaucoup de cas nous ont échappé.

On s'est servi de deux photographies différentes ; pour abréger, nous ne parlerons que des résultats obtenus avec une seule ; elle a 18 centimètres sur 12 ; elle est collée sur une feuille de papier bristol de 24 sur 20 ; elle est la reproduction d'un tableau de Duverger, qui appartient au Musée de Luxembourg de Paris ; elle représente et illustre la fable de La Fontaine, intitulée : *le Laboureur et ses enfants.*

Presque tous les enfants de la classe connaissaient cette fable, et quelques-uns la savaient par cœur. Nous avons pensé que, par la nature du sujet représenté, ce tableau était propice à une expérience scolaire; le nombre et la variété des personnages représentés est une sollicitation pour la mémoire et un piège pour les illusions; le caractère expressif de la scène éveille l'émotivité de l'enfant. Les résultats obtenus avec ce tableau ont été plus satisfaisants que ceux qui nous ont été donnés par d'autres tableaux analogues.

Nous devons noter que les enfants ont été vivement intéressés par cette expérience, qui était toute nouvelle pour eux.

La lecture la moins attentive d'une série de ces copies montre que ceux qui les ont écrites se sont placés à des points de vue très divers, puisque sur 150 il n'y en a pas 2 de semblables; une expérience de ce genre est bien faite pour montrer combien il existe de différences individuelles dans la manière de regarder, de comprendre ce qu'on voit, et d'être touché, ému, par les scènes expressives. Nous avons essayé de classer les copies d'après leur caractère principal, et nous allons exposer notre classification. Bien qu'elle nous soit inspirée par les faits, elle repose sur des interprétations et des appréciations qui nous sont personnelles; on ne mesure pas encore une qualité mentale comme on mesure une longueur; il y a quelque arbitraire, certainement, dans nos appréciations; c'est un inconvénient qu'on rencontre souvent en psychologie, par exemple dans l'étude des associations d'idées. Nous donnerons beaucoup de copies d'élèves, afin que le lecteur puisse contrôler, et, au besoin, corriger notre classification.

Nous sommes arrivés à distinguer 4 types intellectuels et moraux :

1º Le type descripteur;

2º Le type observateur;
3º Le type émotionnel;
4º Le type érudit.

1º *Type descripteur.*

Nous appelons *descripteurs* ceux qui décrivent les objets placés sous leurs yeux, en tenant compte surtout des caractères les plus apparents, et sans chercher à en saisir la signification. Quand l'enfant examine la photographie du laboureur, il a sous les yeux deux choses à la fois : 1º un ensemble d'objets, des personnages debout et assis, des meubles, etc.; 2º une scène particulière, c'est-à-dire une situation, un événement. Dans un très grand nombre de copies, nous constatons que l'enfant a porté principalement son attention sur l'ensemble des objets matériels et a négligé le sujet; il a décrit la photographie comme si c'était une photographie de nature morte. Exemples :

(1) Devant une cheminée une dame et un petit bébé sur ses genoux: devant un lit, trois jeunes hommes: à côté d'une chaise un petit garçon et une petite fille: un chien épagneul; à côté d'un buffet une dame; par terre une petite voiture et un béret. — Garçon de 12 ans, 3e classe. — Description d'après nature.

Appréciation. — Sécheresse. Aucune idée de sujet, Simple description d'objets, avec insistance sur leur position. Le personnage principal, le vieillard, est oublié. Etant donné l'âge de l'enfant, développement intellectuel médiocre.

(2) Le père allait mourir, il fit venir ses enfants pour leur parler; *à gauche,* il y a un fils, une petite fille, un petit enfant, la mère qui tient dans ses bras un bébé, et la cheminée avec ses ustensiles; *à droite,* il y a les deux fils, une chaise, un chien, la grand-mère. par terre une casserole pour le chien et un jouet. — Garçon, 3e classe.

Appréciation. — Bon début. Description sèche des objets. L'enfant a suivi dans sa description un ordre bizarre,

énumérant d'abord ce qui se trouve à gauche, puis ce qui
se trouve à droite.

(3) Le laboureur et ses enfants. Il y a une cheminée, une dame et
deux enfants, et trois jeunes hommes, et le père malade dans son
lit, un chien et une grand'mère, un béret, un buffet, une petite
voiture, un petit garçon avec des bottes, une petite fille, une pendule sur la cheminée, une petite chaise pour mettre les genoux de
la dame, une chaise pour mettre les habits du laboureur. — Garçon
de 10 ans et demi, 3e classe. — Description d'après nature.

Appréciation. — Sécheresse. Description pure et simple des objets, mais détaillée et exacte.

(4) Le père est couché dans un lit en bois dans une alcôve: ses
trois enfants sont près de lui. *Il y a un fauteuil devant son lit;* un
petit enfant est tout à côté, et la main posée dessus. La mère tient
son enfant sur ses genoux, qui est en train de dormir. Derrière elle,
se tient une petite fille qui regarde son père avec tristesse. Ensuite
il y a une cheminée dont on remarque les ustensiles de cuisine. En-
dessous des pieds de la mère il y a un tabouret. A côté du troisième
fils, à droite, il y a une chaise et un chien qui regarde vers la porte:
plus loin la grand'mère qui ouvre le loquet de la porte; au plafond
il y a un panier, et sur la chaise il y a un paletot; plus loin, une
gibecière et une assiette. Le plafond est retenu par des poutres. Le
petit garçon tient un bâton à la main. — Garçon de 12 ans et demi,
3e classe. — Description d'après nature.

Appréciation. — Description pure et simple des objets;
décousu; abondance de détails.

(5) Sur ce tableau on voit : un vieillard dans un lit, à côté de lui
se trouvent trois jeunes hommes, un fauteuil et un petit garçon,
une mère tenant dans ses bras un enfant, derrière elle se trouve
une petite fille de neuf ans à peu près. Vers une porte à droite est
une femme avec un chien, par terre une petite voiture en bois et
une écuelle. — Garçon de 10 ans et demi, 3e classe. — Description
de mémoire.

Appréciation. — Sécheresse. Description pure et simple des objets. Aucune idée de la scène.

(6) Dans la photographie, je vois que c'est à la campagne. Dans la
chambre, je vois dans un lit un vieillard qui a autour de lui trois
hommes, une femme qui est devant la cheminée et qui a un jeune
enfant sur les genoux; une autre femme, peut-être plus vieille que

celle qui est devant la cheminée, est en train d'ouvrir une porte qui se trouve sur le côté droit du lit; enfin, deux jeunes enfants, une fille et un garçon, paraissent inquiets. Je vois une chaise sur laquelle est posée un habit; par terre, il y a un jouet d'enfant, une petite charrette et un plat. — Garçon de 14 ans, 2e classe. — Description de mémoire.

Appréciation. — **Description d'objets, mieux liée que dans les copies précédentes. Plusieurs détails.**

(7) Je remarque un vieillard à son lit de mort, 3 jeunes gens qui l'écoutent, un chien, une femme allaitant un enfant, un jeune garçon qui joue, une jeune fille qui s'appuie sur le dos d'une chaise, un panier, des vêtements, 3 chaises, une domestique qui ouvre une porte, un petit banc, une cheminée, des plats, des assiettes, une porte, les murs de la chambre, des rideaux, une écuelle. — Garçon de 13 ans, 1re classe. — Description de mémoire.

Appréciation. — **Description d'objets. Sécheresse. Absence de liaison.**

(8) La photographie représente une chambre de villageois; au côté droit la porte d'entrée, au fond un lit, et à gauche une grande cheminée. On remarque au plafond des solives. Une dame assez âgée ferme la porte d'entrée; au fond, dans le lit, un vieillard ayant 2 de ses 3 fils en face de lui, autrement dit au pied du lit, et un autre à la tête du lit. A côté de ce fils se trouve une dame assise tenant un nourrisson dans ses bras. En face du lit, un enfant et un chien, puis des jouets. — Garçon de 13 ans et demi, 1re classe. — Description de mémoire.

Appréciation. — **Description d'objets. Sécheresse.**

(9) Le vieillard couché dans son lit est en train d'expliquer une chose à ses enfants qui sont autour de son lit; l'aîné, le 2e est à côté de l'aîné, le 3e est à gauche. Puis un petit garçon appuyé sur une chaise avec un fouet, puis une dame assise sur une chaise, ayant sur ses genoux un petit enfant qu'elle endort : pour lui relever un peu la tête, elle a un pied sur un petit tabouret; *ce pied est le pied droit;* puis à droite du lit on voit une dame à côté d'une porte, et dans la chambre on voit un petit chariot qui amuse le plus petit, celui qui a un fouet en main, puis une écuelle, un peu plus loin on voit un chien qui regarde la dame qui est à la porte. On voit aussi un banc et une chaise. — Garçon de 14 ans, 1re classe. — Description de mémoire.

Appréciation. —**Description d'objets. Description assez** bien liée; très copieuse, prouvant une bonne mémoire; quelques détails inexacts que nous avons *soulignés*.

Les copies appartenant à ce type descriptif permettent d'apprécier l'exactitude et l'étendue de la mémoire des enfants; elles indiquent aussi jusqu'à quel point ils manquent d'attention systématique, et aussi d'émotivité. Ce sont là les trois données principales que cette expérience fournit.

2° *Type observateur.*

Le tableau que nous présentons aux enfants ne contient pas seulement des personnages et des objets; ces personnages sont groupés d'une certaine manière, leurs figures sont expressives, ils disent et font quelque chose; le tableau a un sujet, il représente une action particulière. Les élèves que nous rattachons au type observateur (terme que nous employons faute de mieux) ont fixé principalement leur attention sur le sujet de la scène. Déjà nous avons vu que beaucoup d'enfants descripteurs ont un peu cette tendance, car ils commencent par décrire le vieillard, qui est le personnage principal; mais, chez les observateurs, cette tendance est bien plus marquée; les personnages sont reliés les uns aux autres, leur attitude est comprise ou conjecturée; c'est une *description de tableau vivant*.

On pourrait croire que, s'il en est ainsi, c'est parce que les enfants de ce groupe savaient la fable par cœur; mais, en réalité, on verra que beaucoup d'entre eux ignoraient la fable et ont inventé un sujet d'un genre un peu différent.

(10) Le laboureur qui est couché, ses enfants qui sont près de son lit, il leur parle, il est près de mourir, il a l'air triste, ils sont tous réunis autour de lui. — Elève de 10 ans, 1re classe. — Description de mémoire.

Appréciation. — Description du sujet de la scène. Laconisme et sécheresse.

(11) Un vieillard, sentant qu'il allait mourir, appela ses enfants; ils étaient quatre, les trois premiers étaient âgés de quinze, seize, dix-sept ans, le plus petit assis sur les genoux de sa mère, l'autre appuyé au fauteuil écoutait le vieillard parler, et qui disait :

« Mes enfants, ne vendez pas ces terres qui viennent de mon père ; dans ces terres un trésor est caché, fouillez, creusez et vous verrez que vous le trouverez. » Pendant qu'il parlait ainsi la servante allait chercher du vin dans l'armoire, le chien suivait ses mouvements. Le vieillard dit encore : « Ne vendez point les terres, » et ses yeux se fermèrent. — Enfant de 12 ans, 2ᵉ classe. — Description de mémoire.

Appréciation. — Description du sujet de la scène. Beaucoup de détails. Tour dramatique.

(12) Le tableau du laboureur et de ses enfants représente un vieillard couché sur son lit de mort, et ayant à ses côtés ses enfants et leurs femmes, ainsi que la femme du mourant *qui cherche à le soulager en lui donnant quelque chose.* Sur son fauteuil est un de ses petit-fils qui écoute attentivement les conseils que le père donne à ses enfants, *sans faire le moindre bruit ni le moindre mouvement.* A côté du lit du mourant se trouve son chien. A son tour, le mourant fait des représentations et donne de bons conseils à ses fils, car il sait que s'ils se laissaient entraîner par de mauvaises compagnies, ils pourraient se ruiner. *Un grand feu est allumé dans la chambre du mourant.*

Appréciation. — Description du sujet de la scène. — L'enfant ne paraît pas connaître la fable. Peu de détails. Quelques erreurs (*soulignées*).

(13) Le tableau représente une humble cabane meublée très simplement. Au fond du tableau, l'on voit un lit, sur lequel un vieillard majestueux parle à ses fils qui ont un air de respect devant le vieillard. Ils ont l'air triste et songeur; à côté d'eux, un enfant de 5 à 6 ans s'amuse ; puis une petite fille, d'une douzaine d'années, prête l'oreille ; à côté d'elle, assise près de l'âtre, une jeune femme a sur ses genoux un enfant. Tout à l'autre bout de la pièce, un chien, à ce que l'on voit, a l'air d'aboyer, puis plus loin, près de la porte, une vieille femme coiffée d'un bonnet blanc a l'air d'ouvrir le guichet, probablement au docteur. Cet aspect du tableau reproduit une fable de La Fontaine, *le Laboureur et ses enfants.* — Fille, 1ʳᵉ classe, 12 ans.

Appréciation. — Description du sujet. Beaucoup de détails, bien liés.

Nous pensons que ce type de l'observateur est plus complexe que le type descripteur ; il exige certainement plus d'habileté, plus d'art, un choix plus intelligent des détails intéressants. Gardons-nous de conclure cependant qu'un enfant qui observe est plus intelligent qu'un enfant qui décrit. Cette conclusion tranchante risquerait fort de tomber à faux. Ce sont plutôt deux orientations différentes de l'esprit, et on peut faire preuve d'intelligence dans l'une ou l'autre de ces deux orientations; bien plus, il est possible qu'un enfant montre de la mémoire, de l'adresse et même du jugement en faisant une *description nature morte* tandis qu'un autre enfant commettra des erreurs, fera des conjectures puériles ou montrera d'autres défauts intellectuels en faisant une *description de tableau vivant*.

3° *Type émotionnel.*

L'observateur, au lieu de décrire sèchement le sujet de la scène, exprime l'émotion qui s'en dégage; nous avons alors le type émotionnel, qui ne diffère pas intellectuellement du type observateur, si ce n'est par ce détail que le nombre des observations est généralement moindre.

(14) Un laboureur âgé de 70 ans était tombé malade. Ses enfants venaient le voir tous les jours. Ce pauvre homme ne pouvait plus résister. Quand il voyait ses enfants, c'était tout. Aussi ils l'aimaient bien et lui apportaient de toutes choses. Il avait un bon chien, il se couchait au pied de son lit, une petite fille qui pleurait à toute larme. Enfin, ce pauvre homme était bien aimé. — Enfant de 10 ans, 4ᵉ classe. — Description de mémoire.

Appréciation. — Ne paraît pas connaître la fable. Description du sujet de la scène. Peu de détails. Beaucoup de sentiment.

(15) C'est dans une pauvre chaumière que se passe cette triste scène. Il y a un pauvre laboureur agonisant dans son lit, et un lit, un bien pauvre lit. Parlant difficilement, il dit à ses fils : « Mes enfants, fouillez bien la terre, ne laissez, pas un endroit où la bêche

n'ait pas passé et repassé. » A côté du lit du moribond est la mère qui a un petit bébé dans ses bras, un autre enfant est devant le lit de son père, écoutant ses sages paroles. La maison est surtout triste.— Garçon de 10 ans, 3ᵉ classe. — Description d'après nature.

Appréciation. — Description du sujet de la scène. Peu de détails. Du sentiment. Phrases bien faites.

(16) C'était un laboureur bien pauvre, il se voyait mourir et il appela ses enfants. On le voit dans son lit, très mal. Tous ses enfants sont près de lui, presque les larmes aux yeux, même le plus petit qui a l'air d'écouter avec attention. C'est très touchant de voir ce laboureur dans son lit, et les enfants autour. On dirait que le père a l'air de leur causer. On voit une vieille bonne femme qui a l'air de chercher dans un placard pour les médicaments; on dirait que c'est la maman, qui elle aussi est bien vieille. — Garçon de 12 ans et demi, 4ᵉ classe. — Description de mémoire.

Appréciation. — Description du sujet de la scène. Peu de détails. Sentiment. Phrases naïves.

(17) Tout le monde est triste à la maison, même le chien qui a toujours été fidèle au laboureur qui est près de mourir. Les six enfants ont beaucoup de chagrin, mais leur père leur parle avec tant d'affection qu'il ranime leur courage. Il laisse malheureusement trois beaux petits enfants qui pleurent de chagrin. Ce n'est pas pour cela que le désordre règne dans la maison ; au contraire, chaque chose est à sa place, et la servante n'en continue pas moins son ouvrage. — Garçon de 12 ans, 2ᵉ classe. — Description de mémoire.

Appréciation. — Description du sujet de la scène. Sentiment. Phrases assez bien faites.

(18) Regardez cette chambre, ne voyez-vous pas quelque chose de naturel! Regardez comme tout le monde écoute; hommes, femmes et enfants baissent les yeux à la voix du vieux père qui fait ses recommandations avant de mourir. Voyez-vous cette femme assise qui tient sur ses genoux un nouveau-né? Cet enfant lui aussi écoute les paroles sacrées du bon vieux père qui fait retentir dans cette chambre sa voix mourante. Regardez bien ce tableau, ne vous impressionne-t-il pas de voir le vieillard se lever sur son séant pour prononcer ses dernières recommandations? — Garçon de 15 ans, 1ʳᵉ classe. — Description de mémoire.

Appréciation. — Description du sujet. Peu de détails. Sentiment. Tour emphatique. Des naïvetés.

(19) Au milieu de la chambre, nous apercevons un lit avec des rideaux blancs, au milieu duquel est assis un vieillard qui, se sentant près de mourir, fit venir ses enfants pour leur parler. Nous apercevons donc 3 jeunes gens, dont un est appuyé contre le lit, regardant son père, avec un air triste et désolé ; le second, ayant les mains derrière le dos, est triste également, et le 3ᵉ est près de s'élancer au cou de son père pour lui dire au revoir !! Tandis qu'à côté d'eux sont 3 petits marmots, probablement ses petits-enfants qui ont l'air de prendre peine aux malheurs de leurs parents. Nous apercevons, près de la cheminée, une bonne qui est en train de nettoyer un des petits enfants. Pendant ce temps, une autre bonne va ouvrir la porte, car elle vient d'entendre frapper ; ce sont sans doute des voisins qui viennent dire adieu au vieillard. Le chien aboie, mais pas un aboiement gai, car lui aussi est bien attristé de de perdre son bon et fidèle maître.

Appréciation. — Description du sujet. Beaucoup de détails. Conjectures. Sentiment.

On peut se demander si les enfants du type émotionnel ont réellement éprouvé l'émotion qu'ils expriment dans leur copie ou s'ils ont simulé l'émotion, ou encore s'ils ont employé un langage émotionnel qui leur est fourni par leur mémoire et qui n'a pour eux aucune signification précise. On pourrait encore se poser bien d'autres questions ; par exemple, si des enfants prompts à s'émouvoir devant une scène touchante, comme celle de la photographie, sont en réalité des émotifs dans leur vie de tous les jours. Je pose ces points d'interrogation, bien que je ne puisse évidemment pas répondre à tous ; mais je suis en mesure de donner quelques renseignements curieux sur quelques-uns. Dans les notes et appréciations que les professeurs ont écrites sur leurs élèves et que le directeur de l'école a contrôlées avec soin, je vois que, sur 5 élèves (nᵒˢ 14 à 18 des copies) que j'ai rangés dans le groupe émotionnel, 4 ont un caractère froid, une nature sèche, peu de sensibilité ; le 5ᵉ seul *paraît sensible.*

4° *Type érudit.*

Nous groupons ici les enfants qui se rappelaient la fable de La Fontaine et qui, au lieu de décrire le tableau, ont résumé la fable, ce qui était certainement beaucoup plus facile. Notre groupe est probablement formé en majeure partie de paresseux, ou d'esprits lourds qui, n'ayant pas senti l'attrait du travail qu'on leur demandait, s'en sont dispensés.

Plusieurs élèves ont simplement reproduit la fable, la sachant par cœur. D'autres l'ont mise en prose.

(20) Description du *Laboureur et ses enfants.* Un laboureur sentant sa mort fit venir ses enfants et leur dit : Travaillez, labourez la terre. Plus de courage vous fera gagner votre vie. Il faut toujours travailler. Il fit venir toute sa famille, il dit à ses enfants : un trésor est caché dedans (la terre). Ils cherchèrent. — Garçon de 9 ans, 4ᵉ classe. — Description de mémoire.

Appréciation. — Résumé de la fable. Aucune indication de la photographie.

(21) Un laboureur sentant sa fin prochaine fit venir ses enfants et leur dit : Je me vois près de mourir, et j'ai caché des trésors dans la terre. Vous pouvez bêcher, fouiller, vous les trouverez.
Après la mort du père, les fils se mirent à travailler, et pendant plusieurs jours ils fouillèrent la terre, mais ils n'y trouvèrent rien. La femme et les enfants furent désolés.

Appréciation. — Résumé de la fable. Presque rien de la photographie. Oubli comique de la moralité.

(22) Un laboureur étant près de mourir appela tous ses enfants et petits-enfants; étant tous réunis, il leur explique qu'il y a un trésor dans un champ et qu'un peu de courage le leur fera trouver. Allez. leur dit-il, un peu de courage vous le fera trouver. Ses enfants après avoir retourné le champ ne découvrirent aucun trésor ; mais à la nouvelle saison le champ produisit le double. — Garçon de 14 ans, 2ᵉ classe, — Description d'après nature.

Appréciation. — Souvenir de la fable. Rien ou presque rien de la photographie.

Depuis mes premières études sur la description d'objets, quelques auteurs ont repris l'étude de ce test. Je me borne à signaler les suivants: Leclere qui a publié une étude dans l'*Année psychologique* (IV, p. 379) y rapporte des expériences faites sur des jeunes filles auxquelles il demandait de décrire une montre; le travail est intéressant, mais la partie purement expérimentale n'est pas suffisamment développée, et l'auteur accorde trop de place à des considérations *a priori* sur la psychologie de la femme. Dwelshauvers a fait (*Revue de l'Université de Bruxelles*, t. IV, 1899, p. 29) quelques expériences rapides de description d'objets; il a trouvé les résultats très significatifs, à ce qu'il assure, et considère cette épreuve comme capable de renseigner sur les aptitudes intellectuelles des jeunes gens, et surtout sur leur manière de travailler; malheureusement, il ne donne point de détails. En 1899 (*Psych. Rev.*, X, 3)., Sharp, ayant fait de la description d'objets, a retrouvé mes résultats anciens, et il a donné l'intéressante suggestion qu'en faisant décrire des gravures qui ne sont pas connues des sujets, on augmente l'importance des différences individuelles. Enfin, Stern a publié dernièrement une brochure sur la psychologie des différences individuelles; il y parle de mon test, mais n'apporte aucune contribution expérimentale. En ce qui me concerne, j'ai publié seulement deux articles jusqu'ici sur la description d'objets; le premier, déjà cité, et le plus important, a paru dans l'*Année psychologique*, III, 296; le second, qui est un peu un article de vulgarisation, a paru dans la *Revue des Revues*, en 1898.

Tout ce que je veux retenir des travaux antérieurs, c'est la double proposition suivante:

1° L'expérience de description d'objets révèle l'existence de plusieurs types mentaux distincts, le descripteur par énumération, l'observateur, l'idéaliste, l'esthéticien, l'émotif.

2º Les différents genres d'objets qu'on donne à décrire ne sont pas propres à mettre en relief les mêmes types mentaux ; et pour que l'expérience soit complète, il importe de faire décrire successivement aux mêmes personnes des objets différents.

Ces premiers essais m'ont paru intéressants à rappeler ; mais ils ne me satisfont pas complètement. On peut mettre en doute leur signification ; et il y a beaucoup de points d'interrogation qui pourraient être posés. Ainsi :

1º Le genre de description que donne un sujet traduit-il son type intellectuel ou ne provient-il pas tout simplement de ce que le sujet a compris par hasard d'une façon particulière l'épreuve qu'on lui impose, ou a subi une influence tout accidentelle et extérieure ?

2º Alors même que ce test de description exprimerait avec exactitude le type intellectuel du sujet, quelle est l'importance de ce type ? Se manifeste-t-il simplement dans cet exercice littéraire de description ou a t-il d'autres conséquences ? Entraîne-t-il une manière particulière d'employer sa mémoire, par exemple, et son raisonnement ? A-t-il une part dans la constitution du caractère intellectuel et du caractère moral ?

Je pense que ces deux questions vont être en partie résolues par les recherches nouvelles qu'il me reste à exposer.

II

J'arrive maintenant aux descriptions d'objets que j'ai fait faire à Marguerite et à Armande.

Je leur ai fait décrire un grand nombre d'objets différents : une gravure, une boîte d'allumettes, une feuille de marronnier, une montre, un sou, une plume, un point d'interrogation tracé à la main sur une feuille de papier, etc. J'ai évité de faire faire ces descriptions le même jour, de crainte qu'elles ne subissent l'influence d'une orientation d'idées accidentelle. La première description, celle de la gravure, a été faite le 15 octobre 1900 ; la dernière a été faite en août 1902. Chaque sujet était bien isolé quand il décrivait, et je le laissais en tête à tête avec son papier ; recommandation lui était faite de ne parler de l'expérience à personne et même chacun ignorait le temps que l'autre avait mis à faire sa description. Plusieurs fois, mes sujets m'ont demandé des renseignements sur la manière dont il fallait décrire l'objet, mais je n'ai jamais voulu répondre à leurs questions. Marguerite était souvent embarrassée et elle le disait ; elle était mécontente de son travail, et une fois elle a demandé la permission de le recommencer. Armande était d'ordinaire plus satisfaite ; elle a cependant exprimé une fois quelque incertitude, se demandant si elle devait décrire l'objet tel qu'il était ou bien écrire une histoire à propos de cet objet.

Le caractère le plus frappant des descriptions, c'est qu'elles appartiennent à deux types très différents. Les descriptions de Marguerite sont des descriptions proprement dites, riches en détail sur l'objet qu'on lui mettait devant les yeux. Au contraire, dans les descriptions d'Armande, les détails matériels sont beaucoup moins nombreux, et il y a plus de fantaisie, d'imagination. Cette différence ne s'est pas manifestée dès la première épreuve, cette première épreuve consistait à décrire une gravure dont je donne ci-joint la reproduction (1). Les deux sœurs ont donné, de cette gravure, des descriptions que je considère comme équivalentes ; les objets matériels représentés dans la gravure sont décrits et sobrement interprétés. Voici ces deux descriptions.

(1) Ce cliché nous a été obligeamment prêté par la maison Hachette.

Tableau de Geoffroy, d'après une gravure de la « Lecture pour tous ».

Description de la gravure par Marguerite.

(Expérience faite le 15 octobre ; durée : 14 minutes ;
nombre de mots : 155.)

Ce sont deux pauvres gens, obligés de quitter leur logement, ne
pouvant plus payer leur loyer.

Le plus âgé des deux est assurément le père du petit garçon, qui
l'aide à tirer la misérable voiture où ils ont empilé le peu de choses
qui leur appartienne.

Le chemin est glissant, car il a plu, ils peinent pour tirer tout ce
qui constitue leur fortune, c'est-à-dire une table que l'on aperçoit
à moitié couverte par une espèce de paquet de chiffon, un seau ac-
croché par l'anse, et enfin un panier que l'on voit sur le derrière
de cette pauvre charrette.

Je suppose que cette gravure représente leur départ de la campagne qu'ils habitaient ; car l'on voit au fond quelques maisons à
demi cachées par le brouillard...

Le ciel est orageux, et sans doute il pleuvra encore.

Ils dépassent les dernières maisons, ils sont presque dans la campagne

Description de la gravure par Armande.

(15 octobre 1900. Durée : 9 minutes ; nombre de mots : 139.)

Cette gravure représente un vieillard et un enfant qui, chassés de
leur réduit faute d'argent, vont traîner leur peu de bien dans un
quartier moins hostile ; on voit Paris dans la brume ; c'est l'aurore
et une faible lueur qui glisse sur le chemin aux murs démolis indique l'aube qui naît. La charrette semble prête à se renverser, elle est
chargée, on a tout empilé ; une vieille table, un seau, une huche et
quelques draps déchirés qui pendent le long des roues. C'est tout ce
que l'on voit ; peut-être sous les hardes se cachent d'autres objets.

La route tourne et le sol monte, détrempé et glissant ; le long du
chemin une barrière démolie étend vers le ciel ses bras décharnés.

Un petit arbuste dépourvu de ses feuilles : c'est l'hiver.

Un œil attentif découvre nécessairement des différences
dans ces deux rédactions ; celle de Marguerite est d'une
description méthodique et un peu sèche ; il y a dans celle
d'Armande un peu plus de fantaisie ; mais ce n'est qu'une
nuance ; et si l'on avait à sa disposition seulement ces
deux descriptions, il serait fort difficile d'en tirer une

interprétation quelconque. Notons qu'Armande a été beaucoup plus rapide, et que, pour un même temps que sa sœur, elle écrit un beaucoup plus grand nombre de mots.

Il m'est arrivé le plus souvent de constater que les expériences faites dans les écoles avec les mêmes tests me donnaient des résultats moins significatifs que les expériences faites sur mes deux fillettes. Ici, j'ai rencontré une exception à cette règle.

Le lendemain, 16 octobre, je fais faire aux deux sœurs la description d'une boîte d'allumettes, de couleur brune. Maintenant, les deux descriptions sont absolument différentes ; je n'ai cependant fait aucune réflexion, je n'ai donné aux deux enfants aucune idée directrice.

Voici la description de Marguerite.

Description d'une boîte d'allumettes par Marguerite
(16 octobre 1900. Durée : 13 minutes).

Il faut que je décrive cette boîte d'allumettes, c'est une chose fort difficile, je commence par la couleur.

Elle est d'un brun rouge, et les mots Manufactures de l'Etat, etc.., y sont écrits en même couleur que la boîte, seulement beaucoup plus clair, le timbre de l'Etat est collé un peu sur le dessus et un peu sur un côté pour empêcher de l'ouvrir.

Deux des côtés de la boîte sont noirs, c'est là que l'on frotte les allumettes pour les faire prendre, assurément cette boîte a servi, car l'on voit plusieurs traces de frottements sur les deux côtés.

Le tiroir qui glisse dans la boîte est de couleur bleue, et rempli d'allumettes rouges maintenant, car autrefois elles étaient blanches ; ces allumettes ont la tête jaune et c'est cette tête que l'on frotte sur les parties noires.

Le dessous de la boîte est de même couleur que le dessus, seulement plus clair, il représente trois lettres, un A, à gauche, un C à droite, et un M, au milieu ; au milieu de cette dernière lettre se trouve quelque chose de long, auquel je ne saurais donner de nom.

La boîte d'allumettes est une contribution indirecte, elle coûte 10 centimes, mais elle ne les vaut pas.

Il y a 60 allumettes dans une boîte neuve.

Cette description est purement matérielle, très attentive, très riche en détails. Elle diffère entièrement de la description suivante, due à Armande.

Description d'une boite d'allumettes par Armande
(16 octobre 1900. Durée : 12 minutes).

C'est une vieille boîte d'allumettes que l'on rencontre partout sans jamais la remarquer, elle passe inaperçue comme une ombre... ou plutôt comme une chose trop commune pour attirer l'attention. Si on la secoue, on entend à l'intérieur les allumettes qui entrent en danse : elle est à moitié pleine ; son couvercle, d'un rouge éteint pour ne pas attirer les regards, a l'air de se fondre sur ce qui l'entoure : les côtés démolis et branlants laissent voir combien elle a dû traîner souvent sur une table ; peut-être a-t-elle toute une histoire ; se servit-on d'elle pour s'éclairer au milieu des ténèbres dans un cas important ?

Dans la nuit au centre des bois, s'en servit-on pour retrouver son chemin ? Ou simplement on l'a acheté hier avec plusieurs de ses semblables ? Nous l'ouvrons, les allumettes sont nombreuses, elles sont rouges, le bout est jaune, rien ne frappe la vue, c'est trop souvent que l'on voit une boîte d'allumettes !

La description d'Armande contient un moins grand nombre de détails matériels ; il serait difficile de les compter, mais on ne commettrait pas une grosse erreur en disant que dans la description d'Armande il y a à peu près trois fois moins de détails que dans la description de Marguerite. De plus, ces détails matériels n'ont pas été décrits pour l'intérêt qu'ils présentent en eux-mêmes ; ils sont subordonnés à une idée générale, et servent à l'appuyer. Armande a eu l'impression subjective que la boîte d'allumettes qu'elle avait sous les yeux est un objet banal, qui n'attire point l'attention, qui passe inaperçu ; et tous les détails de couleur et de forme qu'elle note sont écrits pour illustrer cette idée. Il y a là une manière bien particulière de percevoir et d'observer. La copie contient encore beaucoup de réflexions et d'actes d'imagination qui sont à côté ; par exemple quand Armand se demande d'où vient cette boîte d'allumettes, à quel usage elle a servi, etc.

Je passe à la description d'une feuille de marronnier, ramassée dans notre jardin de S..., et à demi jaunie par l'automne. La différence de description que nous venons de signaler entre les deux sœurs s'accentue encore; nous voyons apparaître chez l'une d'elles de la sensibilité et de l'émotion littéraires, qui font défaut à l'autre.

Description d'une feuille de marronnier par Marguerite
(19 octobre 1900. Durée 11 minutes, 15 secondes).

La feuille que j'ai sous les yeux est une feuille de marronnier cueillie en automne, car les folioles sont presque toutes jaunes, à l'exception de deux, et un à moitié vert et jaune.

Cette feuille est une feuille composée de 7 folioles se rattachant à un centre qui se termine par la tige nommée pétiole qui supporte la feuille sur l'arbre.

Les folioles ne sont pas toutes de la même grandeur ; sur 7, 4 sont beaucoup plus petits que les trois autres.

Le marronnier est un dicotylédone, l'on peut s'en apercevoir en regardant la feuille, elle a des nervures ramifiées.

En plusieurs endroits la feuille est tachée de points couleur de rouille, une de ses folioles a un trou.

Je ne sais plus que dire sur cette feuille de marronnier.

Cette rédaction contient des détails de description nombreux et aussi des détails d'érudition assez nombreux, souvenirs de leçons de botanique.

D'une toute autre allure est la rédaction d'Armande.

Description d'une feuille de marronier par Armande
(Durée : 8 minutes. 19 octobre 1900.)

C'est une feuille de marronnier qui vient de tomber languissamment sous le vent de l'automne.

La feuille est jaune, mais encore raide et droite, peut-être reste-il un peu de vigueur dans cette pauvre mourante !

Quelques traces de sa couleur verte d'autrefois, sont encore empreintes sur les feuilles, mais le jaune domine : une bordure brune et rougeâtre en orne le contour.

Les sept feuilles sont toutes fort belles encore, la tige verdâtre ne s'en est point détachée.

Pauvre feuille maintenant destinée à voler sur les chemins, puis à pourrir, entassée sur bien d'autres. Elle est morte aujourd'hui... et elle vivait hier ! Hier, suspendue à la branche elle attendait le coup de vent fatal qui devait l'enlever; comme une personne mourante qui attend son dernier supplice.

Mais la feuille ne sentait pas son danger, et elle est tombée doucement sur le sol.

Armande a écrit plus rapidement que sa sœur, elle a été inspirée par l'objet, elle a montré plus de verve. La description matérielle est reléguée au second plan, comme dans la rédaction sur la boîte d'allumettes ; elle est subordonnée à une impression générale, l'impression que la feuille d'automne va mourir. Cette idée de mort est développée gauchement, mais avec quelque émotion, peut-être plus littéraire que profonde.

La description du sou, que je fais faire aux deux sœurs quelques jours après, paraît être calquée sur la description de la boîte d'allumettes ; on trouve exactement la même différence entre les deux copies ; celle de Marguerite est attentive, détaillée, riche en petits faits ; celle d'Armande est très pauvre en détails, et dominée par cette idée que le sou est un objet vulgaire et humble qui passe inaperçu.

Description d'un sou par Marguerite
(21 octobre 1900. Durée : 5 minutes, 30 secondes).

Cette pièce que j'ai sous les yeux est un sou, elle est en cuivre, sali par un long usage.

L'envers de cette pièce représente un aigle aux ailes déployées, car elle date de Napoléon III empereur.

Sur l'envers est écrit : Empire Français. 5 centimes.

Sur l'endroit se trouve la tête de Napoléon III, entourée de ces mots : Napoléon empereur, et en dessous la date où la pièce a été frappée, mais elle est trop effacée et je ne puis la lire.

Cette pièce n'est pas épaisse, deux millimètres à peu près.

Description du sou par Armande
(21 octobre 1900. Durée : 6 minutes).

C'est un vieux sou usé par le temps ; on distingue encore la tête de Napoléon III en plus clair sur ce fonds sale. Quelques taches de vert-de-gris ornent les quelques mots: Napoléon III empereur, puis la date. Sur l'autre face de la pièce les lettres sont plus usées, on ne distingue presque plus... Comme il en aurait long à raconter ce sou, s'il parlait ! D'où vient-il ? En quelles mains a-t-il bien passé ?

On n'y pense même pas en voyant une humble pièce d'un sou, on ne cherche pas son histoire, mon Dieu, non ! Il paraît si simple de voir un sou, c'est si vulgaire ! Les sous passent inaperçus comme tant de choses qu'on est habitué à voir partout.

Quand Armande eut terminé sa copie, je lui demandai si elle en était contente ; elle me répondit que non : « Il me semble, dit-elle, que je n'aurais pas dû déplacer la question, comme je l'ai fait ; c'était la description du sou ; j'ai parlé d'autre chose. » Il est singulier que malgré cette remarque elle ait continué, dans les expériences suivantes, à faire des descriptions qui ne sont pas matérielles.

La description d'une plume neuve de Blanzy-Poure est encore comparable à celle de la boîte d'allumettes. Je ne crains pas de répéter les observations ; leur répétition est instructive.

Description d'une plume par Marguerite
(31 octobre 1900. Durée : 8 minutes 30 secondes).

Cette plume est une plume Blanzy-Poure, elle s'appelle comme cela parce que elle doit être fabriquée par la maison Blanzy-Poure. Elle est assez longue, elle n'a pas le bout très pointu, mais elle est très bonne pour écrire.

Elle est creusée depuis un bout jusqu'à l'autre. Toutes les plumes sont trouées, mais le trou n'est pas le même, celui de cette plume est comme un parallélogramme très allongé :

Au bout de l'endroit où on l'enfonce dans le porte-plume, elle s'agrandit en se creusant, je ne sais pas expliquer au juste comme c'est.

Enfin le bout pointu forme un angle aigu avec le corps de la plume. Cette plume est d'une couleur brun foncé, elle s'éclaircit légèrement depuis la trouée en parallélogramme jusqu'à la pointe qui sert à écrire.

Sur le corps de la plume est écrit le nom du fabricant. Cette plume a peut-être 3 cent. de longueur.

On voit que cette description est méticuleuse, très froide,

très sèche ; c'est vraiment la description d'un objet inanimé. Armande nous décrit la plume, comme si c'était une personne vivante ; en revanche, les caractères descriptifs n'arrivent que tout à la fin de la copie, ils sont très peu nombreux et très vagues.

Description d'une plume par Armande

(31 octobre 1900. Durée : 7 minutes 45 secondes).

Une simple plume !

Elle n'a pas encore servi, elle n'a donc point d'histoire, elle n'a passé sur aucun papier, elle n'a pas laissé les traits noirs si expressifs. Elle est luisante et toute neuve, sa seule histoire, on la devine : elle est restée tranquillement dans une boîte pendant que ses semblables s'en allaient chacune leur tour. C'est un objet bien ordinaire qu'une plume ! Elle peut aller avec la boîte d'allumettes et le vieux timbre, ces objets n'attireront jamais attentivement le regard, ils passent inaperçus...

En petits caractères on peut lire sur la plume : plume caducée, Blanzy-Poure. N° 81.

La plume est allongée et pointue, elle a une petite fente sur le dos, comme toutes les plumes du reste.

Elle est creuse, très creuse ; je crois que cette plume doit être assez bonne, je me sers d'une de ses pareilles.

J'arrive à la description d'une grosse montre à répétition. Marguerite en a fait une description copieuse, qui lui a pris 16 minutes, elle a décrit minutieusement les aiguilles, les cadrans, la chaîne, sans faire seulement allusion à l'emploi de la montre. Si on veut bien comparer cette description à celles que M. Leclerc a publiées dans *l'Année*, on trouvera une grande différence.

Description de la montre par Marguerite

(29 octobre 1900. Durée : 16 minutes).

Cette montre a la forme d'un cercle plein.

Elle est en argent, les aiguilles sont en or, à l'exception de celle qui marque les secondes, et de celle qui marque les minutes.

Elle est à remontoir, les petites dents du remontoir me font l'effet d'être en or.

A l'anneau de la montre est attachée une chaîne, formée d'anneaux brisés enfilés les uns dans les autres.

Au bout de la chaîne une grosse breloque où se trouve au-dessous un cachet.

Les heures sont imprimées en noir sur un fond blanc, en chiffres romains.

Au centre sont fixées les aiguilles.

Juste au-dessous est un cadran beaucoup plus petit.

Au centre se trouve une aiguille.

L'aiguille des secondes marche sur le grand cadran, et, pour chaque tour, l'aiguille du petit cadran marche d'un chiffre à un autre, car lui aussi il a des chiffres, mais ils sont écrits en lettres arabes, et il y en a 60, ils vont par dix.

Entre les différentes heures du grand cadran sont les minutes, elles sont au nombre de 5; entre les minutes se trouvent les secondes, elles sont au nombre de 10.

La montre peut s'ouvrir, on voit les charnières à l'extérieur.

La montre est un objet très utile.

Armande, ce jour-là, n'a pas pu faire la description demandée. En 3 minutes, elle a seulement écrit cette phrase : « *Cet objet est une grosse montre* à secondes, très compliquée, que je ne cherche pas à expliquer. » Puis elle a déclaré qu'elle ne trouvait rien à dire. Est-ce que l'inspiration ne venait pas ?

On pourrait le croire, car le genre de description qu'elle a adopté exige quelque idée, et les idées ne viennent pas toujours quand on les appelle.

J'ai encore fait faire à ces deux jeunes filles la description d'un volume (Georges, par Dumas, un volume broché, à couverture verte, de la collection Michel Lévy) et enfin la description d'un point d'interrogation tracé à l'encre sur une feuille de papier. Je passe sur la description du volume, parce qu'elle rentre dans les types précédents, purement matérielle pour Marguerite, en partie imaginative pour Armande. Je donne simplement la description du point d'interrogation.

Description d'un point d'interrogation par Marguerite
(Durée 3 minutes 45 secondes. Le 1er nov. 1900).

Cette feuille de papier est quadrillée, gris sur blanc.
Sur cette feuille est écrit à la main avec de l'encre noire un point d'interrogation, il n'est pas tout à fait au milieu, il est un peu du côté gauche, et plus haut que le milieu.
Cette feuille peut avoir 15 c. sur 10 c.

Description d'un point d'interrogation par Armande
(Durée : 3 minutes 23 secondes. — 1er novembre 1900).

C'est une énigme, une feuille de papier quadrillée au milieu de laquelle on a dessiné un point d'interrogation. La feuille n'est pas grande, la question n'est point longue, on est étonné et surpris devoir ce point d'interrogation au centre d'une feuille blanche. Si l'on tourne la feuille, il n'y a rien à l'envers.

Marguerite, selon son habitude, se borne à décrire matériellement ; et la signification du point d'interrogation l'a si peu frappée que ce n'est pas par le point d'interrogation qu'elle commence ; elle dit d'abord que le papier est quadrillé ; Armande a un point de départ tout autre ; elle débute par ces mots : « c'est une énigme ; » tout absorbée par le sens de l'interrogation, elle décrit très peu de chose ; elle dit que le point d'interrogation a été *dessiné*, ce qui est une expression impropre, elle dit que ce signe est au milieu de la feuille, ce qui est inexact, car, comme Marguerite l'a remarqué, le signe est en haut et un peu à gauche ; elle n'apprécie pas la dimension de la feuille, elle dit simplement que la feuille n'est pas grande, et encore ne fait-elle cette remarque que par intention littéraire, car elle ajoute ensuite: la question n'est point longue. Marguerite au contraire a essayé d'apprécier la grandeur de la feuille ; elle lui attribue 15cm sur 8cm. (En réalité, la feuille a 14cm sur 10cm 5). On voit donc qu'en pénétrant dans le détail, on rencontre beaucoup de petites différences entre les deux sujets.

Je donne une dernière description d'objets. Il existe près de notre demeure, à la campagne, une belle maison qui est depuis longtemps inhabitée. Je la fais décrire aux deux enfants. Voici leur rédaction. Je donne d'abord celle de Marguerite.

LA MAISON LAR

L'autre jour, je me promenais dans la rue du D..., lorsqu'une grande affiche accrochée à la grille d'un jardin attira mon attention. Il y avait peu de temps que je connaissais Meudon, et c'était la première fois que je remarquais cet écriteau, je m'approchai donc et je vis écrit: Grande maison à vendre. ou à louer, s'adresser 1° à M. P...; notaire à M.... 2° à M. M..., 23, rue de Rennes, Paris. — C'était un peu loin, et comme je suis curieux, je me dis, si je sonne ici on sera bien forcé d'ouvrir, et si le concierge est accommodant j'entrerai !

Je sonne donc. et au bout d'un petit instant la porte s'ouvre. quoiqu'il n'y eût personne, on l'ouvrait de la cuisine (ainsi que je le sus plus tard). J'entrai dans une belle allée pleine de gravier bordée d'arbres assez touffus, et de petites roches où croissaient des genêts. De chaque côté de la porte, sur une petite hauteur, se trouvaient deux terrasses, la belle allée était au milieu dans une sorte de bas-fond, elle était très droite, au bout on voyait un grand et large escalier, et au-dessus une marquise, là encore une sorte de terrasse où donnaient des fenêtres, c'était la maison... A peine étais-je entré qu'un petit chien noir arriva en aboyant, d'une voix d'un timbre très clair, au même instant un jardinier aux cheveux gris, vint auprès de moi, je lui exposai le but de ma visite, il consentit à me faire visiter sa maison, nous commençâmes par le jardin, il était très beau, deux belles pelouses...

Cette rédaction très longue, et dont je donne le commencement, est d'une exactitude surprenante, elle ne contient que la très légère fiction d'une visite. Aucun détail n'est inventé ; et tous les détails donnés sont vrais. Voici la rédaction d'Armande.

MAISON DÉSERTE

Imaginez-vous une grande et superbe maison inhabitée que le passant admire lorsqu'il l'aperçoit au fond d'une allée de massifs embaumés. Le jardin est grand et désert ; lorsque le vieux Janvier vient y faire son tour il n'y trouve jamais que les arbres couverts d'une neige éblouissante, que les chemins couverts d'hermine blanche; c'est triste, c'est lugubre; tout au fond de ce jardin solitaire, tremblent les restes d'un vieux portique sur lequel les corbeaux viennent sinistrement croasser lorsqu'ils n'ont plus rien à faire. C'est mortel de vivre dans cette maison aux fenêtres closes, aux rideaux tirés: les vieux pianos dorment dans les salons, reposant leurs cordes anciennes, les fenêtres ne s'ouvrent plus, tout est usé, rouillé par le temps et surtout l'inaction ; tout respire une odeur âcre de la pièce que l'on n'aère pas. Les vieux fauteuils se regardent tristement comme d'anciens camarades habitués à vivre ensemble, ils se regardent de leurs dorures éteintes, et les grandes statues se plaignent amèrement de leur solitude, il fait froid au dehors et on ne chauffe pas la maison qui tremble de douleur, les chaises s'approchent inutilement de la cheminée jadis flamboyante !

Mais lorsque le printemps vient rayonner et rendre la vie aux arbres, les lilas fleurissent comme l'aubépine, le soleil mûrit les fruits, les oiseaux gazouillent, la joie renaît au sein du jardin qui soupire, avec le zéphir qui caresse les têtes embaumées des lilas...

La rédaction d'Armande est plus concise ; elle est surtout beaucoup plus vague et plus émue ; ce qui se voit déjà au titre choisi: *Maison déserte*, au lieu de maison de Lar... On ne peut pas dire que les détails donnés par Armande soient faux, tant ils sont vagues.

J'arrête ici cette énumération. J'ai fait faire à ces mêmes enfants une dizaine d'autres descriptions, et je trouve toujours les mêmes caractères à leurs rédactions, sauf dans le cas où l'objet que je leur propose de décrire est une gravure compliquée, ou un dessin énigmatique; dans ce dernier cas, les rédactions des deux jeunes filles sont des descriptions, celle de Marguerite toujours plus minutieuse que celle de sa sœur; il semble que Marguerite trouve un grand plaisir à décrire, tandis que la description matérielle et attentive ennuie Armande.

Résumons les caractères principaux des épreuves précédentes ; elles nous ont montré, c'est le fait capital, que Marguerite appartient exclusivement au type descriptif et Armande au type imaginatif. La copie de Marguerite débute toujours très simplement: ceci est une plume, écrira-t-elle, par exemple ; ensuite, elle donne un grand nombre de détails matériels, précis ; ces détails sont considérés en eux-mêmes, et non rattachés à quelque idée générale ; parfois il y a quelques détails d'érudition, et la description se termine sans conclusion, sans effort de synthèse ; elle se termine d'ordinaire sur un détail particulier, et quelquefois même le sujet écrit qu'il s'arrête parce qu'il n'a plus rien à dire ; telle est la description que Marguerite nous donne des objets comme un livre, une boîte d'allumettes, une plume, etc. C'est une sorte d'inventaire de l'objet. Quand on lui montre une gravure, Marguerite cesse de s'astreindre à la description matérielle, elle exprime aussi le sujet de la scène, et y subordonne plus ou moins de détails ; mais elle ne subordonne cependant pas tous les détails matériels à ce sujet de la scène, et elle garde, à plusieurs points de vue, son type descripteur.

D'où provient ce type descripteur ? Marguerite, pourra-t-on supposer, a compris de cette manière l'épreuve qu'on lui a demandée ; elle s'est imaginé qu'elle se conformait au programme en faisant une description pure et simple ; et vraiment, on ne peut pas lui donner tort, car on lui a demandé une description et non une histoire. Mais je crois que si elle avait eu, en regardant l'objet, une tendance à imaginer, et que cette tendance eût été forte, elle s'y serait laissé aller quelquefois ; or, ses copies ne contiennent pas trace d'imagination.

La description d'Armande, en revanche, appartient au type imaginatif le plus franc ; Armande a les qualités de ce type et aussi les défauts. Les qualités, c'est d'abord une tournure littéraire élégante, des expressions ingénieuses ; sa rédaction a un commencement, un milieu et une fin. Tout se tient, les phrases forment un tout bien unifié. Il y a une impression d'ensemble qui se dégage, et les détails matériels sont d'ordinaire subordonnés à cette impression. Parfois, la phrase prend un ton émotionnel ;

cette enfant ne manque pas de sensibilité littéraire. Le défaut, c'est que la description matérielle est toujours incomplète ; les détails sont peu nombreux, et souvent imprécis ; et même, en y regardant de près, on trouve que quelques-uns sont inexacts ; ils ont été mal vus, ou mal interprétés, faussement ou négligemment décrits, avec des expressions qui ne cherchent pas à serrer la réalité de près.

Un an après les expériences que je viens de rapporter, j'ai fait refaire des descriptions d'objet par mes deux fillettes. Marguerite est restée observatrice ; Armande a, au contraire, beaucoup changé ; elle a cessé dans ses descriptions de faire de la fantaisie, et se borne à décrire l'objet qu'elle a sous les yeux, comme Marguerite, mais avec moins de détails, de minutie et d'exactitude. Etonné du changement, je mets sous les yeux d'Armande ses anciennes descriptions, je l'interroge, et elle me répond : « Maintenant je n'aime pas mettre des choses comme ça, ça me paraît bête. »

Esprit d'observation.

Nous avons vu précédemment, dans l'expérience de recherche de mots, que Marguerite nomme beaucoup plus souvent qu'Armande des objets présents, faisant partie du milieu actuel. Cette tendance si manifeste était cependant difficile à expliquer ; on aurait pu y voir la preuve de quelque pauvreté d'idéation, plutôt que de l'esprit d'observation ; et je pense que la première interprétation serait juste dans certains cas, pour certains sujets, et fausse pour d'autres. L'expérience sur les associations d'idées nous a montré ensuite que lorsqu'on nomme un objet qui figure dans la pièce, c'est le plus souvent à cet objet

que Marguerite pense, tandis qu'Armande pense plus
volontiers à un objet rappelé ou imaginaire ou abstrait.
Cette seconde épreuve confirmait donc notre interprétation de la première catégorie d'expériences, en nous montrant que Marguerite ne perd pas aussi facilement que sa
sœur le contact des objets extérieurs. Un troisième genre de
recherches est venu lever tous les doutes ; nous avons vu,
en faisant décrire les objets, combien Marguerite s'attache
avec plus de soin qu'Armande aux caractères matériels
de l'objet à décrire. C'est dans cette voie qui commençait
à se tracer que nous nous sommes engagé pour les expériences nouvelles que nous allons exposer.

Pour apprécier l'esprit d'observation d'une personne,
je pense qu'on peut employer la méthode suivante. Nous
sommes entourés d'un milieu matériel dont certains détails ont pour nous une grande importance et sollicitent
vivement notre attention ; d'autres détails du milieu n'ont
qu'un intérêt secondaire et peuvent être négligés sans
grand dommage ; d'autres enfin sont dénués de tout intérêt. Je suppose que certaines personnes, qui n'ont pas
d'esprit d'observation, ou chez lesquelles cet esprit d'observation est très spécialisé, et souvent suspendu par un
état de distraction ou de préoccupation intense, je suppose,
dis-je, que ces personnes auront une tendance à négliger
dans le milieu extérieur tout ce qui est d'un intérêt secondaire ou nul, et remarqueront seulement les détails de
prime importance ; elles sauront, par exemple, le plan de
leur appartement, en gros, elles connaîtront la place
approximative des meubles dans les chambres, mais elles
n'auront pas remarqué la couleur et le dessin de la tapisserie dans une des chambres ; elles ne sauront pas si tel
tableau a un cadre noir ou doré, elles ne distingueront pas
le timbre de l'entrée et la sonnette de la salle à manger,
elles ne reconnaîtront pas le bruit différent que fait chaque
porte en se fermant, et ainsi de suite.

Je sais que ces différences mentales existent. Il y a des personnes de ma connaissance qui sont presque insensibles au monde extérieur, tandis que d'autres ont conscience des plus petits détails, même les plus inutiles, comme la forme d'une marche, la saillie d'un bâtiment, l'éraflure d'une écorce d'arbres. J'ai fait à ce propos sur les deux fillettes quelques expériences.

1re expérience. — *Un souvenir de la veille*. — La veille du jour où je fais l'expérience, j'ai pris avec les deux fillettes le train de Paris à Meudon, vers 5 heures du soir ; le trajet dure 20 minutes ; nous étions montés en wagon dix minutes avant le départ ; notre séjour total dans le wagon a donc été de 30 minutes ; pendant ce temps, des voyageurs sont montés et descendus, et il s'est produit quelques-uns de ces détails insignifiants de tous les voyages. Je prends à part Marguerite, puis Armande, et je leur demande d'écrire tout ce qu'elles peuvent se rappeler de leur voyage.

La copie d'Armande a 4 pages, elle a été écrite en 30 minutes, la copie de Marguerite a 7 pages, elle a été écrite en 50 minutes ; elle est écrite plus serré, d'une écriture droite, tandis que l'écriture d'Armande est inclinée. Cette première différence, la différence d'abondance, nous l'avons déjà rencontrée bien souvent ; mais elle est beaucoup moins importante que la différence du contenu. Je regrette de ne pas pouvoir reproduire complètement les deux copies, ce serait trop long, j'en donnerai seulement quelques extraits. Il y a dans ces récits deux choses, une action et le cadre dans lequel elle se produit. Dans la narration d'Armande, le cadre est absent, et comme sous-entendu. Le récit commence tout simplement par : « Nous montâmes en wagon, le compartiment était vide, » puis, il n'y a pas d'autres détails. Marguerite, au contraire, a cru nécessaire d'insister longuement sur ce cadre, elle indique d'abord la place que chacun de nous occupait dans le wagon ; puis elle parle du wagon lui-même.

« Je regardais une des lampes du wagon qui avait une belle flamme, un peu fumeuse, etc.; » elle compare cette lampe à l'autre qui manquait d'essence, elle donne ensuite des détails sur le wagon, qui est du type de ceux qui circulent sur la ligne de ceinture, elle décrit la forme et la couleur des lampes, des banquettes, le mode d'ouverture et de fermeture de la portière ; toute cette description prend une bonne page. La description des personnages présente les mêmes différences, mais c'est un peu moins marqué ; Armande décrit d'un trait rapide, tandis que Marguerite insiste davantage ; plusieurs petits faits sont oubliés par Armande, et retenus par Marguerite. Je note aussi qu'Armande a commis trois erreurs, peu importantes, il est vrai, et Marguerite n'en a commis aucune.

Est-ce là une expérience? Non évidemment, ce n'est pas une expérience rigoureuse ; mais c'est une observation qui porte sur un fait réel, et elle a le mérite de bien mettre encore une fois en lumière que Marguerite non seulement a une meilleure mémoire, mais encore plus d'esprit d'observation.

2e expérience. — *Autre souvenir de la veille.* — Je demande aux deux jeunes filles de me raconter par écrit tout ce que nous avons fait la veille en famille, depuis la fin du dîner jusqu'au coucher. Armande donne beaucoup de petits détails sur les paroles échangées et les actions de chacun, elle n'oublie qu'une chose, l'événement le plus important de notre soirée, c'est que nous avons enregistré nos voix au phonographe. Ce n'est certainement pas une faute de mémoire, mais seulement une étourderie. Marguerite ne la commet pas, elle garde un souvenir plus complet de la veille.

3e Expérience. — C'est la dernière. Je demande aux deux jeunes filles de me décrire par écrit tous les objets qui sont sur les murs de leur chambre à coucher ; elles ont la même chambre. Les descriptions ont la même longueur, 3 pages. Pour apprécier ces deux descriptions, il faut faire une distinction, de l'importance de laquelle je ne m'étais pas avisé tout de suite. Quand chacun de mes sujets avait terminé sa description, j'avais lu rapidement cette description, et, la trouvant incomplète, je leur avais demandé de préciser certains petits détails. Ces additions sont heureusement restées séparées de la partie précédente par un trait horizontal; si on les y confondait, on dénaturerait complètement les résultats. C'est que ma recommandation a eu pour effet de changer complètement la nature du test, et d'en faire un exercice de mémoire au lieu de lui laisser son caractère de test sur l'esprit d'observation; pour répondre à ma demande, les deux jeunes filles se sont efforcées de préciser leurs souvenirs tandis que jusque-là elles s'étaient abandonnées à leur naturel. Si on tient compte des additions qu'elles ont faites, on trouve que Marguerite cite 23 objets et Armande 28; simple exercice de mémoire. Si on supprime ces additions, alors on a deux copies qui diffèrent entre elles à peu près comme les descriptions d'objets que nous avons fait faire à Marguerite et à Armande.

La description d'Armande manque de 3 caractères qui sont au contraire assez bien représentés dans la copie de Marguerite; ces 3 caractères sont: la précision de la description, l'indication de la position de l'objet, l'ordre suivi dans la description.

La différence que je signale est visible dès le commencement des deux descriptions. Celle d'Armande débute ainsi: « Les objets qui frappent le plus mon souvenir sont tout naturellement les tableaux; un grand tableau représentant deux enfants, l'un tient un album, et l'autre étend le bras vers la mer. » On voit qu'aucune allusion n'est faite à la position de ces objets. La description continue: « Deux autres tableaux dans des cadres blancs. » Remar-

quons combien c'est vague! « Trois autres gravures enca-
drées représentant des choses d'Eglise. » Toujours le même
vague. Aucune indication de position. « Un cadre de photographie en cornet, où il y a de vieilles photographies de
nous... Près de la cheminée, il y a deux petits sabots
accrochés, une petite caricature », elle ne dit pas laquelle,
« une photographie dans un cadre en velours rouge », elle
ne dit pas laquelle, « une gravure entourée d'un papier
vert d'eau », aucune indication de sujet. « Il y a encore
d'autres photographies pendues au mur, puis deux petits
masques de diable, » erreur, il n'y en a qu'un. Ces imprécisions ne sont pas dues à un défaut de mémoire; si
Armande ne dit pas ce que renferment tels cadres, elle le
sait pourtant, car je le lui ai demandé et elle m'a répondu
exactement; elle ne manque donc pas de mémoire; c'est
plutôt une tendance d'esprit à ne pas préciser, à ne pas
aller jusqu'au bout de sa pensée; c'est peut-être cette tendance qui explique en partie l'abondance d'abstractions
qu'on remarque dans son esprit. Après le défaut de précision, signalons l'absence d'indication de position ;
Armande se contente de dire que certains objets sont
« près de la cheminée ». Enfin, elle ne met aucun ordre
dans sa description, si ce n'est, comme elle semble l'indiquer par ses premiers mots, un ordre d'importance.

Dans la description de Marguerite, on ne trouve pas les
expressions vagues qui abondaient dans la rédaction d'Armande, sauf pour le porte-photographie. De plus, Marguerite a toujours eu la préoccupation d'indiquer la position
exacte des objets : à gauche de la cheminée, au-dessus de
la commode, au-dessus de la toilette. C'est là peut-être un
trait de l'esprit d'observation; en tout cas, il ne manque
pas à Marguerite ; elle situe chaque objet, tandis que ceux
d'Armande restent en l'air. Un autre caractère bien net
de cette rédaction, c'est qu'elle suit un ordre spécial.
Marguerite commence par le mur auquel est adossé le

chevet de son lit, puis elle continue vers la droite, et tous les objets suivants, tableau, commode, cheminée, porte, toilette, sont ceux qu'on rencontre successivement en parcourant la chambre de gauche à droite; elle fait ainsi le tour complet de la chambre, et revient au point de départ, où elle signale divers objets qu'elle avait oubliés.

J'ai donc dit qu'en s'en tenant à cette première partie de l'expérience, on aperçoit nettement la différence mentale de ces deux jeunes filles; mais si on insiste, comme je l'ai fait, pour avoir de nouveaux détails, alors il apparaît qu'Armande peut apporter autant de précision que Marguerite dans sa description, car les souvenirs ne lui font pas défaut, mais d'elle-même elle n'avait pas senti le besoin de les évoquer.

CHAPITRE XII

La force d'attention volontaire.

Les auteurs qui ont traité de l'attention et de son mécanisme au point de vue de la psychologie générale ont jugé
que l'explication complète de cette fonction importante ne
pouvait être donnée que si on prenait en considération
non seulement l'attention volontaire, réfléchie, hautement
élaborée, mais l'attention spontanée dans ses formes les
plus humbles. Sans doute, on a eu raison, au point de vue
de la psychologie générale, d'employer cette méthode dite
génétique. Mais il en est tout autrement, je crois, pour la
psychologie individuelle; ici, ce qu'il importe d'étudier, ce
n'est pas la forme primitive et spontanée, mais bien la
forme complexe et réfléchie ; car dans la constitution d'un
caractère, le développement de la force volontaire d'attention tient une place des plus importantes, tandis que la
disposition à l'attention spontanée est presque négligeable.
C'est l'attention volontaire qui exprime la maîtrise de soi,
la coordination de tout l'être, et qui est juste l'opposé,
dans le domaine intellectuel, de l'éparpillement, des capri-
ces et de l'aboulie. Aussi doit-on en psychologie individuelle remettre les choses en place ; quand on s'occupe
d'attention, c'est surtout presque exclusivement d'attention volontaire qu'on doit parler.

Or, l'attention volontaire est un effort, un effort est toujours pénible ; l'attention volontaire doit donc s'exercer
contre une résistance ; elle suppose un direction nou-

velle à l'activité, des voies à frayer, ou une lutte contre des activités anciennes. Il est clair que toute expérience de l'attention volontaire manquera son but si elle n'est pas fatigante ou au moins fastidieuse. A ce point de vue, il ne sera pas sans intérêt de remarquer que la plupart des expériences de psychologie qu'on pratique dans un laboratoire sont ennuyeuses pour les sujets, et, exigeant d'eux un effort, sollicitent leur attention volontaire ; il en résulte que, dans ces expériences, ce qu'on étudie d'ordinaire ce n'est pas seulement telle fonction determinée, mais cette fonction et en plus un état d'attention volontaire. C'est, en d'autres termes, l'étude des phénomènes psychologiques sous leur forme volontaire.

D'autre part, lorsqu'on fait des expériences sur l'attention, en sollicitant un effort compliqué, il ne faut pas oublier que la répétition d'un même acte en facilite parfois l'exécution, et que par conséquent l'effort devient moindre. Tel test, par exemple celui de la division de l'attention entre deux travaux simultanés, qui au début était difficile, devient à la longue presque entièrement automatique, et à ce moment-là, ce n'est plus un test d'attention.

Je rappelle, avant d'aborder nos tests qui contiennent des essais de mesures, que les deux fillettes sont séparées par 18 mois ; il est donc naturel que la cadette ait des chiffres de mesure inférieurs à ceux de l'aînée ; mais les inégalités tenant à une différence d'âge aussi petite ne sont pas grandes, quand on examine les moyennes d'enfants, dans les écoles.

Les tests d'attention que j'ai employés sont ceux que j'ai décrits dans une étude d'ensemble appelée : « Attention et Adaptation (1) » ; je n'ai du reste eu recours qu'à un petit nombre de ces tests.

_____

(1) *Année psychologique*, VI, p. 248.

I

CORRECTION D'ÉPREUVES

L'épreuve consiste à rayer certaines lettres, toujours les mêmes, dans un texte imprimé; il faut aller le plus vite possible, commettre le moins d'erreurs possible et ne jamais revenir en arrière. C'est un travail intellectuel qui, à plusieurs points de vue, est mesurable, et c'est là ce qui fait son intérêt pour la psychologie individuelle ; on peut mesurer la vitesse moyenne du travail, son exactitude, ses progrès, la durée et les caractères de la période d'adaptation. Dans une étude que j'ai publiée précédemment (1), j'ai montré que cette expérience est un des meilleurs tests pour l'étude de l'aptitude à l'adaptation ; si on prend dans une classe suffisamment nombreuse les 5 élèves les plus intelligents d'après leurs succès scolaires, et les 5 élèves les moins intelligents, et qu'on leur donne à faire cette expérience, on trouvera qu'en moyenne le groupe intelligent est bien supérieur au second groupe pour la vitesse du travail et son exactitude. C'est que ce travail, s'il finit par devenir automatique et facile, présente au début une certaine difficulté intellectuelle ; il ne s'agit pas, sans doute, d'une difficulté de compréhension, mais d'exécution, il faut avoir présente à l'esprit une certaine direction, il faut reconnaître les lettres à barrer, aller vite et sans se tromper ; il n'est pas étonnant que les enfants les plus intelligents montrent plus d'habileté à s'adapter.

Voici exactement comment j'ai fait les expériences avec les deux fillettes : quoique l'épreuve soit de celles qu'on peut à la rigueur faire collectivement, j'ai pris chaque

(1) Attention et Adaptation. *Année psychologique*, VI, p. 248.

fillette isolément dans mon cabinet ; elle devait rayer des lettres dans une page imprimée dont les lignes ont 9^{cm}, 5 de long, et dont les lettres sans jambages ont 1^{mm}, 5 de hauteur ; il y a trois lignes dans 1 centim. de hauteur ; cet espacement permet de barrer les lettres sans peine ; et il est nécessaire de ne pas employer des caractères plus petits pour ne pas créer une difficulté purement graphique et qui embarrasserait dans la numération des erreurs. Le texte est français, il appartient à un article de pédagogie. Les lettres à barrer sont *a e d r s ;* je les ai rendues aussi nombreuses pour augmenter la difficulté intellectuelle de l'épreuve ; elles ont été écrites à la main dans le blanc de la page pour que le sujet les eût constamment sous les yeux. Le travail dure 10 minutes, et à chaque minute, je donne un signal et le sujet fait une marque à l'endroit où le signal le surprend. On ne fait qu'une expérience par jour.

Marguerite a exécuté beaucoup mieux qu'Armande le travail, comme le montrent les chiffres suivants ; le nombre moyen de lettres barrées par minutes est supérieur chez Marguerite, et le pourcentage d'erreurs commises est à peu près le même pour les deux sœurs.

Expériences consistant à barrer des lettres.

	Moyenne des lettres barrées par minute		Pourcentage des lettres oubliées	
	ARMANDE	MARGUERITE	ARMANDE	MARGUERITE
1re Expérience......	23,1	53,4	9,5	6,7
2e Expérience......	37,2	65	1	1,07
3e Expérience......	37,2	70,3	0	0,56
4e Expérience......	65,6	90	0	1,10

Pour les 3 premières expériences, ces chiffres représentent des moyennes calculées sur 10 minutes ; pour la quatrième expérience, la moyenne n'a été calculée que sur 3 minutes. Le pourcentage des lettres oubliées a été calculé sur le nombre de lettres barrées. Ainsi, Marguerite, dans un même temps, barre un plus grand nombre de lettres, en faisant un pourcentage équivalent d'oublis. La supériorité sur sa sœur est manifeste. Toutes deux gagnent en vitesse, à mesure que l'expérience se répète; elles se conforment du reste à une règle que j'ai toujours rencontrée dans mes expériences (1), seulement cette courbe de progrès est loin d'avoir la même régularité chez les deux sœurs.

Marguerite augmente régulièrement, d'une expérience à l'autre, ce qui nous prouve qu'elle apporte chaque fois la même application. Armande, au contraire, quoique placée dans les mêmes conditions matérielles et morales, ne progresse pas régulièrement, mais par à-coup : grands progrès entre la 1re et la 2e expérience, rien entre la 2e et la 3e, grand progrès brusque entre la 3e et la 4e. Evidemment, elle ne s'applique pas avec la même régularité d'attention que sa sœur. Enfin, dernier trait assez inattendu : il se produit chez Marguerite pendant le travail rapide des signes manifestes d'énervement; ce sont des soupirs bruyants, des plaintes continuelles sur les erreurs qu'elles commet et ne peut pas éviter. Elle est toujours mécontente de ce qu'elle a fait; Armande, au contraire, travaille dans un silence parfait et, à la fin de son travail, s'en déclare satisfaite. J'extrais de mes notes quelques observations prises sur Marguerite.

« Entre la 2e et la 3e ligne, Marguerite soupire, s'aperçoit qu'elle en a oublié, regrette de ne pas revenir en arrière, paraît énervée; elle tressaute quand je donne le signal des minutes. Elle dit souvent après la 4e minute : « Je ne peux plus! »; au 5e signal, elle se lamente : « Oh! la la » (soupirs). « Je ne peux plus ! Oh ! non ! la la ! » 6e signal. « Oh ! » : elle paraît un peu plus calme. 7e signal : « Oh ! je ne me dépêche pas assez; » elle va un peu moins vite : soupirs. 8e signal, elle ne dit rien : plus calme. 9e signal, plus calme, ne dit plus rien . Si ce n'est une fois : « Oh ! non, je me suis trompée ! »

(1) Attention et Adaptation, *Année psychologique*, VI, p. 363.

Le travail fini, elle avoue qu'elle a été énervée. Dans la suite, le travail est devenu plus machinal, mais jamais aussi silencieux que celui de sa sœur ; Marguerite restait plus loquace. Cela est curieux, cet énervement qui accompagne une grande et régulière continuité de l'effort intellectuel. On se serait plutôt attendu à ce qu'il se produisît chez Armande, qui a l'esprit plus capricieux, l'humeur plus changeante.

L'impatience nerveuse de Marguerite ne se manifeste pas seulement par son attitude et ses paroles involontaires ; elle se marque curieusement dans de très petits détails ; ainsi, Marguerite s'est souvent trompée en barrant les lettres ; elle en barrait certaines qui ne lui avaient pas été signalées ; puis, s'apercevant de suite de son erreur, elle la corrigeait ; elle a fait 13 de ces ratures. Armande, plus calme, a commis seulement 6 erreurs dans la totalité des quatre épreuves, et ne les a point corrigées, soit qu'elle ne les ait pas aperçues, soit qu'elle ait jugé inutile de revenir là-dessus. La forme des traits est aussi assez différente ; ceux d'Armande sont courts, réguliers, frappant la lettre en plein, et légèrement inclinés de haut à droite (en sens inverse de l'inclinaison de l'écriture) ; la longueur moyenne des 20 derniers traits qu'elle a tracés est de 2^{mm}, 4 ; elle oscille entre 2 et 3^{mm}. Marguerite marque des traits plus longs, plus irréguliers, plus inclinés de haut à droite, frappant la lettre avec moins de précision ; leur longueur moyenne, pour les 20 derniers traits de la 4e séance, est de 3^{mm}, 06, et oscille entre 2 et 6^{mm}. Ces différences de régularité et de précision proviennent en partie de ce que Marguerite se hâte davantage ; elles doivent aussi provenir de ce qu'elle est plus énervée, car j'ai remarqué dans des expériences analogues sur des enfants d'école que lorsque ce travail les énerve, ils allongent beaucoup le trait. J'ai fait la même constatation sur mes deux fillettes, en les obligeant, à la fin de la 4e séance à barrer d'autres lettres que celles qui leur étaient devenues habituelles ; ce changement d'habitude est la chose du monde la plus énervante, quand on veut conserver la vitesse de travail. Mes fillettes ont alors allongé le trait ; celui de Marguerite est devenu de 4^{mm} et celui d'Armande de 3^{mm} 3. Je m'excuse d'entrer dans ces petits détails, en faisant remarquer que des expériences analogues, faites sur l'exécution de traits dans des conditions mentales bien définies, seraient du plus haut intérêt pour les progrès de la graphologie.

En résumé, Marguerite a eu l'avantage sur sa sœur ; elle montre plus de vitesse, plus de régularité dans les progrès par l'exercice ; la qualité du travail est à peu près la même, seulement Marguerite s'énerve beaucoup plus facilement.

II

RÉPÉTITION IMMÉDIATE DES CHIFFRES

Voici un test qui est déjà assez ancien, qui a été employé par maint expérimentateur, et dont la signification véritable, longtemps cherchée, ne commence à apparaître que dans ces derniers temps.

Il consiste à répéter une série de chiffres qu'une personne vous montre ou vous récite ; on doit essayer de répéter exactement, et d'en répéter le plus grand nombre possible. Je me suis soumis moi-même bien des fois à cette expérience, et chaque fois j'ai nettement senti qu'il faut faire un vigoureux effort de concentration d'esprit pour garder les chiffres dans la mémoire pendant le temps nécessaire à leur répétition. La plupart des auteurs sont du reste d'accord pour admettre que c'est là un test d'attention ; cependant, comme il s'agit de répéter en employant sa mémoire, on a cru longtemps que ce test intéresse également la mémoire, et qu'il en donne, grossièrement, une mesure; cette opinion est restée vraisemblable jusque dans ces derniers temps, où des expériences ont montré à M. Larguier et à moi(1) que ce test mesure plutôt l'attention que la mémoire proprement dite, considérée comme force plastique, pouvoir de rétention.

J'ai donc fait faire à mes fillettes l'expérience de répétition de chiffres en la considérant uniquement comme test d'attention volontaire. J'ai suivi les procédés ordinaires. Je n'ai point montré les chiffres à répéter, je les ai lus à haute voix, en m'efforçant de ne pas les rythmer ni les accentuer; j'ai préféré les prononcer, parce que je voulais savoir si mes sujets se formaient une représentation visuelle des chiffres entendus ; cette représentation visuelle ne se forme pas ou se forme mal pendant la lecture. J'ai lu à Armande 20 nombres de 5 chiffres chacun, les lui faisant répéter aussitôt après; elle a commis des erreurs sur 5 nombres; je lui ai ensuite lu 20 nombres de 6 chiffres, elle a commis des erreurs sur 13 nombres, c'est la preuve que 6 chiffres dépassent un peu sa puissance d'attention volontaire. En les écoutant, elle les voit écrits, mais c'est vague; ils sont écrits obliquement, en noir, sans qu'elle puisse discerner si c'est au crayon ou à l'encre, et l image manque de netteté. Marguerite, d'après l'épreuve des chiffres, a un pouvoir d'attention beaucoup plus considérable; en répétant 15 nombres de 5 chiffres, elle n'a fait qu'une seule erreur; en répétant 20 nombres de 6 chiffres, elle n'a fait que 3 erreurs. Il est incontestable qu'elle pourrait aller jusqu'à 7 chiffres, peut-être aussi à 8. Elle voit un peu les chiffres écrits; ils sont plutôt noirs, mais il y en a un, le 3, qui paraît rouge, et le 0 blanc, mais c'est tout à fait vague.

Cette seconde épreuve d'attention confirme la précé-

_____

(1) Je reviendrai sur ce point dans le chapitre sur la mémoire.

dente, elle montre qu'il existe chez Marguerite un plus grand pouvoir d'attention que chez sa sœur.

Dans une variante d'expérience, que j'ai déjà signalée dans mon travail sur l'attention, le sujet copie des chiffres ou des mots, et on compte le nombre d'éléments contenus dans chaque acte de copie; c'est encore un moyen d'explorer la mémoire, à condition qu'on prenne des précautions pour que le sujet ne puisse pas voir le modèle au moment où il reproduit par l'écriture ce qu'il a regardé.

Pour copier 28 chiffres, Armande a fait 9 actes de copie et Marguerite 6; pour copier les 14 premières lignes du livre de Mosso sur la *Fatigue* (traduction française), Armande a fait 23 actes de copie et Marguerite 16. A la vérité, les deux enfants m'ont dit ensuite qu'elles s'étaient douté que je cherchais à mesurer leur mémoire; aussi ne copiaient-elles pas naturellement, chacune faisait un effort pour copier le plus grand nombre de mots ou de chiffres à la fois; de là quelques erreurs, qu'elles ont ensuite réparées par des actes de vérification que je compte comme autant d'actes de copie. Mais l'inégalité des deux sœurs reste toujours très grande.

Un autre test d'attention, qui fait aussi intervenir, au moins en partie, la mémoire, consiste dans la copie d'un dessin vu pendant un instant très court à travers un obturateur, ayant 4 cm de diamètre et découvrant pendant 7 centièmes de secondes. J'ai fait voir divers dessins, par exemple: une grecque. Il a toujours fallu à Armande un plus grand nombre de perceptions qu'à Marguerite pour arriver à une reproduction correcte du dessin.

III

TEMPS DE RÉACTION

C'est avec un peu de mélancolie qu'un psychologue s'occupe aujourd'hui des temps de réaction; car cette recherche est une de celles qui ont peut-être le plus promis et le moins donné. Le nombre est immense des travaux qui ont été faits, surtout en Allemagne, sur les temps de réaction, et s'il fallait résumer la conclusion obtenue avec cet effort collectif et considérable, on la ferait tenir en quelques lignes. Cependant, je crois que tout n'a pas encore été dit sur cette question. Si on reprend l'étude des temps de réaction en les renouvelant par beaucoup d'introspection, peut-être y trouvera-t-on quelques faits intéressants. Je crois aussi, et j'espère démontrer dans les pages suivantes, que les temps de réaction sont utiles pour la psychologie individuelle, si on les met en relation avec le caractère mental des personnes servant de sujets. Du reste, presque toutes les expériences de psychologie pourront et devront être reprises un jour, au point de vue de la psychologie individuelle.

Les expériences sur les deux enfants ont eu lieu toutes dans mon cabinet, soit le matin, soit l'après-midi, et toujours à des heures où le milieu extérieur était silencieux; les bruits venant du dehors — de la rue, du chemin de fer voisin, ou de la maison même — était insignifiants, et n'ont point gêné mes sujets, qui, du reste, y étaient habitués. Je décrirai très brièvement ma technique, c'est celle dont je me sers depuis plusieurs années. Mes sujets sont assis, les yeux fermés. Ils sont complètement novices, n'ayant jamais donné de temps de réaction. Je me sers du chronomètre de d'Arsonval, remonté à fond après 20 réactions. Je fais des excitations tactiles avec le marteau sur la face dorsale de la main gauche, appuyée sur la table. La réaction se fait en abandonnant avec le doigt le bouton de l'interrupteur d'Evald; le sujet, en attendant la sensation de contact sur la main gauche, appuie l'index droit sur le bouton; son poignet et son bras étaient d'abord, dans les premiers essais, appuyés sur la table, puis ils ont été relevés; une pression de 300 gr. exercée par le doigt sur l'interrupteur d'Evald est nécessaire pour l'abaisser; dès que le signal est perçu, le sujet lève le doigt en l'air; en fait, il levait non seulement le doigt, mais la main, et quelquefois tout l'avant-bras.

Le signal tactile était fait sur la même région de la main, sur l'extrémité inférieure du métacarpe de l'index gauche. Je m'efforçais d'employer le même genre de contact (1). Je

(1) J'ai eu le tort de ne pas préciser avec grand soin, dès le début, le mouvement que le sujet devait faire, pour signaler qu'il avait perçu le contact en réalité; mes deux jeunes filles ont employé successivement, et à leur gré, trois genres de mouvement : 1° le poignet appuyé contre le rebord de la table, elles lèvent seulement le doigt à la réaction, et le poignet continue l'appui ; 2° le poignet était appuyé comme il est dit ci-dessus, le sujet en réagissant lève la main et un peu le bras et son poignet abandonne le contact de la table; 3° le sujet n'appuie pas le poignet, il tient la main et le bras en l'air : l'appui lui est fourni par le doigt posé sur le bouton du manipulateur ; au moment de la réaction, c'est la main et le bras entier qui font un mouvement d'ascension. En répétant sur moi-même ces 3 genres de mouvements, je trouve que le 3° mouvement non seulement est le plus ample de tous, mais présente pour moi une plus grande facilité d'exécution ; et le 2° mouvement a les mêmes avantages sur le premier. Je ne peux pas dire au juste à quel moment mes deux jeunes filles ont changé de mouvement; depuis que mon attention a été attirée sur ce point, c'est-à-dire depuis la 200° réaction, je suis certain qu'elles font toujours la 3° espèce de mouvement, sans appui du poignet : il est probable que déjà vers la 100° réaction toutes deux ont accepté ce mode de réaction. Pour réparer les effets de mon inadvertance, j'ai profité de ce qu'Armande avait obtenu des réactions très régulières, pour la faire réagir alternativement 3 fois de suite avec le poignet au contact (2° mouvement) et 3 fois de suite sans contact du poignet (3° mouvement). J'ai pris ainsi 24 réactions, qui sont très bonnes, car le maximum, qui n'a été atteint qu'une fois, dans cette série, est de 16 et le minimum, qui n'a été atteint que 3 fois est de 12; c'est donc une série bien homogène, et inspirant confiance; les réactions avec le 2° mouvement ont été de 14,79; celle avec le 3° mouvement ont été un peu plus courtes, de 13,64; il est donc incontestable que le 2° mouvement est moins aisé que le 3°; la différence moyenne est un peu supérieure à 1 centième de seconde. Dans une recherche analogue de contrôle, j'ai trouvé que chez Armande la réaction avec le doigt (1° genre de mouvements) dure 14 centièmes, quand celle avec la main (3° genre de mouvement) dure 13 centièmes 80. Je ne me dissimule donc pas qu'il y a eu là une cause d'erreur regrettable; la substitution inconsciente, que le sujet a faite, d'un mouvement commode et facile à un mouvement plus incommode, a dû abaisser à tort sa moyenne de réactions; d'après ce qui précède, il est vraisemblable que cette diminution de temps de réaction peut être évaluée à 1 centième de seconde ; si importante qu'elle soit, cette erreur ne supprimera certainement pas l'intérêt de nos courbes, car la diminution de vitesse que celles-ci présentent est très supérieure à 1 cen-

n'y suis pas toujours parvenu; parfois la boule du marteau roulait un peu sur la main. Le signal était précédé d'un avertissement verbal, le mot *attention!* que je disais 2 à 3 secondes avant le contact. Après chaque réaction j'en inscrivais de suite le chiffre sans rien dire, je ramenais l'aiguille du chronomètre au zéro, et je provoquais une nouvelle réaction. Ces divers soins prennent environ 20 secondes; je prenais 6 réactions par minute, environ. Après 20 réactions, il y avait un petit intervalle de repos de 2 à 3 minutes, pendant lesquelles le sujet ouvrait les yeux et je lui adressais quelques questions. A la première séance (1er décembre vers 5 heures), je pris sur chaque sujet 100 réactions, coupées par 4 repos de 5 minutes; à la seconde séance qui eut lieu le surlendemain 3 décembre (le matin) je pris seulement 40 réactions, séparées par un intervalle de repos; à la troisième séance, le 5 décembre au matin, seulement 40 réactions, et cette fois-ci sans aucun repos; le 5 décembre au soir, je pris une série de 40, puis après repos, une série de 30. Cette séparation en séries avait pour but d'éviter la fatigue. Le nombre total des réactions a été de 260 pour Armande et de 300 pour Marguerite; elles ont été prises du vendredi au mardi suivant. Une semaine après j'ai encore pris 40 réactions sur ces sujets. Il y avait silence complet de ma part pendant les séances, je n'ai cherché ni a critiquer, ni à encourager le sujet; celui-ci avait une attitude recueillie; jamais de fou-rire. Il n'a eu connaissance d'aucun des chiffres, d'aucun graphique, et aucune des deux sœurs ne m'a rien demandé.

Ma préoccupation, en recueillant les réactions, était de ne pas me contenter de chiffres; je voulais essayer de me rendre compte de ce qui se passait dans l'esprit de mes sujets, et de la manière dont ils concentraient leur atten-

tième de seconde. Maintenant, je répète qu'après la 200e réaction, le mode de réaction est resté constamment uniforme.

tion ; aussi dès la 41ᵉ réaction, je leur demandai de présenter un jugement, à propos de chaque réaction, de me dire si elle leur paraissait rapide ou lente, et pourquoi elle était rapide ou lente, s'ils avaient eu quelque distraction et de quel genre était cette distraction. Il me paraît probable que cette sollicitation à l'analyse continue a dû contribuer à tenir leur attention éveillée, elle m'a en outre donné des renseignements utiles sur leur état d'esprit. Je

MARGUERITE					ARMANDE				
Nᵒ des Expériences	Date	Moyenne	Variation moyenne	Nombre des anticipations	Nᵒ des expériences	Date	Moyenne	Variation moyenne	Nombre des anticipations
1	1 XII 00	14.92	2.85	0	1	1 XII 00	16.12	1.95	1
2	id.	15.15	2.84	0	2	id.	16.97	2.52	0
3	id.	14.97	1.67	0	3	id.	15.62	2.46	0
4	id.	12.40	1.53	0	4	id.	12.17	1.50	1
5	id.	13.90	1.60	0	5	2 XII 00	13.60	2.05	1
6	2 XII 00	11.72	1.31	0	6	id.	13.65	1.45	2
7	id.	11.85	1.28	0	7	4 XII 00	15.75	1.20	1
8	4 XII 00	10.92	1.53	1	8	id.	14.60	0.90	0
9	id.	11. »	2.25	4	9	id.	17.25	2.47	0
10	id.	11.82	0.94	3	10	id.	16.15	1.25	0
11	id.	11.27	2.17	4	11	id.	14.07	1.07	0
12	id.	10.15	0.85	5	12	5 XII 00	15.02	0.77	0
13	5 XII 00	9.75	1.37	9	13	id.	14.02	0.93	0
14	id.	9.50	1.95	11	14				
15	6 XII 00	10.50	1.30	9	15				

vais maintenant analyser les résultats en tenant surtout compte des différences entre les deux sœurs.

Les temps de réaction de Marguerite, considérés par moyennes de 20, sont sensiblement plus courts que ceux d'Armande. Le tableau donne tous les détails nécessaires ; il présente, en centièmes de seconde, des moyennes des réactions; ces moyennes et les variations moyennes sont calculées sur 20 réactions. Le nombre des réactions anticipées est un nombre absolu, noté pendant une série de 20 réactions. Le graphique des temps de réaction des deux sœurs, représenté dans la figure ci-dessous, montre que leur moyenne de la 1re expérience est peu différente; Marguerite n'a qu'une supériorité de 2 centièmes de seconde; mais par le prolongement de l'expérience, la différence de vitesse

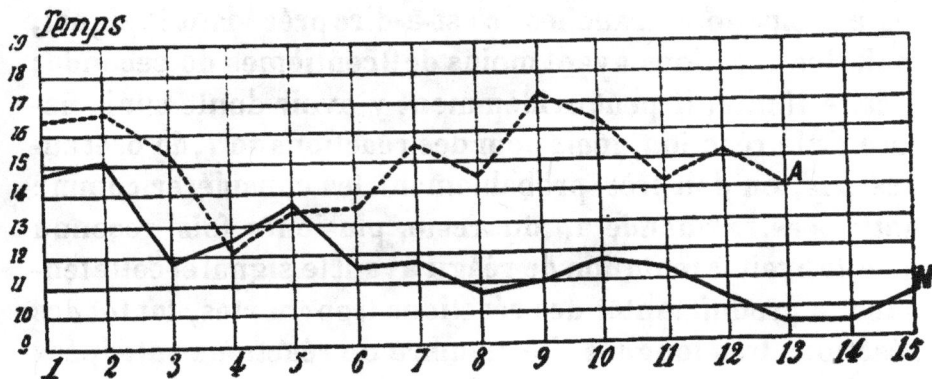

Graphique des temps de réaction des deux sœurs. Ce graphique exprime seulement les moyennes de séries de 20 réactions. Les temps, inscrits sur la ligne verticale, sont des centièmes de secondes. Les chiffres inscrits sur la ligne horizontale indiquent l'ordre des séries. Le tracé continu est celui de Marguerite, le pointillé appartient à Armande. On voit que la différence de hauteur des deux courbes, faible au début, a augmenté par la prolongation de l'expérience; on remarque aussi combien la courbe de Marguerite est plus régulière que celle d'Armande.

s'accuse beaucoup; tandis que Marguerite bénéficie beaucoup de l'exercice, Armande reste presque stationnaire; son éducation s'est faite moins régulièrement. Ainsi, Armande a obtenu son maximum de vitesse à la 4e série, puis elle n'a cessé de perdre à partir de ce moment là, et sa courbe a été fort irrégulière: au contraire Marguerite a très régulièrement abrégé ses réactions depuis la 1re série jusqu'à la 5e; la seule exception à cette abréviation est fournie par la 5e série; j'en attribue l'allongement à un peu de fatigue, les cinq séries, ayant été prises dans la même matinée;

si on ne tient pas compte de cette 5ᵉ série, on constate une très grande régularité chez Marguerite.

La variation moyenne est à peu près la même de part et d'autre et ne présente rien de bien caractéristique ; mais, fait beaucoup plus important à remarquer, le nombre des réactions anticipées est très différent chez les deux sœurs. Armande a fait dès le début une réaction anticipée ; elle a fait dans les séries 4 à 7 quelques réactions anticipées ; nous rangeons sous ce titre non seulement les anticipations franches, c'est-à-dire précédant le signal, mais les réactions ayant moins de 9 centièmes de seconde ; à cette limite, il peut évidemment y avoir doute sur la nature de la réaction, mais pour des réactions de 7, de 6, et au-dessous, on doit très probablement les considérer comme anticipées. Armande a, du reste, plusieurs fois reconnu qu'elle avait la tentation de réagir avant le signal et cette tendance a produit tantôt des réactions trop courtes, tantôt des réactions très longues. Le nombre de réactions anticipées qu'elle a ainsi commises est de 5 pour 260 réactions ; c'est un nombre extrêmement faible. Marguerite fait ici contraste avec sa sœur. Jusqu'à la 8ᵉ série, elle n'a fait aucune réaction anticipée, ce qui signifie, d'après la définition ci-dessus de l'anticipation, qu'elle n'a eu aucune réaction inférieure comme temps à 9 centièmes de seconde, ni de réaction précédant le signal; mais à partir de la 8ᵉ série, les réactions anticipées sont devenues très nombreuses, et elles n'ont manqué dans aucune des séries subséquentes ; nous en comptons 52, c'est un nombre énorme, qui est égal au tiers des réactions (1). Et même, ce nombre énorme est encore au-dessous de la réalité. En prenant les réactions, j'ai constaté bien des fois que je pouvais augmen-

(1) Les réactions franchement anticipées, c'est-à-dire précédant le signal, ne figurent pas dans le nombre de 20 réactions composant chaque série ; elles ne figurent pas non plus dans le calcul de la moyenne et de la variation moyenne.

ter presque à volonté ce nombre des réactions anticipées. Il me suffisait pour cela de prolonger de quelques secondes l'intervalle que je laissais écouler entre l'avertissement « Attention ! » et le contact sur la main ; il se produisait aussitôt une réaction anticipée ; si je recommençais la même manœuvre, en répétant mon avertissement, la réaction anticipée se produisait de nouveau ; j'en ai eu ainsi jusqu'à trois en succession immédiate ; lorsque le mouvement d'anticipation ne se produisait pas, il se produisait en revanche une ébauche très nette d'anticipation, Marguerite avait un mouvement de tout le bras, elle penchait même le corps en avant, mais elle réussissait à se retenir et ne relevait pas le doigt appuyé sur l'interrupteur.

Supposant que Marguerite se trouvait, par hasard, au cours de ces expériences, sous quelque influence inconnue, j'ai laissé passer une huitaine de jours sans expériences, je les ai reprises ensuite, et j'ai encore trouvé la même abondance d'anticipations. C'est là un trait bien caractéristique.

Que signifie-t-il ? Comment pouvons-nous l'expliquer ? Nous n'avons jamais dit à Marguerite, pas plus qu'à Armande, qu'elle devait se garder de partir avant le signal. Cependant, pendant la 14e série, elle nous demande, tout en faisant les réactions : « Il ne faut pas partir avant ? » et nous lui avons répondu : « Il vaut mieux ne pas partir avant ; » mais, malgré notre affirmation, elle a encore fait dans cette série et dans la suivante beaucoup de réactions anticipées. En théorie, on peut admettre que l'anticipation des réactions provient d'un excès de zèle, plus précisément que ce phénomène suppose à la fois un grand désir de réagir vite, un peu de surexcitation, et une faiblesse de coordination, un défaut de volonté comme frein. Cette explication toute théorique conviendrait peut-être au cas de Marguerite, mais à quelques nuances près. Tout d'abord, nous remarquons qu'une fois, la pendule ayant sonné, elle a confondu le signal tactile avec le coup de timbre, et réagi au coup de timbre ; c'est bien un signe d'attention surexcitée. En outre, nous avons fait, en quelque sorte, à satiété la remarque que Marguerite n'était jamais contente de la rapidité des réactions ; tandis qu'Armande acceptait avec une tranquille philosophie ses réactions telles qu'elles étaient, Marguerite était toujours dans un sentiment de regret et de désolation; elle se reprochait de ne pas aller assez vite, et même, chose comique, elle trouvait trop lentes des réactions qui sont en réalité extrêmement rapides, par exemple des réactions de 9 centièmes de seconde. Je transcris quelques-unes de ses réactions, avec les réflexions dont elle les faisait suivre, et que je notais au moment même. Ces extraits sont faits à la 14e série.

Durée de la réaction. (en centièmes de seconde).	Réflexions des sujets (MARGUERITE).
8.	C'est trop lent.
8,5	Même chose, c'est trop lent.
10,5	Oh ! je ne peux pas plus vite.
9,5	Un peu plus vite. Cela va mieux quand tu appuies davantage.
6.	Presque en même temps.
11,5	Ça ne va pas.
Anticipé.	
10.	C'est trop lent.
9,5	C'est trop lent.
7.	Je ne peux pas plus vite.
Anticipé.	
13.	C'est beaucoup trop lent.
14.	C'est trop lent.
10,5	Trop lent ! Pourquoi est-ce que je ne peux pas, ce matin ?
9.	Un peu plus vite.
9,5	Je ne peux plus ! Je suis d'une lenteur, ce matin !
8.	Ça ne va plus.
Anticipé.	
11,5	Ça ne va pas, c'est ennuyeux.
9.	Non, ça ne va pas.
9,5	Peut-être un peu plus vite.
10,5	Même chose.

11,5	Ça ne va pas un peu mieux ?
11.	C'est encore trop lent.
10.	Un peu plus vite.
8,5	Plus lentement.
Anticipé.	
9.	Un peu plus vite, n'est-ce pas ?
Anticipé.	
11.	Oh ! c'est trop lent ! etc., etc.

On voit dans ces réflexions la forte volonté de Marguerite d'aller vite, ses regrets, sa désolation, et en même temps son illusion curieuse sur la rapidité véritable des réactions ; comme contraste, je donne une série de réactions d'Armande, accompagnée de ses réflexions.

16.	Moyen.
15,5	Un peu moins vite.
17.	Plus vite.
16.	Même chose.
14,5	Même chose.
13.	Plus vite.
14.	Moins vite
16.	Même chose.
15.	Même chose.
18.	Peut-être un peu plus vite.
22.	Beaucoup moins vite. J'ai été distraite.
17.	Plus vite.
17.	Même chose.
18.	Moyen.
16.	Moyen.
17.	Même chose.
17.	J'avais envie de partir avant.
17.	La même chose.
17.	Moyen, plutôt un peu vite.
16.	Moyen.

On voit par ces citations l'utilité qu'on trouve à obliger les sujets à parler, au lieu de leur commander, comme on le fait si souvent aujourd'hui, un silence d'automate. C'est précisément par leurs réflexions, notées scrupuleusement au moment même, et avec autant de soin que les chiffres de réaction, que l'on peut arriver à se faire une idée de leur état mental. Il est évident pour moi que toute cette série de réactions s'éclaire singulièrement si on les rapproche de l'enseignement qui nous est fourni par les paroles et réflexions du sujet. D'une part, Armande ne fait pas de très grands efforts de volonté; l'expérience, en se répétant, lui paraît monotone, elle s'en lasse, elle n'apporte qu'un zèle de politesse; toutes les réflexions qui lui échappent et que j'ai notées —il y en a à peu près 200— sont indifférentes et atones. C'est là, à mon avis, ce qui explique en partie la lenteur de ses réactions; elle ne s'est pas donnée avec toute sa volonté, et la courbe de ses réactions est aussi, en partie, une courbe de caractère. J'ignore, bien entendu, si, dans un moment d'excitation forte de la volonté, elle pourrait donner des réactions beaucoup plus rapides, des réactions de 9 et de 8 centièmes, comme sa sœur le fait si fréquemment. Marguerite a montré, au contraire, une application soutenue, un zèle réel; le désir répété qu'elle exprime d'aller vite, la régularité de sa courbe de moyenne et la brièveté de ses réactions prouvent une attention fortement concentrée; mais, d'autre part, ce nombre si élevé de réactions anticipées nous démontre une légère incoordination des mouvements rapides, et une faiblesse de la volonté comme frein; son émotivité et ses regrets, si vifs quand elle déplore la lenteur de ses réactions. sont des faits bien caractéristiques qui confirment notre interprétation.

En résumé, nous relevons chez Armande une attention normale, sans effort marqué; chez Marguerite des efforts d'attention continus, extrêmement énergiques, avec des signes d'incoordination. On remarquera en passant combien ce test ressemble, par ces résultats, à celui de la correction d'épreuves : tout indique, du reste, ce rapprochement; d'une part la plus grande vitesse de Marguerite dans les deux genres d'expériences, et, d'autre part, ses signes d'incoordination, se traduisant, dans un cas, par des lettres barrées à tort, et, dans l'autre cas, par des réactions anticipées ; ajoutons que, dans les deux genres d'expériences encore, les deux sœurs ont eu la même attitude mentale : Armande tranquille, un peu indifférente, Marguerite toujours zélée, prenant le travail à cœur, et se désolant à la moindre faute. On voit que ces deux tests jettent beaucoup de lumière sur le caractère de ces deux enfants, mais c'est à la condition qu'on ne se borne pas à compter des chiffres et à calculer des moyenens.

APPENDICE

RÉACTION SENSORIELLE ET RÉACTION MOTRICE

Je leur ai posé à toutes deux, après 100 réactions, la même question : faites-vous plus attention à votre main droite (qui réagit) ou à votre main gauche ? (qui perçoit le signal). Armande répond de suite qu'elle fait plus attention à sa main droite. « J'ai toujours peur, dit-elle, de ne pas pouvoir lever le doigt assez vite, qu'il soit comme engourdi ; alors, je concentre toute mon attention sur la main droite. » Au contraire, Marguerite dit : « Je crois que j'ai fait plus attention à la main gauche. La main droite était un peu mécanique dans ce qu'elle faisait. » Ces deux jeunes filles n'ont jamais entendu parler de la distinction de Lange, et elles n'ont d'autres notions sur cette question que celle, très vague, qui a pu leur être donnée par mon interrogation. On voit que Marguerite, qui appartiendrait au type sensoriel, est plus rapide qu'Armande, qui appartiendrait au type moteur : c'est le contraire de ce qu'on observe ordinairement. Mais je ne suis disposé à tirer aucune conclusion de cette exception à la règle ; de plus, je ne vois pas du tout comment on pourrait rattacher les types sensoriels et moteurs de réaction aux résultats des autres recherches que j'ai faites sur ces deux enfants ; le lien peut exister, mais, pour le moment, il m'échappe.

CONCLUSION

Les résultats des tests précis mais étroits que nous venons d'employer nous amènent à cette conclusion que Marguerite est, comme pouvoir d'attention, supérieure à sa sœur. Avant de discuter cette conclusion, je crois intéressant de mettre ici ce que les observations de tous les jours m'ont appris sur ce point. J'ai observé que d'ordinaire Armande est plus étourdie que Marguerite.

Etourdie, voilà un mot bien vague. Il m'a semblé que souvent Armande oublie une commission qu'on lui a donnée, une recommandation qu'on lui a faite; peut-être est-elle moins soigneuse pour ranger ses affaires, et moins regardante pour économiser l'argent de sa bourse. Est-ce parce qu'elle a une force moindre d'attention ? Je croirais plutôt qu'elle est plus insouciante que sa sœur, moins sensible, par exemple, au petit ennui d'un objet perdu ou égaré.

Je trouve un fait significatif dans des notes anciennes, prises quand Armande n'avait que six ans. On avait condamné pour un temps une porte de l'appartement. Marguerite l'apprit très vite, et ne s'y trompait pas, tandis qu'Armande continua longtemps à aller vers la porte condamnée. Croyant d'abord à un défaut de mémoire de sa part, je l'interrogeai, et elle m'apprit que « cela lui était bien égal de se tromper ». Bien souvent, on attribue à une perte de mémoire des distractions et étourderies de ce genre, qui sont simplement des preuves d'insouciance.

Autre fait.

Marguerite, quand elle entreprend un travail auquel elle n'est pas habituée, a une tendance à se méfier d'elle-même; elle hésite, se désole, elle est persuadée d'avance qu'elle ne réussira pas.

Ce trait de caractère fait constraste avec l'assurance habituelle d'Armande. Le contraste se produit non seulement pour une expérience de psychologie, mais pour n'importe quel travail intellectuel, et même pour un exercice physique un peu difficile, un tour d'adresse en bicyclette. Marguerite a donc moins de confiance en elle-même ; ce sentiment la fait hésiter parfois dans l'exécution de l'acte, elle est lente, elle n'a cependant pas un doute et une hésitation persistants. Ce n'est pas tout. Hésitante au début, Marguerite montre ensuite beaucoup de continuité et régularité dans le travail ; elle est patiente, capable d'un effort soutenu, elle a de l'esprit de suite. C'est le contraire d'Armande ; plus hardie, celle-ci se rebute plus vite devant une tâche monotone, elle se décourage, et ne continue le travail que de mauvaise grâce, et seulement si on l'y contraint. Ce n'est pas, à mon avis, qu'elle soit incapable d'un effort continu ; je pense que la cause de cette diminution assez rapide d'activité provient d'une humeur changeante. Donc, Marguerite est hésitante et appliquée, Armande est hardie, mais facilement découragée.

Il me paraît incontestable que, dans leur ensemble, ces observations sont d'accord avec les résultats précis des tests. Examinons maintenant ces résultats en eux-mêmes et voyons jusqu'à quel point il est prouvé que les deux sœurs ont un pouvoir inégal d'attention.

Une première objection est toute de détail, et ne nous arrêtera pas longtemps. Nous avons vu que Marguerite a donné dans deux épreuves des signes d'énervement qui contrastaient avec le calme parfait d'Armande.

A-t-on le droit d'en conclure que Marguerite a plus de tendance que sa sœur à l'énervement, à la surexcitation, à l'incoordination ? Peut-être ; mais, dira-t-on, ce sont là des expressions bien vagues ; et, de plus, ceci est l'objection grave, il faut remarquer que les énervements de Marguerite survenaient dans les moments de grands efforts intellectuels ; si Armande ne s'énervait pas, c'est tout simplement qu'elle ne se donnait pas la peine de l'effort. Malgré ces réserves et ces atténuations, il demeure toujours vrai que nos tests ont découvert une différence importante dans l'état émotionnel des deux sœurs pendant l'effort volontaire.

Seconde objection : nous avons montré que Marguerite est supérieure à Armande dans les tests d'attention. Attention, objectera-t-on, c'est vite dit ; le mot est bref et sommaire, et on n'a peut-être pas le droit de l'appliquer sans commentaire à des expériences aussi complexes que les nôtres. Ainsi, les temps de réaction sont présentés comme une mesure de l'attention volontaire; on admet que plus une même personne est attentive, plus ses réactions sont courtes ; et cela est vrai, sans doute, d'une vérité moyenne; mais la durée des temps de réaction n'est pas influencée seulement par la concentration de l'attention, elle dépend aussi d'une qualité individuelle qui n'a point de relation avec l'attention, cette qualité est la vitesse naturelle des mouvements ; une personne lente réagira moins vite qu'une personne aux mouvements vifs, quand même les deux prêteraient une forte dose d'attention aux signaux. J'ai en observation une dame, qui a naturellement des mouvements très lents, et qui a des temps de réaction de 20 centièmes de seconde.

De même, la répétition des chiffres, quoiqu'elle soit avant tout sos le dépen dance de l'attention, doit être influencée par le développement spécial de la mémoire des chiffres, ce qui fait que j'ai vu Inaudi répéter de suite une série de soixante chiffres, tour de force qui certainement fait honneur à sa mémoire plus encore qu'à son attention.

Le test consistant à barrer des lettres est moins connu dans sa nature, mais probablement si on le connaissait exactement, on découvrirait qu'il met en jeu certaines fonctions spéciales qui sont distinctes de l'attention. Ainsi aucun test n'est d'attention pure; constamment, une autre fonction y est engagée. Comment, dès lors, faire la part de l'attention, et dire que lorsqu'un sujet, comme Marguerite, triomphe dans l'un de ces tests, il doit cet avantage à la force de son attention ? Voilà l'objection, elle a, ce me semble, une portée générale. Je crois facile d'y répondre. Un test d'attention, pris isolément, ne peut pas donner de conclusion relative au degré d'attention d'une personne; cela est juste; mais si un ensemble de tests d'attention, qui sont de nature très variée, et qui sollicitent des fonctions bien différentes, donnent des résultats meilleurs pour un sujet que pour un autre, il est permis d'en conclure que l'élément commun de tous ces tests, c'est-à-dire l'élément d'attention, est plus développé chez l'un des sujets. C'est le cas qui se présente; la supériorité du pouvoir d'attention de Marguerite n'est pas douteuse, puisqu'elle se manifeste dans les tests d'attention les plus différents.

Dernière objection. Nous avons dit souvent qu'Armande ne faisait pas un grand effort de volonté dans les expériences qui l'ennuient ou qui se prolongent trop; cette attitude était bien manifeste pendant les temps de réaction par exemple. Il en résulterait que ce qui a manqué à Armande c'est moins la volonté que la bonne volonté; elle a peut-être un grand pouvoir d'attention, mais elle ne veut pas s'en servir ; elle peut, mais elle ne veut pas. Une telle conclusion, si elle était démontrée, n'ôterait rien de l'intérêt de notre recherche; après avoir bien réfléchi à mes résultats, je ne m'y rallie pas; je ne crois pas qu'il y ait une opposition très grande entre ne pas pouvoir et ne pas vouloir, c'est surtout une opposition de mots. Du moment qu'Armande, dans aucun test d'attention, ne fait jamais un effort aussi vigoureux que ceux de sa sœur, c'est pour moi la preuve qu'il n'est pas dans sa nature de faire des efforts aussi grands; remarquons, en effet, que pour les temps de réaction elle n'a jamais donné au moins une série un peu courte; il y a eu nonchalance régulière, constante, sur toute la ligne, et non une de ces défaillances accidentelles auxquelles les plus énergiques se laissent aller. J'admets donc, tout en faisant la part de la sensibilité à l'ennui, du défaut de bonne volonté, et autres facteurs accessoires,' etc., qu'il existe une différence constitutionnelle entre le pouvoir d'attention des deux sœurs.

Si enfin on compare ces deux enfants aux enfants d'école, chez lesquels j'ai fait aussi des recherches sur l'attention, on remarquera qu'Armande est sensiblemeut dans la moyenne comme force d'attention, c'est Marguerite qui est très supérieure à la moyenne.

Pour conclure : la psychologie individuelle peut aujourd'hui faire une mesure de l'attention, mais c'est à la condition d'employer un ensemble de tests et d'interpréter tous les renseignements fournis par l'attitude mentale des sujets, leurs réflexions et leurs réponses. Ce serait une erreur de croire qu'il existe une petite expérience matérielle permettant de mesurer rapidement l'attention comme on compte le pouls.

CHAPITRE XIII

La mesure de la Mémoire.

Ce chapitre sur la mémoire est un de ceux que j'avais cru les plus faciles à écrire ; en réalité, c'est celui qui m'a coûté le plus de peine. J'avais comme idée directrice une observation qui était partiellement fausse. Je m'imaginais qu'Armande a tout simplement une mémoire inférieure à celle de Marguerite ; le premier test, sur la recherche des mots, me semblait le démontrer, ou du moins le faisait supposer ; j'organisai donc quelques expériences, du reste fort simples, pour mettre en lumière cette inégalité de mémoire ; et ces premières expériences, qui consistaient à faire apprendre des vers par cœur, confirmèrent entièrement ma prévision ; sans attacher trop d'importance à des chiffres, que je n'emploie que pour faire image, on pouvait dire que la différence de mémoire des deux sœurs y apparaissait dans le rapport du simple au double. D'autres épreuves du même genre, faites dans le cours d'une année, abondèrent dans le même sens ; et la question paraissait bien tranchée lorsqu'une épreuve toute nouvelle vint démolir mon édifice de conclusions ; il m'apparut, sans contestation possible, que, pour certains genres de mémoire, les deux sœurs étaient sur un pied d'égalité. La formule se compliquait. En outre, je rencontrais beaucoup de contradictions qui me troublaient complètement. Après une longue période d'indécision, enfin la lumière se fit. Je compris que mes expériences étaient mal conçues. Au

lieu d'étudier la mémoire, j'étudiais à la fois la mémoire
et l'attention ; or, comme Marguerite a un plus grand
pouvoir d'attention que sa sœur, — nous l'avons montré
dans les chapitres précédents, — il n'est pas surprenant que
dans ces épreuves mixtes elle remportât des avantages
qui sont dus à ce pouvoir d'attention et non à une plus
grande mémoire. Je m'excuse de l'erreur dans laquelle
je suis tombé, en faisant remarquer que tous les auteurs
qui ont fait des recherches sur la mémoire individuelle et
essayé de la mesurer ont commis la même confusion. On
peut du reste en citer un exemple bien frappant. L'épreuve
de la répétition des chiffres — que j'ai décrite plus haut,
en la considérant presque exclusivement comme une
épreuve d'attention, — a longtemps été considérée et reste
encore pour la plupart des expérimentateurs une épreuve
de mémoire immédiate ; or, comme le nombre de chiffres
retenus croît régulièrement avec l'âge, entre 5 et 20 ans,
on en a conclu avec une raison apparente que, contraire-
ment à l'opinion populaire, les adultes ont meilleure
mémoire que les enfants. Je crois que c'est juste le contraire de la vérité. L'enfant a plus de mémoire, l'adulte
plus d'attention, et l'homme mûr, peut-on ajouter encore,
plus de sens critique ; l'expérience psychologique de répétition des chiffres a donc été mal interprétée, Biervliet est
le premier auteur qui s'en soit aperçu. Il a distingué deux
éléments, la plasticité, qui diminue avec l'âge, et la force
d'attention, qui croît avec l'âge, et il conclut que si l'a-
dulte retient plus de chiffres que l'enfant, c'est que l'augmentation de son pouvoir d'attention compense, et au delà,
la diminution subie par sa plasticité. Ce n'est là qu'une
hypothèse, et Biervliet ne l'appuie d'aucun fait précis ;
mais l'hypothèse me paraît extrêmement vraisemblable.
Ce qui la confirme, à mes yeux, c'est que des expériences
toutes récentes, commencées par moi et continuées par
Larguier, nous ont montré que lorsque des enfants et des

adultes apprennent des pièces de vers, les premiers en
gardent le souvenir plus longtemps ; c'est donc la preuve
indéniable qu'ils ont une mémoire meilleure (1). J'étais
donc parvenu, par la seule force de ces expériences, à
l'idée qu'il est nécessaire, dans toute mesure de mémoire
individuelle, de faire la part entre ce qui appartient à la
mémoire et ce qui relève de l'attention. Puis, en creusant
cette idée, je m'aperçus qu'il était facile de lui donner une
application pratique ; il suffisait pour cela de doser
l'intérêt que l'expérience offrait au sujet. S'agissait-il de
mesurer l'attention, il fallait que les éléments à retenir
fussent dénués de tout intérêt, puisque l'attention suppose
un effort dans le sens de la plus grande résistance. S'agissait-il au contraire de mesurer la mémoire, il fallait rendre l'expérience intéressante, pour réduire au minimum
l'effort d'attention. Les recherches qu'on va lire confirme-
ront le bien-fondé de cette distinction ; ces recherches
ont été faites bien avant que j'arri.asse à cette vue d'ensemble ; je puis dire que maintenant toutes les contradictions passées sont expliquées, et tout me paraît clair, logique.

Je vais reproduire les expériences dans l'ordre où je les
ai faites ; de temps en temps, à titre de curiosité, je ferai
suivre le compte-rendu par l'interprétation qui m'avait
d'abord paru la meilleure, pour qu'on puisse suivre au
jour le jour le travail qui s'est fait dans mon esprit.

J'ai dit, dans les lignes précédentes, que le test sur la
recherche des mots, exposé dans le chapitre II, semblait
indiquer que Marguerite a une meilleure mémoire qu'Armande. Cette constatation m'étonna.

Jusque dans ces derniers temps, quoique je sois leur
professeur depuis dix ans et davantage, je n'avais pas
remarqué entre elles une inégalité de mémoire : consta-

tant que toutes deux, sauf de rares exceptions, savent
parfaitement bien les leçons que je leur donnais à apprendre, je n'étais pas curieux de rechercher si l'une avait plus
de peine et mettait plus de temps que l'autre à apprendre
la leçon. Mais les tests de psychologie que je venais de
faire ayant éveillé mon attention sur ce point, je m'adres-
sai à la mère des jeunes filles pour lui demander ce
qu'elle avait remarqué. Elle me répondit aussitôt, et sans
hésitation, que Marguerite avait la meilleure mémoire,
et qu'Armande éprouvait beaucoup de peine à apprendre
par cœur. Cette observation confirmait jusqu'à un certain
point mes précédentes expériences, et il ne m'en fallut
pas davantage pour me persuader qu'il y avait réellement
une grande inégalité de mémoire entre les deux sœurs.

Les expériences méthodiques que je fis d'abord confirmèrent entièrement cette vue.

Je commençai par une épreuve qui m'a toujours donné
des résultats très nets, et que j'ai pris plaisir à répéter un
grand nombre de fois ; cette épreuve consiste tout simplement à faire apprendre par cœur un morceau de prose
ou de vers, en fixant le temps nécessaire pour cette étude,
ou bien en fixant la longueur du morceau à apprendre ;
dans le premier cas, le nombre des mots appris donne une
mesure de la mémoire ; dans le second cas, la mesure est
fournie par le temps dépensé pour apprendre. On voit
combien cette méthode est simple ; son mérite est de
reproduire, en le précisant, un travail avec lequel tout
écolier est familiarisé par un exercice quotidien. Qui
donc n'a pas tous les jours, quand il est élève, une
leçon à apprendre par cœur ? Si la méthode est simple,
elle n'en est pas, pour cette raison, plus employée. J'ai
eu, ces temps derniers, l'occasion de m'entretenir avec
beaucoup d'instituteurs qui ont adopté l'excellente pratique des dossiers d'élèves, et qui ont grand soin de consigner dans chaque dossier une appréciation sur la mémoire

de l'enfant. Dans les écoles normales d'instituteurs, par exemple, où l'on cherche à donner aux élèves-maîtres des habitudes d'observation psychologique, on fait décrire à tour de rôle à chacun de ces élèves le caractère intellectuel et moral d'un enfant qu'ils ont eu en observation pendant une semaine à l'école annexe ; dans le petit plan d'études qui est tracé d'avance pour guider les pas de l'élève-maître novice, on a eu soin de faire une place à la mémoire, mais on n'indique point comment cette fonction mentale doit être étudiée. J'ai parcouru une centaine de |ces études de caractère ; l'appréciation de la mémoire est généralement donnée en termes très vagues ; elle s'appuie, lorsqu'on a senti le besoin de lui donner un appui quelconque, sur les notes de récitation. C'est bien chanceux ; une note de récitation nous indique simplement dans quelle mesure l'élève sait sa leçon, mais elle ne nous renseigne pas sur la quantité d'effort que l'étude de la leçon a exigé ; un paresseux à mémoire facile peut avoir une moins bonne note de récitation qu'un enfant studieux, à mémoire rebelle ; il serait bien inexact de conclure simplement de la note à la mémoire. On pourrait faire encore beaucoup d'objections. Le plus simple, et le plus sûr, lorsqu'on veut connaître la mémoire d'un enfant, c'est de lui faire apprendre la leçon devant soi, en notant le temps, et en excitant suffisamment l'amour-propre du jeune sujet pour qu'il donne un bon effort (1).

(¹) Il est vraiment fâcheux qu'une expérience qui présente au point de vue pédagogique un si grand intérêt soit faite si rarement. Dernièrement Mᵐᵉ Chopin, professeur dans une école primaire supérieure de Paris, a bien voulu, sur ma demande, faire apprendre des vers pendant 10 minutes, aux élèves de sa classe ; les élèves devaient en apprendre le plus grand nombre possible, et ensuite les écrire de mémoire, après les 10 minutes. Sous cette forme, l'expérience peut être faite collectivement en un temps très court, sur une classe entière. Les résultats ont été très instructifs pour le professeur, qui a eu la révélation d'inégalités imprévues de mémoire. Une des élèves a pu en 10 minutes retenir 40 vers. Rien ne la signalait jusque-là comme ayant une mémoire remarquable.

J'ai fait l'épreuve un grand nombre de fois sur Armande et Marguerite; je leur donnais à apprendre des vers; elles devaient en apprendre le plus grand nombre possible, en un temps qui était indiqué d'avance, et qui était soit de 10 minutes, soit de 5 minutes seulement. C'était moi-même qui mesurais le temps d'étude et qui donnais le signal du commencement et de la fin. Mes sujets étaient toujours pris chacun à part, et isolés dans une chambre bien tranquille; je ne leur parlais pas, et j'évitais même de les regarder pendant l'étude, de peur de les troubler; je notais leur attitude, j'appréciais leur degré apparent d'attention, en un mot j'essayais d'établir une observation complète. Quand le temps était écoulé, chaque enfant écrivait de mémoire tout ce qu'il se rappelait. J'évitais par là l'émotion si fréquente de la récitation orale.

Les expériences sur la mémoire ne font point partie de la psychologie amusante; elles rebutent les meilleurs courages; aussi, dans mes recherches sur mes fillettes, me suis-je appliqué à espacer les épreuves, autant que possible; celles dont je pourrais rendre compte s'espacent sur une année entière. Il me paraît inutile de les reproduire toutes, à cause de leur conformité. Dans toutes, sans aucune exception, le nombre de vers que Marguerite apprenait par cœur, et écrivait exactement de mémoire, a été supérieur au nombre de vers appris par Armande; la différence a été constamment très grande, égale à peu près à la différence du simple au double. Naturellement, c'était le même morceau de vers que les deux jeunes filles apprenaient par cœur, et ce morceau était choisi de manière à ne pas présenter une difficulté spéciale de sens. Les morceaux ont été empruntés le plus souvent à des tragédies de Racine. La reproduction des passages que les deux sœurs apprenaient par cœur était faite pratiquement sans faute; par conséquent, nous n'avons pas à faire des calculs sur les erreurs, dont l'appréciation est tou-

jours délicate, et nous n'avons qu'à comparer le nombre
de vers appris en un même temps.

Je citerai seulement quelques exemples. En octobre 1900
Marguerite et Armande apprennent la première scène
d'Esther, à partir des 4 premiers vers, qu'elles connaissaient déjà; le temps d'étude est de 10 minutes. Marguerite
réussit à apprendre 16 vers et Armande en apprend seulement 8. La mémoire des deux sœurs est aussi persistante;
3 jours après, elles récitent sans faute les vers appris; 8 jours
après, le 8 novembre, il en est de même, sauf qu'Armande
a une longue hésitation et commet une faute, Marguerite
a plusieurs hésitations et 2 fautes. Le 5 août 1901, six
mois après, je leur fais écrire de mémoire le même morceau : Marguerite a un peu de peine, je suis obligé de
souffler quelques mots, qu'elle souligne en rouge dans sa
rédaction pour qu'ils restent reconnaissables; le nombre
de mots soulignés est de 25 : ils occupent presque tous le
commencement d'un vers ; et un vers entier est oublié;
sauf ces oublis, les 16 vers sont présents. Armande, de
suite après sa sœur, est invitée à écrire de mémoire ce
qu'elle se rappelle, elle écrit ses 8 vers, et je ne suis obligé
de lui souffler que deux mots. Dans l'intervalle d'oubli qui
a duré 6 mois, les deux sujets n'ont pas pu lire la tragé-
die d'Esther, car cette œuvre ne fait pas partie de leur
petit bagage de livres scolaires. Je leur ai demandé à plusieurs reprises si, dans l'intervalle, elles avaient songé à
répéter les vers appris. Armande ne l'a jamais fait. Marguerite, une fois seulement, a récité les vers un soir en se
couchant. D'après ce résultat, je me croyais en droit de
conclure que si Marguerite a une plus grande vitesse d'ac-
quisition que sa sœur, celle-ci a en compensation une
mémoire plus tenace. Sur ce second point, je doute que
que cette conclusion soit juste ; du moment que les morceaux appris par cœur en un même temps présentent une
si grande inégalité de longueur, les sujets se sont placés

dans des conditions trop inégales pour qu'on puisse comparer la ténacité de leur mémoire. Ce qui confirme ma réserve, c'est la manière dont sont distribuées les lacunes de mémoire dans le morceau écrit par Marguerite ; elle n'a que 2 mots soufflés dans les 8 premiers vers, juste le même nombre de mots qu'Armande ; et les autres mots soufflés sont dans les 8 vers suivants, qu'Armande n'a pas eu le temps d'apprendre pendant les 10 minutes d'étude que j'avais accordées. Le nombre absolu de mots conservés par Marguerite est donc beaucoup plus grand que le nombre absolu d'Armande.

Vers le mois de mars 1901, j'ai fait pendant une semaine, avec les deux jeunes filles, des essais sur les meilleures méthodes pour retenir par cœur ; j'employais comme terme de comparaison la méthode naturelle ; je constatai encore qu'en un même temps Marguerite apprend un bien plus grand nombre de vers qu'Armande. Je ne cite points de détails, car ce serait trop long, et il s'agit d'une étude d'un caractère tout différent.

Le 10 août 1901, je leur fais apprendre des vers dans leur recueil de morceaux choisis ; le temps d'étude est réduit à 5 minutes. Marguerite apprend 16 vers et Armande seulement 8 ; la première commet 7 erreurs et la seconde seulement 3. Leur mémoire, à en juger par cet échantillon, est devenue plus rapide que l'année précédente, mais la différence reste la même entre les deux sœurs.

Je citerai une dernière expérience, qui se distingue des autres en ce que j'ai obligé les deux sujets à lire et à répéter à haute voix, au lieu de le faire mentalement pendant l'étude du morceau. C'est la méthode préconisée par Miss Steffens (1); méthode qui a l'avantage de montrer comment, par quels procédés une personne apprend par cœur. Le temps accordé a été de 6' 45. Marguerite a appris

(1) Voir l'article de Larguier, déjà cité.

10 vers, et Armande en a appris seulement 4, qui ne se suivent pas, plus deux hémitisches détachés. Probablement elle a été gênée par la nécessité de répéter à haute voix, bien qu'elle ait prétendu le contraire. Marguerite, qui s'est vivement plainte de cette nouvelle méthode, a donné des résultats bien meilleurs. En regardant de près le graphique des récitations et des répétitions mentales que j'ai écrit pendant l'expérience, on voit qu'Armande et Marguerite ont appris, comme presque tout le monde, par le procédé des petits paquets ; elles lisent un vers ou deux, puis le répètent mentalement, recourent au livre quand la répétition mentale est hésitante, lisent ensuite un troisième vers et l'enchaînent au précédent, dans la lecture et dans la répétition mentale ; je n'insiste pas davantage, trouvant que ce n'est pas là ce qui fait la différence entre les deux sœurs. La différence caractéristique, c'est qu'Armande, quoiqu'elle apprenne plus lentement, se donne plus de mal, elle fait un plus grand nombre de lectures que sa sœur. Ainsi, sans entrer dans le détail, on peut compter le nombre total des lectures et le nombre total des répétitions mentales. Chez Marguerite les lectures montent à 49 vers et les répétitions mentales à 60 (ce qui ne veut pas dire, bien entendu, qu'on a lu 49 vers différents, ou identiques ; le nombre est calculé, sans tenir compte de l'individualité des vers ; ainsi une personne qui, pour apprendre 2 vers, lit le premier 3 fois et le second 2 fois, aura fait, d'après la règle de calcul que nous adoptons, des lectures se montant à 5 vers) ; chez Armande, les lectures montent à 76 et les répétitions à 63 ; ces chiffres sont supérieurs à ceux de Marguerite ; et probablement ils sont encore trop faibles, car Armande lisait et répétait si vite que j'avais peine à la suivre, et que je n'ai pas eu probablement le temps de noter toutes ses lectures et répétitions. Or, comme Armande n'a réussi à apprendre qu'un bien plus petit nombre de vers que Marguerite, tout en les répétant un plus grand nombre de fois,

on ne peut guère attribuer la différence des résultats à la nonchalance d'Armande ou à de la mauvaise volonté — ce qui du reste ne me paraissait nullement probable ; et encore une fois, je me crus autorisé à conclure qu'Armande a une moins bonne mémoire que sa sœur.

Tout allait bien, tant que je me bornais à cette première forme d'expérience, et les résulats arrivaient chaque fois, tels que je les avais prévus et désirés, nets et concordants. Mais tout changea lorsque je m'avisai de faire une petite modification. Au lieu de faire apprendre par cœur des séries de vers, je voulus faire apprendre des séries de mots détachés, des substantifs écrits les uns à la suite des autres et ne présentant par leur liaison aucun sens.

C'est une méthode que j'ai décrite autrefois dans un article publié en collaboration avec Victor Henri, et qui nous avait servi principalement à distinguer la mémoire des sons et la mémoire des idées (1). J'écrivis avec soin, en caractères lisibles, des listes de noms communs (la plupart désignant des objets usuels et bien connus) et je lus ces listes de mots, sans intonation, avec une vitesse déterminée, à mes deux jeunes filles, après les avoir averties qu'elles devraient écrire de mémoire tous les mots qu'elles se rappelleraient. C'est une expérience que j'ai répétée un grand nombre de fois, au cours d'une année, et de temps en temps je la modifiai légèrement, tantôt les mots étaient lus par moi, tantôt ils étaient présentés au sujet, qui devait les lire et les étudier pendant un temps donné, tantôt les séries comprenaient 20 mots, tantôt elles en comprenaient 40. J'ai répété cette épreuve 7 fois, avec des intervalles de plusieurs jours, de plusieurs semaines, et même de plusieurs mois. Mon insistance provenait de ce que je n'obtenais nullement les résultats attendus. Je partais de ce fait que Marguerite a une meilleure mémoire, et par conséquent je supposais qu'elle retiendrait un plus grand nombre de mots

(1) *Année psych.*, I, p. 1.

que sa sœur. Or, le nombre de mots retenus était à peu près le même de part et d'autre, et les différences en plus ou en moins étaient tout à fait insignifiantes.

Voici des exemples. Expérience faite le 5 mars 1901. Je lis les 20 mots suivants :

fusil, mouchoir, corbeau, potage, guignol, tendresse, chimère, statue, canon, lilas, souci, théâtre, plaisir, prairie, folie, parfum, chapeau, fumée, regard, police.

Armande écrit de mémoire, aussitôt après les 12 mots suivants : *police, regard, chapeau, chagrin, fusil, mouchoir, théâtre, tendresse, souci, parfum, fumée, canon.*

Marguerite écrit 12 mots, ce ne sont pas les mêmes : *plaisirs, tendresses, prairies, chapeau, police, fusil, mouchoir, guignol, canon, folies, lilas, théâtre.* Les procédés employés pour se rappeler me paraissent analogues. Armande dit qu'elle a tâché de se rappeler les mots les uns après les autres en les répétant, ou bien en trouvant un certain rapport entre les mots. L'explication de Marguerite est à peine différente. « J'ai tâché, dit-elle, quand tu dis un mot, de me le représenter comme un objet que je connaissais. » Malgré plusieurs interrogations, je n'ai pas réussi à savoir si les deux sœurs emploient un procédé mental différent. Ce qui me parut plus important, c'est qu'Armande se rappelle un aussi grand nombre de mots que Marguerite. Je m'attendais à ce que Marguerite en retînt le double.

Je cite encore : une expérience de 20 mots faite le 18 décembre 1900 ; ces mots ont été lus par moi exactement en 30 secondes. Marguerite en retient 11, Armande 11 aussi. Une autre fois (24 août 1901) je ne lis pas la série de 20 mots, je la laisse sous les yeux de mes sujets, qui doivent l'étudier pendant 1 minute. Marguerite en retient 11 et Armande en retient 11 aussi. Dans cette expérience, Armande répète plusieurs fois qu'elle n'ose pas écrire tel ou tel mot, parce qu'elle craint que ce ne soit pas celui du texte.

Même résultat le lendemain, 25 août 1901. Sur 20 mots que je leur lis, chaque sœur en retient exactement 11.

On sera sans doute surpris de la régularité de ces résultats. Enfin, pour terminer la démonstration je compose une série de 40 mots que mes deux sujets doivent étudier pendant 3 minutes avant de les écrire de mémoire; dans ce dernier effort de mémoire, Marguerite a été un peu supérieure, elle se rappelle 25 mots, tandis qu'Armande ne peut en écrire que 19.

Il est évident que cette série d'épreuves sur la mémoire des mots détachés donnait des résultats en contradiction avec la série précédente, où les sujets devaient apprendre des suites de vers. Les contradictions de ce genre ne sont pas rares en psychologie individuelle; et, d'ordinaire, on est obligé de les abandonner sans les résoudre; si j'avais fait ces recherches par exemple sur des enfants d'école, je me serais probablement arrêté devant la difficulté, faute de temps pour l'étudier de près. Ces échecs découragent beaucoup les débutants. Heureusement pour moi, les deux jeunes filles qui me servent de sujets ont été complètement à ma disposition pendant les loisirs de leurs vacances et je suis arrivé, par de longs tâtonnements, à comprendre comment il se fait que Marguerite, bien qu'elle parût avoir meilleure mémoire que sa cadette, ne réussit pas mieux que celle-ci à retenir des séries de mots.

Le procédé auquel on doit avoir recours pour concilier deux séries d'expériences qui, quoique de même nature apparente, sont contradictoires, consiste à rechercher ce que donneraient des expériences intermédiaires, faisant la transition entre les deux extrêmes.

Le procédé est long, il exige quelque patience, mais je le crois très sûr.

La différence entre les deux épreuves à concilier consistait principalement en ceci : dans un cas on avait à apprendre des vers, c'est-à-dire des mots qui faisaient appel à la mémoire textuelle, littérale — dans l'autre cas on avait à apprendre des mots sans suite, dont l'ordre n'avait pas d'importance ; d'autre part, l'étude de la pièce de vers était poursuivie jusqu'à ce que celle-ci fût sue par cœur, tandis que dans l'épreuve des mots, on se bornait à retenir tout ce qui restait d'une seule audition ou d'une lecture hâtive.

Comme type intermédiaire d'expérience, je choisis l'étude de morceaux de prose facile, pris dans des romans, et je fis deux essais différents ; l'un consistait à lire à une seule fois le morceau, puis à faire écrire de mémoire ce que l'on se rappelait, l'autre consistait à faire faire l'étude du morceau de prose, comme si c'était une pièce de vers, en demandant à ce qu'il fût appris littéralement par cœur. Je donne de suite le résultat que j'ai obtenu. Après une seule audition, les deux sœurs en écrivant de mémoire font des copies qui sont sensiblement équivalentes ; elles en reproduisent exactement le sens. Au contraire, lorsque je leur demande d'apprendre le morceau par cœur, Marguerite seule parvient à une reproduction à peu près textuelle ; Armande, malgré ses efforts, substitue constamment ses propres expressions à celles du texte.

Je vais donner un exemple type de chacune des ces deux expériences. Les deux expériences, pour être plus comparables, portent sur des morceaux de prose empruntés au même roman, le délicieux *Nicolas Nickleby* de Dickens.

1er *type d'expérience*. — Rédaction après une seule audition. Le morceau que je lis aux deux jeunes filles est le suivant :

Nicolas avait fait sa toilette. Newmans Noggs lui-même avait fait aussi quelques frais. Son habit, qui ne s'était jamais vu à pareille fête, présentait un ensemble de boutons presque complet, et les épingles, qui faisaient l'office de reprises perdues, étaient attachées assez proprement. Il portait son chapeau d'un air coquet, avec son mouchoir, dans le fond de la forme ; seulement, il y en avait un bout chiffonné, qui pendait par derrière comme une queue, et dont on ne peut faire honneur à l'esprit inventif de Noggs, entièrement innocent de cet embellissement fortuit.

Il ne s'en apercevait même pas, car l'état d'excitation de ses nerfs le rendait insensible à toute autre chose que le grand objet de leur expédition.

A l'époque où l'expérience fut faite, on lisait en famille, à voix haute, tous les soirs, le premier volume du roman ; les deux jeunes filles connaissaient donc bien les personnages, elles étaient déjà familières avec le style ironique de Dickens, mais elles n'avaient point encore lu le passage en question, qui est tiré du 2ᵉ volume (p. 115 de la traduction française). Je lus le passage en 45″, aux deux enfants à la fois (le 24 août 1901).

Reproduction de mémoire, écrite par Marguerite.

Nicolas avait fait un bout de toilette. Newman lui-même avait fait quelque frais, son habit avait ses boutons presque au complet, et les épingles servaient de reprises perdues : il avait mis son mouchoir dans le fond de son chapeau sans s'apercevoir qu'un bout chiffonné pendait par derrière, ressemblant à une queue, mais il ne s'en apercevait pas dans l'état de grande surexcitation où leur expédition les avait mis.

Reproduction d'·mémoire, écrite par Armande.

Nicolas avait fait-toilettte. Neuman Nogg aussi avait fait quelques frais. En effet son habit ne manquait pas trop de boutons, les épingles assez proprement rattachées tenaient lieu de reprises perdues.

Il portait coquettement son chapeau au fond duquel il avait mis son mouchoir dont un bout dépassait par derrière, ce qui faisait l'effet d'une queue.

Il ne faut pas attribuer ceci à l'esprit ingénieux de Nogg parce qu'il ne s'en doutait même pas, tant il était occupé par le but de leur expédition.

Malgré la difficulté qu'on trouve à doser l'exactitude de deux reproductions écrites, qui n'emploient pas les mêmes mots que le texte, il me paraît évident que, dans cette épreuve, la balance de l'exactitude ne penche pas davantage du côté de Marguerite que du côté d'Armande. Il en est tout autrement dans l'épreuve qui suit.

2e type d'expérience. — Le passage à apprendre par cœur est le suivant : « Le corridor du café de l'hôtel était le théâtre du désordre, et on y voyait rassemblé tout l'établissement, habitués et domestiques, sans compter deux cochers et valets d'écurie. Ils formaient le cercle autour d'un jeune homme auquel on pouvait donner, d'après sa mine, deux ou trois ans de plus qu'à Nicolas, et qui ne paraissait pas s'être contenté des provocations dont nous venons de parler tout à l'heure ; il fallut qu'il eût poussé bien plus loin son indignation, car il n'avait plus à ses pieds que des bas, et l'on voyait seulement, non loin de là, une paire de pantoufles à la hauteur de la tète d'un personnage inconnu, étendu tout de son long dans un coin vis-à-vis, et qui avait tout l'air d'avoir été premièrement couché par terre par un coup de pied bien appliqué, puis ensuite souffleté gentiment avec les pantoufles.

Le temps d'étude accordé est de 5 minutes ; les sujets en sont prévenus d'avance. Les sujets sont avertis qu'ils doivent reproduire mot à mot. Chacun est pris isolément (27 août 1901).

Reproduction de mémoire, écrite par Marguerite.

Le corridor du café de l'hôtel était le théâtre du désordre et l'on y voyait rassemblé tout l'établissement, habitués et domestiques, sans compter deux ou trois cochers et valets d'écurie. Ils formaient le cercle autour d'un jeune homme auquel on pouvait donner d'après sa mine, 2 ou 3 ans de plus qu'à Nicolas, il ne s'était pas contenté des provocations dont nous venons de parler tout à l'heure.

Il fallait qu'il eût poussé bien loin l'indignation, car il n'avait plus dans ses pieds que ses bas, et ses pantoufles se trouvaient non loin de là à la hauteur de la tète d'un personnage couché tout de son long dans un coin vis-à-vis.

Marguerite a lu et appris avec beaucoup d'application, articulant les mots à voix basse, selon son habitude. Elle a négligé d'écrire les derniers mots du texte, parce qu'elle ne s'en rappelait plus le mot à mot, mais seulement le sens.

Reproduction de mémoire, écrite par Armande.

Le corridor du café de l'hôtel *présentait* le théâtre du désordre

18

habitués et domestiques *étaient rassemblés* sans compter deux ou trois cochers et valets d'écurie. Ils *faisaient* cercle autour d'un jeune homme *qui* d'après sa mine *paraissait avoir* deux à trois ans de plus que Nicolas. Seulement, il ne s'était pas contenté des simples.... dont nous avons parlé tout à l'heure. Il avait dû pousser son indignation plus loin, car ses pieds n'avaient que les chaussettes et l'on voyait de simples pantoufles à la hauteur de la tête d'un individu inconnu couché tout de son long à terre, vis-à-vis et qui semblait avoir reçu d'abord un coup de pied bien appliqué et ensuite souffleté avec les pantoufles.

Je m'attendais à ce qu'Armande, obligée de reproduire textuellement le passage, se contentât d'apprendre un très petit nombre de lignes, comme elle l'avait fait pour les vers ; mais elle a au contraire essayé d'apprendre le paragraphe entier quoiqu'on ne lui ait pas imposé cette tâche ; et sur mon interrogation directe, elle m'a du reste répondu qu'elle avait compris qu'on lui demandait seulement d'apprendre tout ce qu'elle pouvait. Le nombre de lignes appris est donc égal et même un peu supérieur à celui de Marguerite ; mais, en revanche, le mot à mot n'y est pas ; la reproduction de Marguerite est littérale, celle d'Armande est infidèle, comme mot ; notre jeune sujet a souvent remplacé les tournures du texte par d'autres tournures de son invention, que j'ai mises en italiques.

Ceci nous montre, soit dit en passant, que, lorsqu'on cherche à mesurer des mémoires individuelles, il n'est pas du tout indifférent d'employer tel ou tel procédé. Les auteurs n'ont pas pris garde à ce point. Ils emploient tantôt la mémoire littérale d'une pièce de vers, ou la répétition immédiate de chiffres, tantôt la reproduction du sens d'un récit entendu une seule fois. Ce qui prouve que ces divers genres de mémorisation ne sont pas équivalents, c'est qu'avec la mémoire littérale des vers Marguerite se montre bien supérieure à Armande, tandis que, pour les autres épreuves, elles sont sur un pied d'égalité.

Je place ici un fait d'observation, qui sans doute ne fera pas avancer d'un pas le problème que nous soulevons, mais qui montrera tout au moins que ce problème est bien réel. J'ai remarqué, pendant que je donnais mes leçons habituelles à ces deux jeunes filles, que Marguerite a plus de mémoire littérale que sa sœur.

Je leur donne souvent un exercice de littérature et de style, qui consiste à écrire de mémoire 3 ou 4 pages d'un bon auteur qu'elles doivent d'abord lire et étudier avec soin ; leur rédaction est d'ordinaire un résumé, dans lequel elles doivent mettre seulement les idées essentielles du texte ; or, les rédactions de Marguerite sont constamment plus longues, plus copieuses que celles d'Armande, et en outre elles contiennent un beaucoup plus grand nombre de phrases et d'expressions littérales ; elle est portée à reproduire textuellement le mot ou la phrase, tandis qu'Armande se contente d'en donner le sens général ; il en résulte que la rédaction de Marguerite est précise, tandis que celle d'Armande reste vague. J'en veux citer un exemple. Un des sujets de rédaction donnés tout récemment avait pour objet la lettre dans laquelle Mᵐᵉ de Sévigné décrit à sa fille la mort de Turenne ; cette lettre a 81 lignes dans le livre de Morceaux choisis publié par Colin (p. 261). La rédaction d'Armande a 52 lignes de 6 mots, soit 212 mots, celle de Marguerite 45 lignes de 9 mots, soit 405 mots. Je signale en passant qu'Armande a l'écriture plus lâche, moins serrée que celle de sa sœur, et aussi plus penchée ; plus exactement, l'écriture de Marguerite est tout à fait droite, et celle d'Armande est un peu penchée. Ainsi, la copie de Marguerite est plus copieuse, elle est environ plus longue d'un quart.

Pour rendre compte que la mémoire littérale de Marguerite est supérieure à celle d'Armande, je découpe un passage (pris au hasard) dans la lettre de Mᵐᵉ de Sévigné, et je reproduis en dessous le passage correspondant dans la rédaction des deux jeunes filles.

Modèle : — Vraiment, ma fille, je m'en vais bien encore vous parler de M. de Turenne. Mme d'Elbeuf, qui demeure pour quelque jours chez le cardinal de Bouillon, me pria hier de dîner avec eux deux pour parler de leur affliction. Mme de La Fayette y était. Nous fîmes bien précisément ce que nous avions résolu ; les yeux ne nous séchèrent pas. Elle avait un portrait divinement bien fait de ce héros, dont tout le train était arrivé à onze heures. Tous ces pauvres gens étaient en larmes, et déjà tout habillés de deuil. Il vint trois gentilshommes, qui pensèrent mourir en voyant ce portrait ; c'étaient des cris qui faisaient fendre le cœur ; ils ne pouvaient prononcer une parole ; ses valets de chambre, ses laquais, ses pages, ses trompettes, tout était fondu en larmes et faisait fondre les autres.

RÉDACTION D'ARMANDE

Je pense que *je vais encore vous parler de Turenne. Madame d'Elbœuf* m'invita à passer la journée avec elle *pour* en *parler* à notre aise. C'est ce que *nous fîmes* et nos *yeux ne séchèrent pas.*

Toute la batterie *était arrivée,* et chacun pensait *mourir* de douleur *en voyant* un *portrait* de lui *divinement bien fait,* que possédait madame d'Elbœuf. Tout le monde fondait *en larmes,* et ce n'est qu'après un certain temps que nous pûmes nous faire raconter sa mort.

RÉDACTION DE MARGUERITE

Vraiment, ma fille, je m'en vais encore vous parler de M. de Turenne. Mme *d'Elbeuf,* qui est *chez M. de Bouillon,* m'a prié *hier* d'aller auprès d'elle ; il y avait aussi *Mme de La Fayette* nous ne fîmes que soupirer la mort de M. de Turenne, et *nos yeux ne se séchèrent pas.* Elle avait *un portrait divinement* bon *de notre héros, il vint trois gentilshommes qui pensèrent mourir de douleur* à sa vue. Ils nous apprirent que *tout le train était* arrivé et que tous les gens, *les trompettes,* etc., *étaient fondus en larmes et faisaient fondre tous les autres.*

J'ai mis en italiques tous les mots des deux rédactions qui appartiennent au texte ; Armande en présente 29, et Marguerite 60 ; la différence est énorme. Inutile d'ajouter que j'ai pris cette rédaction au hasard parmi plusieurs autres, c'est la plus récente.

Si nette qu'elle soit, la différence de ces deux rédactions ne peut pas être considérée comme significative par elle-même, car on ignore quel est exactement le temps qu'ont mis les deux enfants à lire et à apprendre le morceau qu'elles devaient ensuite rédiger de mémoire. Si Marguerite, par exemple, a mis une demi-heure à l'apprendre, tandis qu'Armande n'a mis qu'un quart d'heure, il serait naturel, même en supposant les deux jeunes filles douées de mémoire égale, que la copie de la première se rapprochât plus du modèle que celle de la seconde. Toutes les fois que les conditions précises d'un phénomène ne sont pas données — comme c'est ici le cas — ce n'est plus de l'expérimentation, ce n'est que de l'observation. Mais l'observation a bien son prix. Voilà deux enfants qui certainement font de leur mieux pour satisfaire un professeur dont elles redoutent la sévérité. Quel que soit le temps qu'elles mettent à leur travail, ce temps leur paraît suffisant, et elles sont satisfaites du résultat qu'elles obtiennent; elles sont satisfaites, l'une de donner le sens général du morceau en laissant tomber beaucoup de détails précis, l'autre de s'astreindre autant que possible à ce détail précis. Ce n'est qu'une observation, soit, mais elle a une valeur suggestive des plus nettes, et depuis que mon attention se porte sur ce point, je retrouve cette différence de type intellectuel non seulement dans beaucoup de rédactions écrites, mais aussi dans les leçons orales d'histoire et de géographie. Marguerite, très souvent, s'arrange pour savoir presque par cœur une leçon de géographie dont on ne lui demande cependant que de retenir le sens. Armande n'emploie jamais la mémoire littérale, quand elle n'y est pas expressément forcée.

Le lecteur ne manquera pas de remarquer qu'il y a quelque analogie entre cette orientation de l'attention dans la mémoire et l'orientation de l'attention des deux mêmes sujets pendant une description. Nous avons vu que Marguerite, en décrivant, s'attache aussi à la lettre, c'est-à-dire au caractère matériel de l'objet, tandis qu'Armande décrit plutôt sa signification et les idées qu'il évoque. Enfin, ce qui donne pleine valeur aux observations précédentes, c'est qu'elles se trouvent tout à fait d'accord avec des expériences méthodiques rappelées plus haut.

Arrivé à ce point de mes études, je me sentis un peu embarrassé; forcé de conclure que Marguerite a plus de mémoire littérale que sa sœur, je trouvais que c'était là une formule trop vague, je sentais qu'il y avait au fond de tout cela quelque chose qui n'était pas suffisamment analysé.

Entre temps, je fis deux fois une expérience qui m'est familière : je présentai à chaque jeune fille un carton sur lequel j'avais collé au préalable divers objets; le carton restait sous l'observation pendant un temps fixé d'avance à 30 secondes, puis mon sujet devait écrire de mémoire tout ce qu'il se rappelait avoir vu sur le carton. C'est une épreuve de mémoire, cela va sans dire; mémoire des yeux et mémoire des objets. L'épreuve serait très infidèle si on se contentait de faire nommer les objets vus; je l'ai montré ailleurs; pour savoir exactement ce que la mémoire de chacun a retenu, il faut l'obliger à donner sur chaque objet le plus grand nombre possible de détails. Je fus bien surpris de constater les deux fois que la rédaction d'Armande valait celle de Marguerite; je m'attendais à trouver une grande inégalité.

Je rendrai compte seulement de la dernière de ces expériences; elle a eu lieu le 26 octobre 1901. Je montrai à ces deux jeunes filles un grand carton sur lequel j'avais collé 9 objets, des timbres, des photographies, des étiquettes, des boutons, etc. Sur ces 9 objets, chacun de mes sujets en a oublié 1 ; le nombre des retenus est donc de 8. La comparaison des détails de description est plus délicate ; cependant, je crois pouvoir dire que, pour deux des 8 objets, les détails donnés sont équivalents ; il y a 3 objets mieux décrits par Armande, et 2 objets mieux décrits par Marguerite. Armande a eu en outre quelques illusions de couleur et de forme, et a moins bien retenu les positions que sa sœur. Somme toute, les résultats sont équivalents, et d'après l'inspection de cette seule expérience, on ne s'at-

tendrait pas à ce qu'Armande apprît 8 vers dans un temps
où Marguerite en apprend 16.

Il fallait que je poursuivisse cette longue série de
recherches, pour arriver enfin à ce que je crois être la solution vraie. Cette solution est la suivante : Armande a une
mémoire qui, comme force plastique, n'est pas nettement
plus faible que celle de Marguerite ; ce qui est plus faible,
chez elle, c'est le pouvoir d'attention volontaire. Je n'entends point parler de sa bonne volonté et de son zèle, mais
de sa force d'attention volontaire au sens strict du mot.
L'attention volontaire, ai-je dit plus haut, consiste à faire
ce qui n'intéresse pas, ce qui rebute, ce qui exige un cou-
rageux effort. Or, au point de vue de l'attention volontaire, nos expériences sur la mémoire se subdivisent très
facilement en deux catégéries distinctes ; il y a eu, d'une
part, des épreuves où le sujet n'avait aucun effort à faire,
il restait passif, à l'état de réceptivité, mémoire ouverte ;
les souvenirs qu'on lui proposait étaient assez intéressants,
en d'autres termes, pour éveiller son attention spontanée,
l'attention machinale et bête du badaud ; il en était ainsi
pour la mémoire des mots isolés ; chaque mot a un sens
qui frappe l'esprit et qui le fait retenir ; on n'a point d'effort à faire, puisque l'expérience est conduite de telle sorte
qu'on n'a pas le loisir de répéter mentalement les mots. Il
en est de même pour les objets fixés sur le carton, et que
le sujet doit retenir dans le petit détail ; ces objets forment
un tableau pittoresque intéressant pour les yeux et qui entre
directement dans l'esprit ; il en est encore de même pour
un récit qu'on écoute et dont on se rappelle ensuite le sens,
quand le récit est écrit en style familier et rapporte des
faits intéressants. Point d'effort d'attention volontaire dans
toutes ces épreuves, du moins point d'effort vigoureux et
pénible ; aussi Armande est-elle à la hauteur de sa sœur.
La seconde catégorie d'expériences est toute autre : il s'agit
d'apprendre par cœur un texte ; il faut donc graver dans

son esprit une foule de mots et de tournures qui n'offrent rien d'intéressant pour le sujet, et qui, par conséquent, exigent l'intervention de son attention volontaire. Ce n'est plus de la mémoire spontanée, de la pure force plastique ; aussi je comprends très bien que Marguerite, qui a un plus grand pouvoir d'attention que sa sœur — des épreuves spéciales nous l'ont montré — donne un résultat bien supérieur.

Du moment où je me suis trouvé en possession de cette idée directrice, j'ai pu imaginer beaucoup d'expériences de mémoire dans lesquelles j'introduisais des doses différentes d'attention volontaire, et d'avance j'étais capable de dire quel résultat j'obtiendrais. Ainsi, j'ai fait reproduire aux deux sœurs des dessins qui n'ont aucun sens ; leurs reproductions sont de valeur bien inégale : on devine que celles d'Armande sont les moins bonnes. J'en citerai quelques exemples que j'emprunte à une expérience du 27 octobre 1901. Chacun des modèles est laissé sous les yeux du sujet pendant 15 secondes ; il le reproduit ensuite sur du papier quadrillé. Bien que je sois très embarrassé pour doser la quantité des erreurs commises, il est évident que les 3 reproductions de Marguerite sont supérieures à celles d'Armande ; cela se voit du premier coup d'œil.

Plusieurs mois auparavant, le 25 août 1901, je leur fais apprendre une série de mots qui sont complètement vides de sens pour elles, et qu'elles doivent reproduire textuellement ; c'est la phrase suivante : *You will not come to see me to morrow, because I shall go to the town with my little dog.* Deux minutes d'étude sont accordées. Marguerite écrit de mémoire 14 mots, bien qu'elle n'ait pas compris la phrase, elle ne sait pas du tout l'anglais ; Armande n'en écrit que 9 ; de plus, Marguerite ne fait qu'une faute d'orthographe, et Armande en fait deux. Voici du reste leur reproduction : *Marguerite :* You will not come to see *ne* to morrow because shall go to town. — *Armande* You will not come te me murraw... go the..

J'ai longuement insisté sur cette différenciation de la mémoire et de l'attention parce que j'espère avoir ainsi rendu service aux expérimentateurs de la psychologie. La plupart des expériences de psychologie de laboratoire portent moins sur des facultés particulières que sur des facultés qui s'exercent avec le concours de l'attention volontaire, et il est à craindre que, le plus souvent, ce soit cette attention volontaire qu'on se borne à mesurer ; il est utile d'être averti du danger. J'ai indiqué, en ce qui concerne la mémoire, un moyen de l'éviter.

CHAPITRE XIV
La vie intérieure

On donne le nom d'*instropection* à la connaissance que nous avons de notre monde intérieur, de nos pensées, de nos sentiments ; quant au monde extérieur, matériel, commun à tous, nous le connaissons par nos organes des sens, nous l'étudions dans notre mémoire, nous le construisons avec notre raisonnement ; mais nous n'avons pas un mot pour désigner l'orientation de notre connaissance vers le monde extérieur, opposée à la connaissance de nous-mêmes ; je propose le néologisme d'*externospection*. Ces mots, introspection et externospection, expriment donc des attitudes tout à fait différentes, et supposent aussi des qualités d'esprit bien différentes.

Dans nos expériences de psychologie, on passe sans cesse de l'introspection à l'externospection, et pour ainsi dire sans avoir conscience de tout ce qu'il y a d'important dans ce changement de point de vue.

Prenons l'exemple de la perception extérieure. Je perçois un objet. Raconter ce qu'est ou ce que me semble être l'objet que perçois, donner des renseignements sur sa forme, sa structure, sa couleur, sa position, c'est prendre le point de vue objectif, social, c'est s'occuper spécialement du monde extérieur, c'est faire de l'externospection ; au contraire, revenir sur moi-même, sur ce que j'éprouve, faire le détail de mes sensations, expliquer comment, par des raisonnements, des interprétations, des souvenirs, je

perçois cet objet, c'est me mettre à un point de vue subjectif, c'est faire de l'introspection.

Il existe une expérience de psychologie où la distinction
de ces deux points de vue apparaît très clairement. C'est
une expérience de toucher. Je l'ai étudiée très longuement,
et puis en donner le détail. On pose sur le dos de notre
main deux pointes de compas, en dehors de notre vue, et
on nous demande : *Combien de pointes?* Voilà une question qui paraît très précise ; non, elle est tout à fait équivoque ; elle a deux sens différents ; ou bien on veut demander : *Combien de pointes existe-t-il en ce moment qui tou-
chent votre peau?* ou bien : *combien de pointes distinctes
sentez-vous?* Il ne faut pas croire que cette distinction
soit une subtilité ; elle est au contraire fort importante.

La première question porte sur un fait objectif, visible
à l'œil : le nombre de pointes qui piquent la peau ; la
seconde question porte au contraire sur un fait subjectif :
le nombre de pointes qu'on sent distinctement. Ce n'est
pas du tout la même chose. Il ne faut pas croire que l'on
admet comme fait objectif tout simplement ce que l'on
sent, et qu'il se fait une traduction littérale et servile du
subjectif en objectif ; il ne faut pas croire que si on ne
distingue pas les deux pointes, on répondra nécessairement qu'il n'y en a qu'une. Les psychologes l'avaient cru,
et cela fut cause d'une erreur qui a duré plus de cinquante
ans. En réalité, voici ce qui se produit. Lorsque les
pointes de compas sont suffisamment distantes, relativement à la finesse locale de la région, on sent les pointes
distinctes, et on affirme qu'il y a deux pointes ; dans ce
cas, le subjectif et l'objectif s'accordent ; mais si l'expérimentateur rapproche graduellement ses pointes, alors il
arrive que, pour un certain écartement, les pointes donnent
une impression de contact unique, mais ce contact est
gros, épais ; à la lettre, le sujet ne sent qu'une pointe ;
mais s'il est intelligent et avisé, il se rend compte que ce

contact épais ne peut pas être produit par la piqûre d'une pointe unique, car il sait que la sensation d'une pointe unique est plus fine ; interprétant sa sensation, il suppose qu'elle doit être produite par deux pointes rapprochées ; conséquemment, il répond : deux pointes. Ici, la sensation subjective et la réponse sur le fait objectif ne se copient pas : il y a une grande différence.

Il n'est pas douteux que certains esprits sont faits plutôt pour l'externospection, tandis que d'autres, les mystiques par exemple, sont caractérisés par l'intensité de la vie intérieure : cette différence d'aptitude des esprits est peut-être très importante, et je suis heureux de l'occasion qui m'est fournie de l'étudier ici. Mes deux fillettes représentent assez exactement les deux types opposés. J'ai souvent dit de Marguerite qu'elle tient de l'observateur et d'Armande qu'elle tient de l'imaginatif ; c'est vrai, mais à une nuance près : on peut être un imaginatif avec un grand développement de vie extérieure ; Armande me paraît appartenir à une catégorie spéciale d'imaginatif, l'imagination des subjectifs.

Comment ai-je été mis sur la voie de ce type mental ? D'abord par beaucoup de petits faits. Jusqu'ici, dans les descriptions du monde extérieur, nous avons remarqué la précision de Marguerite, le soin avec lequel elle se rend compte de chaque chose, le clair regard qu'elle pose sur le matériel ; c'est Armande qui restait dans le vague et dans le poétique : ses descriptions d'objets en font foi ; et du reste, dans leur existence de chaque jour, elles donnent la preuve de cette différence d'aptitudes.

S'il s'agit d'un renseignement de monde extérieur, c'est surtout à Marguerite qu'il faut s'adresser. Il en est tout autrement pour le monde invisible, c'est-à-dire le milieu psychologique dans lequel vit notre pensée. La description d'un état de conscience est beaucoup mieux faite par Armande que par sa sœur. J'ai longtemps eu des exemples

de ce fait sans m'en apercevoir; j'ai donné à chacune de mes
fillettes environ 150 mots pour lesquels il fallait décrire
les phénomènes subtils d'idéation; dès le début, Marguerite se montrait embarrassée, ennuyée, ou bien elle ne
répondait pas exactement à mes questions, ou bien elle
faisait une réponse très brève; elle qui est si abondante
en détails quand il s'agit de décrire un objet qu'elle a sous
les yeux, a tout de suite fini quand on lui demande de
décrire un état de conscience. L'introspection l'ennuie; et
si on prolonge un peu l'examen, elle se désole de ne pas
pouvoir répondre. En relisant des notes prises il y a deux
ans, j'y trouve la trace de cet état d'inquiétude et d'énervement, qui se produit presque toujours chez Marguerite
lorsqu'on lui demande de l'intros, ction; d'abord je met-
tais cet embarras sur le compte d'un caprice, d'une disposition particulière au moment mais je suis bien obligé
maintenant d'admettre que Marguerite a peu d'aptitude à
l'introspection; elle est donc toute observation extérieure,
tandis que chez Armande il existe vraisemblablement une
vie intérieure beaucoup plus intense.

Ainsi, nous devons ajouter un nouveau trait au portrait
que nous avons fait des deux sœurs; nous avons dit que
la première appartient à la catégorie des imaginatifs.
Il existe plusieurs types d'imaginatif : tous ne sont pas
nécessairement développés dans le sens de la vie intérieure;
on peut être un imaginatif à imagination pittoresque,
comme Victor Hugo, et Théophile Gautier, ou un imaginatif de la vie intime et émotionnelle, comme Sully-Pru-
d'homme; il semble qu'Armande appartienne à cette dernière catégorie.

Des documents plus précis vont nous permettre de préciser ce contraste.

Jetons un coup d'œil sur les 300 mots écrits au hasard
de la pensée par Marguerite et par Armande. Presque tous
les mots écrits par Marguerite sont des noms d'objets

usuels ; à un autre point de vue, on peut dire que ce sont des souvenirs sensoriels, dont la majorité dérivent de perceptions antérieures de la vue et du toucher. Il est naturel que ces souvenirs soient très abondants. Tout ce qui se passe en nous n'est pas également capable de revivre dans la mémoire ; ce sont précisément les données des sens les plus élevés qui forment la majeure partie de nos représentations. Les enfants d'école et les adultes sur lesquels j'ai fait cette même expérience ont eux aussi écrit surtout des noms d'objets usuels.

Marguerite se conforme donc à la règle. Armande, au contraire, est une exception : elle a écrit un grand nombre de mots qui se rapportent à des sensations vagues de la cénesthésie, à des sentiments intellectuels, à des émotions, bref à des états qui ne sont pas, en général, doués d'extériorité, et qui appartiennent à la conscience personnelle de chacun. Pourquoi a-t-elle écrit à plusieurs reprises de ces mots-là, si son attention n'avait pas une tendance à se porter vers le domaine subjectif ?

Fait plus frappant encore : les phrases qu'elle a écrites ont un double caractère : d'abord le vague des images qui représentent des objets, de sorte que l'élément connaissance qu'elles renferment est peu développé ; il y a peu d'extériorité dans ces pensées ; le sentiment du réel est au minimum ; et, en second lieu, le caractère dominant des phrases écrites est la profondeur du sentiment ; bien que cela ne soit pas écrit en toutes lettres, on comprend, on devine que ce qui se dégage de ces phrases-tableaux, c'est un sentiment de gaieté, ou de tristesse, ou de mélancolie ; le détail matériel n'est là que juste ce qu'il en faut pour servir de clou auquel le phénomène affectif est suspendu ; dans les descriptions d'objets, enfin, le ton émotionnel est si marqué qu'on pourrait dire que ce sont des notes d'état d'âme bien plus que des descriptions de nature morte.

Les quelques faits que je viens de relater me semblent bien suffisants pour démontrer que chez Armande la vie intérieure est plus importante que chez Marguerite. J'ajouterai cependant le compte-rendu de quelques expériences précises que j'ai faites sur les deux sœurs, en vue d'une toute autre fin, et qui me semble prêter un appui à l'interprétation précédente.

Je me suis convaincu que Marguerite se rend beaucoup plus exactement compte que sa sœur de la position et de la distance des objets : Armande est plus habile à percevoir les petits intervalles de temps. On voit de suite le rapport de ces expériences avec les vues précédentes. Quelle que soit l'origine profonde de la notion d'espace, nos perception de distance et de position appartiennent à la connaissance du monde extérieur ; elles renferment un des caractères les plus frappants de l'extériorité, et c'est surtout lorsque notre conscience prend une direction objective que nous avons une forte impression de la distance et de la position des corps ; l'expression la plus claire de la distance nous est donnée lorsque notre corps entier ou une partie seulement, par exemple notre main, se meut d'un point à un autre, ou que notre vue se fixe successivement sur les objets et parcourt leur distance.

Il en est tout autrement pour les perceptions du temps ; elle peut nous être donnée, sans doute, par la connaissance du monde extérieur; mais, en outre, nous la trouvons en nous-même, dans le monde intérieur de notre conscience, puisque nos états de conscience se succèdent dans le temps. Il est donc intéressant de montrer que l'objectivisme de Marguerite s'allie avec une juste perception des distances, et que le subjectivisme d'Armande s'allie à une perception très sûre des intervalles de temps.

La question est trop complexe et trop obscure pour qu'il me soit permis de rien affirmer de précis; y a-t-il là une relation de cause à effet, une coordination d'aptitudes analogues, ou une simple coïncidence? Le lecteur décidera. Si ce n'est qu'une coïncidence, elle est bien curieuse.

Relations de position et distance. — On pourrait envisager sous bien des aspects expérimentaux ces relations de position et ces distances ; ce sont là des questions que la psychologie générale a pris depuis longtemps pour thème d'un nombre infini de variations ; mais la psychologie individuelle n'est pas encore intervenue dans ces études.

Je signale les faits suivants :

1° L'écriture d'Armande devient irrégulière, quand elle est tracée les yeux fermés ; celle de Marguerite est beaucoup moins modifiée par l'occlusion des yeux. La différence est tout à fait évidente au seul aspect; mais il est difficile de la mettre sous formes de chiffres ; et j'y renonce ; le moindre essai méthodique m'obligerait à donner à cette question plus d'importance qu'elle n'en a dans mon exposé;

2° L'orientation dans un endroit inconnu. J'ai remarqué très souvent que, dans une promenade en forêt, Marguerite se rappelle mieux que sa sœur la direction du point de départ, et se rend aussi mieux compte de la direction des points cardinaux. Je n'ai pris aucune note ; mais j'ai fait cette observation très souvent;

3° L'orientation dans un endroit connu. Les deux fillettes habitent la campagne et ne vont qu'une fois par semaine à Paris, qu'elles connaissent peu. Je 'eur demande de m'indiquer par écrit le chemin de la gare Montparnasse à l'Opéra. La réponse de Marguerite est correcte, elle indique un chemin par le Palais-Royal; Armande se perd en route, elle confond, comme position, la place de la Concorde avec le Carrousel;

4° Dans beaucoup d'expériences, Marguerite a fixé l'attention sur l'ordre spatial des objets, et Armande l'a négligé ; ainsi pour décrire les objets décorant les murs de leurs chambres, ou pour décrire une série d'objets, fixés sur un carton ;

5° La reproduction d'une longueur avec un mouvement de la main. Le sujet promène l'index droit sur une règle graduée, de gauche à droite, les yeux fermés ; il fait lui-même deux fois le mouvement modèle, qui est limité par la perception d'un curseur ; puis il reproduit le mouvement, le curseur étant enlevé, et il arrête le doigt quand il pense être arrivé à la même distance ; une marque à l'encre sur l'ongle permet de lire à un demi-millimètre près la position du doigt. Mes sujets ont reproduit successivement, les yeux fermés, les distances suivantes : 5^{cm}, 15^{cm}, 10^{cm}, 20^{cm} ; ils ne connaissent pas la valeur en centimètres de ces distances ; chaque fois, on leur fait parcourir 2 fois, avec le curseur en place, la longueur à reproduire, et aussitôt après (on comprend le sens vague de ces mots) ils font leur reproduction ; chaque expérience a été répétée 10 fois, après un certain nombre de tàtonnements (une vingtaine d'expériences) avec d'autres longueurs (de 4 à 20 cm.), qui ont servi de dressage. Marguerite, de suite, s'adapte mieux, elle tient la réglette de la main gauche, pour l'immobiliser. Ses reproductions sont plus exactes.

MODÈLE de longueur à reproduire	REPRODUCTION PAR ARMANDE		REPRODUCTION PAR MARGUERITE	
	Longueur moyenne	Différence avec le modèle	Longueur moyenne	Différence avec le modèle
cm.	cm.	cm.	cm.	cm.
5	4,43	0,57	5,38	0,38
10	8,88	1,12	10,04	0,04
15	13,31	1,69	14,83	0,17
20	17,84	2,16	19,82	0,18
Total des différences..	....	5,54	....	0,77

Les erreurs commises par Armande sont à peu près 7 fois plus considérables que celles de Marguerite. C'est un

indice qu'elle perçoit moins exactement. Les variations
moyennes sont aussi à noter quoique la différence ne soit
pas très grande; la variation moyenne est plus faible chez
Marguerite.

| MODÈLE DE LONGUEUR | VARIATION MOYENNE | |
à reproduire	Armande	Marguerite
5	0,17	0.284
10	0,648	0,698
15	0,608	0,47
20	0,94	0,50
TOTAUX......	2,366	1,922

Les procédés mentaux qu'emploient les deux sœurs sont
assez différents.

Marguerite dit : « Le plus souvent, j'apprécie mentalement ce qu'il faut que mon bras s'écarte; j'apprécie le
mouvement du bras. » Son attention est donc surtout fixée
sur les sensations qui accompagnent ce mouvement, sensations pouvant être tactiles ou musculaires, ou articulaires,
ou autres. Armande dit : « Je m'imagine que je vais sen-
tir le petit arrêt (le petit curseur), je me dis qu'il doit être
là. » Elle fixe donc son attention sur la sensation de l'arrêt
du mouvement ; mais elle n'explique pas comment elle
prévoit l'arrêt, si elle le situe dans l'espace, au bout d'une
série de sensations musculaires, ou si elle en prévoit l'apparition dans le temps, c'est un point qui mérite d'être
éclairci. Les expériences précédentes ont été faites en septembre 1901 ; je les reprends en mai 1902 ; je prie les deux
fillettes de reproduire la longueur de 10cm, sur laquelle je
mets un arrêt : et après 2 ou 3 reproductions qui sont
faites plus exactement par Marguerite que par Armande,
je les interroge sur les procédés employés. Je donne textuellement le dialogue.

Interrogatoire d'Armande. — « D. Comment fais-tu pour apprécier la longueur du mouvement ? — R. Je remarque bien le mouvement de déplacement avec le bras qui est appuyé sur la table, et je remarque de combien je le remue. Je fais comme s'il existait à la 3e fois l'arrêt qui m'empêchait d'aller plus loin, et je tâche de retrouver les mêmes impressions que la 1re fois, de penser aux mêmes choses, que tout ce que je me dis ait la même durée, à peu près. J'ai toujours une tendance à faire plus petit, j'ai toujours l'idée de m'arrêter plus près et c'est toujours par raisonnement que je me dis qu'il faut aller plus loin. Même quand je fais le parcours avec l'arrêt, je me représente le chemin plus petit qu'il n'est en réalité, et je m'en aperçois en le faisant la seconde fois. — Cette fois, je l'ai fait plus grand qu'il n'est marqué par l'arrêt, j'ai dépassé l'arrêt. — Le parcours avec l'arrêt m'a paru plus petit. — D. T'es-tu représenté la règle et la longueur, les yeux fermés ? — R. Non, je ne me la suis pas représentée. Je me suis représenté le parcours tout simplement. Je me le suis représenté comme sensation, par ce que je sentais sous le doigt. Je ne pourrais pas, même en regardant le centimètre, voir avec les yeux à quel point je devais m'arrêter. — D. Devine un peu. — R. Non, vraiment, je ne pourrais pas, 12 ou 13 peut-être. Le parcours, je le divise en 2 parties : d'abord, la première partie, qui est la plus longue, et pour laquelle je n'hésite pas, parce que je suis sûre de la parcourir, je suis sûre qu'elle est contenue dans le parcours indiqué par l'arrêt, tandis que l'autre partie est celle qui approche de la fin : elle est plus difficile que l'autre, parce que je ne sais pas s'il faut la faire longue ou courte. — D. Tu ne t'es pas représenté la couleur de la règle ? — R. Oh ! pas du tout, c'est comme un chemin que l'on parcourt les yeux fermés. Je sépare le parcours en deux parties parce que je veux refaire les mêmes choses que lorsque l'arrêt y est. Or, lorsque l'arrêt est posé à la fin du parcours il y a un moment où je suis étonnée de le trouver plus long ou plus court. C'est pourquoi quand je répète sans arrêt, j'éprouve la même sensation et cela me facilite. — D. Te représentes-tu la position de l'arrêt par rapport à ton corps ? — R. Je ne me la représente pas. Je ne me représente rien du tout. Je ne pense qu'au parcours que je dois parcourir avec le doigt et je pense à le retrouver. Il y a quelque chose que je ne peux pas expliquer, pourtant je le sens, c'est au moment où... je sens très bien que je ne suis pas loin de l'arrêt. Je ne sais pas ce qui me l'indique pourtant. »

On remarquera que, d'après cette description assez précise, c'est l'état subjectif qui guide la main ; état subjectif comprenant non seulement des sensations tactiles, mais encore les idées, comme l'idée de s'arrêter, l'imminence de l'arrêt, les hésitations, et un état mystérieux de prévision, quelque chose qui ressemble à un pressentiment (1). La longueur réelle, objective, du chemin à parcourir n'est point représentée, ni même pensée. Enfin, Armande juge qu'elle fait trop petit, bien qu'elle ne connaisse pas exactement les erreurs qu'elle commet, c'est un jugement qui a pour origine une analyse psychologique : l'observation qu'elle a toujours l'idée de s'arrêter trop près.

Voici les explications de Marguerite.

Interrogatoire de Marguerite. — « Je tâche de retrouver la position que j'avais quand je suis arrivée à la règle. — D. Détaille. — R. La seconde fois j'essaye de faire une répétition. Je me dis : on va s'arrêter tout près. — D. Et quand il n'y a plus d'arrêt ? — R. Je cherche à me rappeler l'endroit, la position où j'avais mon bras quand j'étais arrêtée. Puis, dans mon idée, je mesure à peu près la distance. — D. Comment te rends-tu compte de la position de ton bras à la fin, pour le retrouver ? — R. Je

(1) Armande a eu parfois des impressions de *déjà vu* et les a notées, à l'âge de 11 ans, avec une curieuse précision.

sens que mon bras est trop oblique ou pas assez. A S...,
je ne relevais pas mon bras, pour reprendre, je ne soule-
vais pas mon coude où il était appuyé, c'était comme un
repère, comme quand on fait un cercle, au cordeau, le
centre reste immobile. — D. En faisant l'expérience,
t'es-tu représenté la règle en longueur? — R. Ça, je n'en
sais rien du tout. Je n'y ai pas pensé. Je n'en sais
rien. — D. As-tu pensé à la position de l'arrêt par rapport
à ton corps? — R. Sûrement. Par la position de mon
bras, je me rendais compte où il était; il était juste en
face de mon bras. — D. Te rends-tu compte à peu près
de la longueur que je te faisais parcourir? — R. A peu près
15 cent. peut-être. — D. Te la représentais-tu comme longueur, dans ta tête? — R. Oui, il me semble... Oh! quand
je commence à douter, je n'en sais plus rien. »

Ces explications sont plus brèves que celle d'Armande;
elles ont surtout un caractère bien différent. Marguerite
porte son attention sur les mouvements et la position de
son bras, c'est évident; elle a usé d'un artifice pour retrouver cette position : dans son explication, elle a toujours
présent à l'esprit le fait extérieur, elle ne parle ni de ses
idées, ni de ses sentiments, ni de ses hésitations; elle a eu
de tout cela, mais ces états internes ne semblent pas lui
avoir servi, comme à Armande, pour apprécier la distance.

Il résulte de toutes ces recherches deux points : d'abord,
pour la reproduction d'une longueur et la notion de position, les jugements de Marguerite sont plus exacts et plus
réguliers que ceux de sa sœur. Mais, dira-t-on, qu'est-
ce que cela prouve? Peut-être tout simplement qu'elle
dirige mieux son attention, et qu'elle a une meilleure
force d'adaptation. Il est de fait que toutes les fois qu'on
donne à ces deux fillettes un problème à résoudre, quelle
que soit la valeur de ce problème, Marguerite s'en tire
mieux que sa sœur. C'est une vérité dont nous nous sommes bien convaincu au chapitre de l'attention, qui renferme

plusieurs exemples, de ce que j'appelle des *casse-tête chinois*. La plupart de nos expériences de laboratoire sont de cet ordre, d'ailleurs. On ne pourrait donc rien conclure de ce qui précède, sinon que Marguerite a une plus grande puissance d'adaptation mentale.

Le second point à relever est que Marguerite se sert d'autres procédés qu'Armande pour apprécier la longueur d'un mouvement de sa main; Armande s'attache à des états purement subjectifs; Marguerite se sert surtout de faits objectifs, fournis par des sensations musculaires, et relatifs à la position de sa main.

Voyons maintenant ce qui se passe pour la perception du temps.

Perception du temps. — Ce genre de perception pourrait être examiné à bien des points de vue divers. J'ai fait seulement quelques observations et un seul genre d'expériences.

1° L'heure qu'il est. Plusieurs fois, j'ai interrogé brusquement les deux sœurs sur l'heure qu'il était. Chaque cas doit être débrouillé séparément, et il serait compliqué d'en donner le détail; je me contenterai de constater qu'Armande se trompe moins que Marguerite; cette dernière se plaint souvent qu'elle se rend mal compte de l'heure.

2° Mesure d'intervalles de temps très courts. C'est une expérience qui a été faite fréquemment dans les laboratoires, avec les appareils de précision, chronomètres et cylindres enregistreurs, qu'exige l'étude minutieuse du temps; étant à la campagne, loin de mon laboratoire, au moment où j'ai étudié cette question, j'ai dû me contenter d'une montre à secondes et de signaux donnés au jugé.

Je donnais un signal sur la table en frappant une première fois, pour indiquer le commencement de l'intervalle, puis une seconde fois pour en indiquer la fin; mon sujet frappait un troisième coup, formant un second intervalle qu'il essayait de rendre égal au premier. J'appréciais le

moment exact où les coups étaient frappés ; j'estime que
mon exactitude était à un tiers de seconde près. Dans des
recherches préliminaires, et de simple tâtonnement, je
laissais le sujet continuer à frapper des coups à des intervalles qu'il jugeait réguliers et égaux à l'intervalle modèle (ou temps normal). Ce premier aperçu de la question
suffit à montrer qu'Armande est plus exacte que Marguerite. Armande a donné quelques séries d'une exactitude
remarquable. En voici quelques-unes :

Temps normal : 5 secondes. Coups frappés : 10″, 5 — 16″,
5 — 21,5 — 27, — 32 — 37 — 42 — 47,5 — 52 — 56 — 61.

Temps normal : 4 secondes : 3 — 6 — 9 — 11,5 — 14
— 17 — 20 — 23 — 25,5 — 28 — 31.

Temps normal : 15 secondes : 15 — 30,5 — 45,5 — 58,5
— 14 — 31 — 48,5 — 6.

Le défaut de ces séries est que le sujet perd le souvenir
du temps normal et copie plus ou moins les intervalles
qu'il a formés lui-même; aussi le dispositif se prête-t-il
mieux à une étude sur le rythme personnel que sur la perception du temps. Dans une autre forme d'expérience, qui
est bien meilleure, le temps normal est donné avant chaque reproduction.

Voici leur valeur et leur ordre : 3″ — 9″ — 6″ — 12″.

Pour chaque temps, il est fait dix déterminations.

Je reproduis les moyennes.

| TEMPS NORMAUX | REPRODUCTION DES INTERVALLES DU TEMPS PAR | | | |
| | ARMANDE | | MARGUERITE | |
	Temps reproduit	Différence avec le temps normal	Temps reproduit	Différence avec le temps normal
3″	2″,69	0″,31	1″,61	1″,39
6″	5″,10	0″,90	3″,68	2″,32
9″	6″,95	2″,05	6″,05	2″,95
12″	8″,65	3″,35	8″,85	3″,15
Total des différences.	....	6″,61	....	9″,81

Les écarts entre les temps reproduits par Armande et ses temps normaux sont sensiblement plus petits que ceux de Marguerite; Armande se rend mieux compte des petits intervalles de temps; et, encore, les différences sont-elles plus grandes qu'il ne faudrait; car les chiffres précédents résultent d'une séance où Armande se disait mal en train.

Marguerite ne cesse de répéter qu'elle ne sait pas comment faire ni sur quoi se guider; elle trouve l'expérience très difficile, dit qu'elle répond au hasard; elle attend, se demande si elle n'a pas attendu assez longtemps. Elle n'a jamais compté, supposant à juste titre que c'eût été tricher. Une fois, elle a essayé de se représenter les secondes sur la montre en marche; une autre fois, elle a voulu imaginer le mouvement d'un bateau, qui se balance, mais elle n'a pas réussi; elle regrette souvent de ne pas marquer elle-même le premier intervalle; « je suis sûre, dit-elle, que je pourrais bien mieux si je tapais en même temps que toi. » Armande a plus souvent confiance dans l'exactitude de ses appréciations; elle explique tout autrement les procédés dont elle se sert. Je transcris demandes et réponses. « D. Comment fais-tu pour mesurer le temps? —R. Pendant que tu faisais cela (c.-à-d. pendant que le temps normal était frappé) je me suis dit: c'est déjà long, etc. J'essaye de me dire les mêmes choses, de repasser par les mêmes sentiments, pour avoir le même temps. » Cette explication a été répétée deux fois, à peu près dans les même termes, dans une autre séance. Il semble que le procédé de Marguerite, quand elle arrive à en trouver un, est objectif; c'est une représentation de mouvement; le procédé d'Armande, au contraire, est subjectif; elle s'étudie elle-même, elle porte son attention sur ses états de conscience, et cherche « à se dire les mêmes choses ou à passer par les mêmes sentiments ». Cette explication, ajoutée aux résultats, nous conduit à admettre que les expériences précédentes sont une preuve de la différence que nous avons trouvée chez Armande et Marguerite (1).

Armande est donc une *subjectiviste*, et Marguerite une *objectiviste*. Rien dans les apparences ne révèle la différence profonde de ces deux esprits ; les apparences sont même trompeuses. On pourrait croire qu'Armande, subjectiviste, aime l'isolement, la vie contemplative, et dédaigne les exercices du corps ; ce serait une erreur; elle est plus exubérante que sa sœur, se passionne pour l'exercice physique, aime la société et a de grands besoins de vie active. On pourrait croire encore qu'elle ferme les yeux au monde extérieur, et préfère les arts qui détournent des choses matérielles ; ce serait une seconde erreur; elle a des aptitudes incontestables pour le dessin, la peinture, la déclamation, et abandonne la musique à sa sœur. Comment expliquer ces contradictions ? C'est que nos sujets ne sont pas des types idéaux, d'une perfection schématique ; ce sont des exemples concrets, mélangés.

Il est à peine besoin d'ajouter combien il serait intéressant d'étudier chez les adultes et à l'état de perfection ces formes particulières du caractère qui s'ébauchent seulement chez nos fillettes. La tendance à vivre dans le monde extérieur, ou l'*objectivisme*, de même que la tendance à se renfermer dans sa propre conscience, ou le *subjectivisme*, caractérisent des types mentaux bien différents, et ont donné lieu à des conséquences bien curieuses pour l'histoire psychologique de l'humanité.

(1) Deux auteurs italiens, MM. Ferrari et Guicciardi, ont étudié le procédé par lequel des personnes se rendent compte de la longueur d'un intervalle de temps; et ils ont constaté que les uns se représentent le mouvement de l'aiguille sur le cadran, c'est-à-dire se représentent le temps en termes d'espace, tandis que d'autres perçoivent en eux le temps qui s'écoule. Il faut ajouter que, dans l'expérience des auteurs italiens, un cadran et une aiguille étaient présentés aux sujets, et la vue de cet instrument devait les encourager à se représenter visuellement la marche du temps. Cette existence de deux types de perception pour l'évaluation du temps est bien d'accord avec notre propre description.

Ce sont les subjectivistes, qui ont créé en philosophie l'idéalisme métaphysique ; ce sont eux aussi qui, en se développant dans une autre direction, ont créé le mysticisme.

CHAPITRE XV

Conclusions

La meilleure conclusion qu'on puisse tirer de ce livre, qui m'a coûté trois ans d'études, c'est une leçon de patience. Je voudrais qu'on fût persuadé que les expériences de psychologie, surtout celles qui portent sur les fonctions complexes, ne s'improvisent pas ; la méthode de la statistique ne donne rien que de médiocre ; des exemples récents nous l'ont montré.

Les auteurs américains, qui aiment faire grand, publient souvent des expériences qui ont été faites sur des centaines et des milliers de personnes ; ils obéissent instinctivement à ce préjugé d'après lequel la valeur probante d'un travail est proportionnelle au nombre des observations. Ce n'est qu'une illusion ; quand un certain nombre d'observations concordantes a été recueilli, celles qu'on peut encore y ajouter n'augmentent pas grand'chose à la valeur démonstrative des premières ; et, d'autre part, il y a quelque danger à multiplier le nombre des sujets, car on risque de perdre en qualité ce qu'on gagne en quantité. Je veux dire que si on prend des tests mentaux sur mille sujets, on est obligé d'aller très vite, d'examiner chacun d'une façon très sommaire, de se faire aider par des collaborateurs en sous-ordre qui travailleront avec plus d'automatisme que de réflexion ; c'est ce que j'appelle la méthode statistique. Un mental test appliqué à la hâte sur des anonymes n'a qu'une valeur proportionnée au temps qu'on y a dépensé; si j'ai pu arriver à quelque lumière par l'étude attentive de deux sujets, c'est que je les ai regardés vivre et que je les ai scrutés pendant plusieurs années.

Lorsque je me suis départi de cette méthode, j'ai perdu ma peine. J'ai fait pour des questions analogues des recherches sur des enfants d'école primaire; ces recherches ne m'ont pris que quelques semaines; je n'en publie pas une seule ligne, parce que je trouve que l'analyse n'a pas été assez approfondie (1).

Non seulement il faut rejeter toute épreuve rapide sur des anonymes, mais encore on doit préférer les expériences que l'on peut faire sur des personnes dont le caractère et l'existence nous sont connus. Notre psychologie n'est pas encore assez avancée pour que nous ayons le droit de dédaigner toutes les sources de renseignements qui nous proviennent d'ailleurs que des expériences. En général, dans les recherches les plus minutieuses, celles qui ont été faites par exemple dans les laboratoires allemands, on a pris presque exclusivement pour sujets l'espèce d'individus qu'on appelle des élèves de laboratoire. Ce sont, à beaucoup de points de vue, des sujets d'élection; mais en général on connaît mal leur caractère intellectuel et moral, et on sait surtout que leur arrière-pensée est une complaisance excessive pour le professeur qui sera un jour leur examinateur. Sans rejeter les épreuves qu'on peut faire sur des élèves de laboratoire, je crois que lorsqu'on étudie des fonctions supérieures il faut s'adresser surtout à des personnes qu'on connaît intimement, à des parents, à des amis.

(1) J'aurais eu plaisir à continuer encore mes expériences sur mes deux fillettes si je ne m'étais pas aperçu que l'âge a amené quelques changements dans leur caractère. Les portraits psychologiques que j'ai tracés d'elles sont devenus aujourd'hui moins ressemblants qu'ils n'étaient il y a trois ans; et il me paraît probable que dans une dizaine d'années d'autres changements plus importants encore se seront produits.

Un autre élément d'information qu'on ne doit pas négliger, c'est la disposition d'esprit que le sujet apporte à l'expérience, ce que j'ai appelé plus haut son *adaptation mentale*. Pour bien comprendre le sens des réponses, il faut savoir dans quel esprit elles ont été faites, si le sujet était sérieux ou moqueur, s'il a pris une attitude passive ou contrainte, ou critique; il serait à souhaiter que dans toute expérience de psychologie, l'attitude mentale du sujet fût décrite avec soin.

Il faut aussi non seulement répéter un grand nombre de fois une expérience sur la même personne pour bien comprendre ce qu'on fait, mais encore analyser beaucoup d'autres expériences, un peu différentes, qui puissent éclairer les premières. Le résultat d'un seul genre d'expériences est souvent équivoque, car il prête à plusieurs interprétations entre lesquelles on se trouve incapable de choisir. Ainsi, dans le test des 20 mots à écrire, nous avons établi des coefficients, et nous avons montré que chacun de ces coefficients a un nom qui implique au moins une hypothèse; c'est par le concours de plusieurs recherches indépendantes qu'on peut arriver à l'interprétation exacte. Tel résultat peut s'expliquer tout aussi bien par la vivacité de la pensée que par un défaut de réflexion; tel autre peut provenir autant de l'esprit d'observation que d'une pauvreté dans les idées. L'expérience unique et isolée reste équivoque: c'est l'accord de plusieurs recherches parallèles qui fixe l'interprétation juste.

Tous les détails accumulés dans les pages précédentes montreront comment je comprends le rôle de l'introspection en psychologie, et comment je crois qu'on peut appliquer la méthode expérimentale à des phénomènes aussi complexes que ceux de l'idéation. Si on n'y regarde pas de près, on croira peut-être que, dans la plupart de mes expériences, comme tout se passe en conversations, la méthode ne diffère pas beaucoup des anciennes méthodes d'introspection que la psychologie subjective a employées exclusivement, quand elle ne se contentait pas d'imaginer et de raisonner. Mais avec un peu d'attention, on remarquera que même dans celles de mes recherches qui ressemblent le moins à des expériences, je n'ai pas perdu de vue ce qui est l'âme de la méthode expérimentale, le contrôle ; le seul fait que dans ces conversations il y avait un observateur et un observé, et que l'observé ignorait les idées et les théories de l'observateur, est une garantie que les réponses n'ont pas été viciées par l'auto-suggestion, cette formidable erreur de pyschologie qu'on devrait afficher dans toutes les avenues de notre science, comme les descentes dangereuses pour les cyclistes. Pour éviter autant que possible une autre cause d'erreur, la suggestion de l'observateur à l'observé, j'ai adopté et suivi inflexiblement un principe de première importance, celui d'écrire de suite et sans aucune exception tout ce qui se dit pendant la séance. Ne point tenir compte des paroles échangées, c'est s'exposer de gaieté de cœur aux erreurs les plus graves ; car un mot, un simple mot dit par l'expérimentateur peut changer complètement les dispositions mentales du sujet. Les études récentes que j'ai publiées sur la suggestibilité à l'état de veille m'ont démontré que cette cause d'erreur agit d'une manière incessante ; la négliger, c'est commettre une négligence équivalente à celle d'un bactériologiste qui ferait ses recherches si délicates de culture dans un milieu sale.

Le but principal de ce livre a été d'étudier dans l'idéation ce qu'il y a de personnel à chacun de nous ; et nous avons fait un long parallèle entre deux fillettes dont nous avons étudié avec détail les idées, les images et les mots. Malgré le soin mis dans ces études, malgré les circonstances exceptionnelles qui en ont favorisé la précision et l'étendue, nous ne sommes arrivés qu'à de petites vérités partielles, n'atteignant pas ce qui avait été autrefois l'ambition de Taine : connaître la faculté maîtresse de l'individu, et en déduire toute son organisation mentale.

On se rappelle les tentatives si curieuses qu'il a faites pour dégager la faculté maîtresse d'un Shakespeare, ou d'un Michelet. C'est très intéressant, au point de vue de la critique littéraire, mais ce n'est nullement de la psychologie, au sens tout récent où nous prenons ce mot. Taine, du reste, malgré la puissance de la pensée, n'est jamais parvenu à saisir nettement la différence entre le scientifique et le littéraire ; je me permets d'adresser cette critique à son œuvre si suggestive et si attachante, sans manquer, je l'espère bien, à sa mémoire, pour laquelle j'ai autant d'affection que d'admiration.

Il est vrai que nous avons eu plus d'une fois la tentation de résumer le caractère intellectuel de nos deux sujets par un mot unique ; mais aucune de ces tentatives n'a pu nous satisfaire pleinement ; aussitôt que nous avions choisi un de ces mots-synthèses, un autre s'évoquait, qui exprimait une autre face des caractères à diagnostiquer, puis un troisième, et ainsi de suite, et aucun n'avait une assez grande plénitude de sens pour embrasser l'ensemble. Ainsi, tour à tour, nous avons accepté et rejeté les mots \ couples de *constance* et *variété*, *bon sens* et *caprice*, *observation* et *imagination*, *vie intérieure* et *vie extérieure*; parmi toutes ces formules, la plus vaste, la plus abstraite est peut-être celle-ci : *stabilité*, pour Marguerite, et *variabilité* pour Armande. A stabilité se rapportent les qualifications suivantes : esprit pratique, réfléchi, ordonné, conservateur, équilibré, uniforme, sérieux, régulier, précis, etc. La variabilité donne également un lien à une série de qualités opposées : esprit idéaliste, peu pratique, mobile, original, inventif, capricieux, etc. Il y a dans tout cela beaucoup de vrai, mais ce sont des étiquettes et non des explications ; c'est un jeu littéraire plutôt que de la science.

Pour trouver la clef de voûte de ces organisations mentales, il ne faudrait pas s'adresser au vocabulaire littéraire courant, qui n'exprime que des ensembles complexes d'aptitudes, mais aller demander un secours aux propriétés primitives de l'esprit; voilà ce qu'il est facile de comprendre : pour faire une bonne synthèse, il faut faire une synthèse qui soit explicative. Mais alors, dans combien de difficultés on s'engage! Croit-on que notre psychologie moderne soit capable de donner des explications de caractères? Elle a déjà fort à faire de constater les propriétés mentales. Lorsqu'elle établit que chez un individu il existe une grande variation psychologique, j'entends par là une tendance au changement, elle peut donner hypothétiquement à ce fait tangible beaucoup d'explications, mais elle n'est sûre d'aucune. La tendance au changement peut provenir, dira-t-on, d'un caractère de l'attention volontaire, qui facilement change de direction. Voilà une première explication, empruntée à la volonté. Cette tendance à la variation tient aussi, pourra-t-on dire, aux propriétés des images mentales; chez tel sujet considéré, les associations de contraste et de ressemblance sont mieux développées que les associations de contiguïté; et comme ces premières associations sont évocatrices de changement, tandis que les secondes sont des forces conservatrices, on s'explique que la prépondérance des premières donne à l'individu de l'instabilité mentale. Cette seconde explication fait donc intervenir, non la volonté, mais les lois de l'intelligence proprement dite. D'après une troisième explication, la tendance à la variation provient d'un état instable de la sensibilité et du tonus émotionnel. En suivant cette troisième hypothèse, on trouverait que les variations ne dépendent point d'une faiblesse ou d'une incoordination de l'attention, pas plus que du mode d'éveil des images, mais de ce fait élémentaire que le sujet se dégoûte vite de ce qui lui plaît, s'ennuie de ce qui l'a amusé, méprise ce qu'il a admiré, ou souffre de ce qu'il

a d'abord trouvé agréable. Voilà, ce me semble, la trinité
d'explications pychologiques qu'on peut mettre en avant,
et cela sans préjudice d'autres explications qui n'ont pas
moins de vraisemblance que les trois précédentes, et qui
feront intervenir la physiologie; par exemple, l'état de la
circulation, les réactions des cellules nerveuses, l'histo-
chimie de ces cellules, les phénomènes de désagrégation
physiologique, etc., etc.

Suivant les préférences de chacun, tel cherchera son
explication dans la volonté, tel dans l'intelligence, tel
dans l'émotivité, tel dans les propriétés physiques de l'or-
ganisme. Quant à nous, nous refusons de choisir.

Mais ce qui nous semble hors de doute, c'est qu'il existe
une continuité mentale entre les modalités des fonctions
que nous avons explorées.

C'est sur ce point décisif que nos recherches ont fait la
lumière; et comme la question est d'importance, je me
permets d'y insister un peu, en terminant ce livre.

Une des causes qui, selon moi, ont arrêté dans ces dernières années le développement de la psychologie individuelle, c'est que les recherches les plus approfondies
qu'on poursuivait dans ce domaine rencontraient un obstacle invincible. Tant qu'on se bornait à dresser des programmes, à proposer des expériences, on ne connaissait
point de difficulté. Il était aussi très facile d'imaginer des
tests mentaux inédits, et de les appliquer sur une centaine
d'individus, et de mettre ces résultats sous la forme de
tables et de graphiques. La littérature s'est enrichie, pendant ces dernières années, de quelques articles de ce genre,
qui n'ont pas fait faire un grand pas à la science ; je rappellerai en passant, comme type de cette littérature inutile,
un article qui a été publié sur « tout ce qu'on peut faire
d'expériences avec une tache d'encre ».

Les esprits sérieux n'ont pas tardé à comprendre que
la psychologie individuelle doit être cultivée selon des

méthodes un peu différentes; un test mental n'a de valeur que si l'on sait ce qu'il signifie; tester des séries d'individus ne peut être intéressant et utile que si l'on arrive à saisir une relation entre le caractère des personnes et la manière dont elles réagissent aux tests; ou encore, il faut chercher si, lorsqu'on applique vingt tests à une même personne, les résultats de ces vingt tests présentent quelque rapport logique. Or, les essais tentés dans l'esprit que je viens d'indiquer n'ont point été encourageants; et notamment, quand on a répété plusieurs tests sur les mêmes individus, et qu'on a voulu en faire la synthèse, on n'a trouvé qu'incohérence, soit que les tests utilisés eussent été mal choisis, ou mal appliqués, ou mal interprétés.

C'est sur ce point spécial que j'ai appliqué mon effort; et j'ai la pleine conscience que l'étude que je présente est toute nouvelle pour la psychologie. Profitant de ce que j'avais à ma disposition, d'une manière indéfinie, deux sujets dont je connais la vie privée, j'ai fait sur eux des tests avec la préoccupation de trouver un lien logique entre les faces de caractère que j'étudiais successivement, et avec des tests différents. Ce lien existe, avec quelque patience je l'ai trouvé.

Voici en effet, à titre d'exemple, quelques-unes des constatations que nous avons pu faire sur nos sujets; c'est un résumé très sommaire des conclusions auxquelles des expériences indépendantes nous ont amenés. Je donne d'abord la liste des expériences, et ensuite les conclusions, avec l'indication, par un numéro, des expériences qui les appuient.

LISTE DES PRINCIPALES EXPÉRIENCES.

1. Recherche des 20 mots.
2. Suggestion par des mots.
3. Phrases à écrire.
4. Phrases à finir.
5. Thème à développer.
6. Evocation de souvenirs.
7. Description d'objets.
8. Description d'un événement.

9. Test consistant à barrer des lettres.
10. Répétition immédiate des chiffres.
11. Copie.
12. Copie à l'obturateur.
13. Temps de réaction.
14. Mémoire des vers.
15. Mémoire des mots.
16. Mémoire des objets.
17. Mémoire d'un récit.
18. Mémoire d'un dessin.
19. Reproduction d'une longueur.
20. Reproduction d'un intervalle.

MARGUERITE.

Attachement au monde extérieur, 1. 3, 7.
Esprit d'observation, 7, 8.
Bonne mémoire littérale, 14, 17.
Abondance de souvenirs récents, 1, 2, 6.
Documentation en faits, 1, 2, 3.
Idées simples, 2.
Modes d'association simples, 1.
Développement fréquent des idées par ordre dans l'espace, 1.
Précision, 1.
Développement abondant des idées, 5, 7.
Préoccupation personnelle, 1, 3.

Imagination sur le second plan, 1, 2, 3.
Sentiment de la propriété, 1.
Esprit pratique, 3, 7, 8.
Attention régulière, constante dans l'effort, 9, 13.
Facilité à se rendre compte, 1.
Images intenses et nettes, 2.
Imagerie involontaire peu développée.
Peu d'aptitudes à la rêverie, 1.
Perceptions d'espace assez exactes, 7, 16, 19.
Perceptions des temps mal développées, 20.

ARMANDE.

Détachement du monde extérieur, 1, 3, 7.
Développement imaginatif, 1, 2, 3, 7.
Fréquence d'idées vagues, 1, 2, 3, 7.
Aptitude au verbalisme, 1, 2.
Attention dirigée vers le monde interne, 1, 20.
Idées complexes, 1, 2, 6.
Esprit d'observation peu développé, 8.
Documentation de fantaisie, 1, 7.
Modes complexes d'association d'idées, 1.

Mémoire des faits anciens dominant parfois celle des faits récents, 1, 2, 6.
Développement peu systématique de la pensée, 1.
Détachement de la personne, 1.
Esprit poétique, 3, 4, 7, 8.
Développement bref des idées, 3, 4, 5, 7, 8.
Attention facile à décourager, 9, 13.
Images faibles et peu précises, 2.
Imagerie involontaire bien développée.
Tendance à la rêverie, 1.

Il suffit de lire les conclusions précédentes pour se rendre compte de leur cohésion. Je n'irai pas jusqu'à affirmer qu'il existe une relation nécessaire entre ces différentes aptitudes ; sans aller jusqu'à la nécessité, nous pouvons admettre l'harmonie. Nous trouvons d'une part chez l'un de nos sujets la précision de la pensée, l'aptitude à se rendre compte, la constance de l'attention, l'esprit pratique, le développement médiocre de l'imagerie spontanée, et par-dessus tout l'attention dirigée vers le monde extérieur. Est-ce que tout cet ensemble de qualités ne s'oppose pas, dans un curieux contraste, à cet autre esprit, chez lequel l'esprit d'observation extérieure moins développé, une pensée moins précise, moins méthodique, moins consciente, une attention moins soutenue s'allie au développement de l'imagination, au sens poétique, à la vivacité, à l'imprévu, au caprice? Ne sont-ce pas là deux portraits bien logiques et bien vivants? Et quoiqu'il ne s'agisse ici que de deux fillettes de 12 et 13 ans, ne représentent-elles pas assez curieusement, autant que deux êtres particuliers peuvent représenter une généralité, ces deux tendances si importantes de l'intelligence humaine, l'une vers l'esprit scientifique, l'autre vers l'esprit littéraire?

Dirai-je enfin pour terminer que, dans quelques chapitres, laissant de côté l'étude de l'idéation individuelle, j'ai essayé de connaître la nature même de la pensée ; et j'ai été aidé dans cette œuvre difficile par ces deux enfants qui ne savent pas le premier mot de psychologie. Nous avons distingué plus fortement qu'on ne l'avait fait jusqu'ici ces trois phénomènes : la pensée, l'image et le langage intérieur. Nous nous sommes surtout intéressés au travail de la pensée, cette force invisible qui agit derrière l'abri des mots et des images. Nous avons constaté que le travail de la pensée n'est point suffisamment représenté par le mécanisme des associations d'idées ; c'est un mécanisme plus complexe, qui suppose constamment des opérations de choix, de direction. Nous avons vu aussi que l'imagerie est bien moins riche que la pensée ; la pensée d'une part interprète l'image, qui est souvent informe, *indéfinie ;* d'autre part, la pensée est souvent en contradiction avec l'image, et toujours plus complète que l'image, et parfois aussi elle se forme et se développe sans le secours d'aucune image appréciable ; il y a telles de ses démarches où l'image ne peut la suivre. Dans la généralisation, c'est l'*intention*, c'est-à-dire en somme la direction de pensée, qui constitue le général, et non l'image ; l'image peut se prêter à la généralisation si elle est indéterminée ; parfois même, par ses caractères fortement particuliers, elle ne s'y prête pas, mais elle n'empêche pas pour cela l'essor de la pensée vers le général.

Enfin, et c'est là le fait capital, fécond en conséquences pour les philosophes : toute la logique de la pensée échappe à l'imagerie.

TABLE DES MATIÈRES

Poitiers. — Imp. Blais et Roy. 7, rue Victor-Hugo, 7

BIBLIOTHÈQUE
NATIONALE

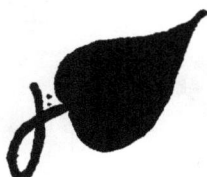

CHÂTEAU
de
SABLÉ
1991

www.ingramcontent.com/pod-product-compliance
Lightning Source LLC
Chambersburg PA
CBHW050507270326
41927CB00009B/1935